유튜브 선생님에게 배우는

유·선·배 웹디자인개발기능사 필기 합격노트

저자 직강 **무료 동영상 강의** 제공

빠른 합격을 위한 맞춤 학습 전략을
무료로 경험해 보세요.

| 혼자 하기 어려운 공부, 도움이 필요할 때 | 체계적인 커리큘럼으로 공부하고 싶을 때 | 온라인 강의를 무료로 듣고 싶을 때 |

시대에듀 **홍진아 선생님**의 쉽고 친절한 강의,
지금 바로 확인하세요!

YouTube 미대교수

머리말

"I was in the right place at the right time."
– 톰 크루즈(Tom Cruise) –

어딘가에 가서 있는 것만으로, 내 인생에 중요한 영향을 미치는 크고 작은 일들이 벌어집니다. 확실한 것은 내가 행동하지 않으면 아무 일도 일어나지 않는다는 것이죠.

누군가는 새로운 것을 받아들이는 일이 기쁘고 설렐 수 있지만, 한편으로 누군가는 시작하는 것조차 낯설고 불편할 수 있습니다. 당연히 새로운 것을 받아들이는 일은 생각보다 쉽지 않습니다. 공부도 마찬가지입니다. 영어로 예를 들어보면 어떤 문장에 내가 모르는 단어가 있으면 아무리 들어도 들리지 않습니다. 하지만 모르는 단어를 찾아서 발음과 뜻을 익히고 반복해서 들으면 신기하리만큼 귀가 트입니다.

사람은 누구나 새로운 분야의 공부를 시작하면 잘 읽히지도 않고 이해도 가지 않습니다. 하지만 이 잠깐의 낯설고 불편한 상황을 견뎌야 합니다. 내가 어떤 공부를 시작하기 위해서 책을 구매했다면 무조건 처음부터 끝까지 소설책 보듯 편하게 읽어보는 것이 중요합니다.

한 번 읽었을 뿐인데 처음에 느꼈던 거부감은 반으로 줄어들고, 반복되는 키워드들이 보일 것입니다.

본 도서를 학습하는 것도 마찬가지입니다. 웹디자인개발기능사 자격증 취득을 위해 책을 펼쳤는데 모르는 내용이 많아 머리가 아프다면 책을 덮지 말고 처음부터 끝까지 편하게 읽어주기 바랍니다.

챕터를 차근차근 하나씩 읽다 보면 반복되는 단어와 내용을 찾을 수 있고 반복되는 키워드를 체크하다 보면 웹디자인개발기능사 필기 60문제를 모두 이해하게 될 것입니다.

제가 살아온 시간을 돌이켜보니, 막연하게 되고 싶었던 디자이너라는 꿈을 현실로 만들어준 것이 바로 '웹디자인개발기능사' 자격증이었습니다. 자격증 취득 후 조금씩 이뤄낸 경험을 담아 이 책을 집필하였습니다.

웹디자인개발기능사 필기 시험을 준비하는 수험생분을 위해 짧은 시간 동안 효과적으로 공부할 수 있도록 구성하였으니, 완독하여 모두 합격하시길 기원하겠습니다.

저자 **홍진아**

시험안내

❖ 정확한 시험 일정 및 세부사항에 대해서는 시행처에서 반드시 확인하시기 바랍니다.

응시료 및 응시자격

구분	응시료	응시자격
필기	14,500원	제한 없음
실기	20,100원	

검정방법

구분	문항 및 시험방법	시험 시간	합격 기준
필기	1. 웹 페이지 구현 2. 웹 페이지 제작	1시간	100점 만점 60점 이상
실기	웹디자인 실무작업	3시간 정도	

필기시험 일정(2025년 기준)

회차	원서접수	시험일	합격자 발표
정기 기능사 1회	01.06 ~ 01.09	01.21 ~ 01.25	02.06
정기 기능사 2회	03.17 ~ 03.21	04.05 ~ 04.10	04.16
정기 기능사 3회	06.09 ~ 06.12	06.28 ~ 07.03	07.16
정기 기능사 4회	08.25 ~ 08.28	09.20 ~ 09.25	10.15

이 책의 구성과 특징

60개의 대표 기출유형과 족집게 과외

CHAPTER 01 디자인 기초
PART 1 디자인 기초 및 요소와 원리

▶ 유선배 강의

기출유형 01 ▶ 디자인의 의미, 개념, 배경

디자인 의미에 대한 설명으로 옳지 않은 것은?

① 넓은 의미로 심적 계획이다.
② 좁은 의미로는 보다 사용하기 쉽고 안전하며, 아름답고, 쾌적한 생활환경을 창조하는 조형행위이다.
③ 사전적 의미로 라틴어의 'Designare'와 같이 '지시하다, 계획을 세우다, 스케치를 하다' 등의 의미로 사용된다.
④ 지시에 관계없이 비실체적인 행위의 총체이다.

해설
디자인은 인간의 행복을 증진하기 위해 환경을 개선하고 새로운 가치를 창출하는 명확한 목적을 가져야 한다.

| 정답 | ④

족집게 과외

❶ 디자인(Design)의 배경
㉠ 라틴어 데시그나레(Designare), 프랑스어의 데생(Dessin) 어원에서 시작하여 르네상스 시대 이후 오랫동안 데생과 같이 가벼운 의미로 사용

❷ 디자인의 정의
㉠ De(이탈)와 Sign(형상)의 합성어로 기존의 형상에서 이탈하여 새로움을 창조한다는 의미로 탄생하였으며, 1920~1930년대 일어난 디자인 운동 이후부터 사용됨
㉡ 일반적으로 하나의 그림 또는 모형으로써 그것을 전개시키는 계획 및 설계
㉢ '계획, 의도, 목적'의 뜻으로, 예술가 마음의 계획, 의도 등 심적 계획
㉣ 인간이 보다 사용하기 쉽고 안전하며 아름답고 쾌적한 생활환경을 창조하는 조형행위

❸ 근대 디자인의 역사
㉠ 미술공예운동(1850~1900년)
  • 수공예의 혁신을 목표로 한 운동
  • 산업화(기계화, 대량생산)에 저항
  • 순수한 인간 노동력의 예술 중시
  • 대표 작가 : 윌리엄 모리스
㉡ 아르누보(1890~1910년)
  • 프랑스와 벨기에 중심으로 일어난 범유럽적 신장식미술 운동
  • 새로운 예술이라는 뜻
  • 식물을 모티브로 한 추상 형식과 화려한 색채
  • 앙리 반 데 벨데(Van de velde, Henri)는 아르누보의 신예술이라는 의미로 전통적 양식에서 탈피하고 새로운 미를 창조하려는 신예술 운동을 주장한 인물
  • 대표 작가 : 안토니오 가우디, 빅토르 오르타, 앙리 반 데 벨데
㉢ 독일공작연맹(1907년)
  • 기능주의 운동
  • 제품의 질적 향상과 규격화
  • 미술과 근대 공업 결합 시도
  • 실제 기능 위주의 디자인 추구
  • 대표 작가 : 헤르만 무테지우스, 피터 베렌스

▶ 방대하게만 느껴지는 이론! 어떻게 출제되는지 재빠른 확인이 가능하도록 기출문제를 분석하여 60개의 대표 기출유형을 수록했습니다. 족집게 과외를 통해 유사한 유형의 기출문제도 내 것으로 만들 수 있습니다. QR코드를 통해 무료 동영상 강의도 시청할 수 있으니 유선배와 함께 합격 길만 걸으세요!

같은 유형의 문제를 모아 기출유형 완성하기

기출유형 완성하기

정답 01 ④ 02 ② 03 ① 04 ④ 05 ①

01 그림과 같이 도형의 한쪽이 튀어나와 보여서 입체로 지각되는 착시현상은?

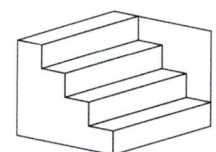

① 방향의 착시   ② 착시의 분할
③ 대비의 착시   ④ 반전 실체의 착시

해설
주변 환경의 대비로 인해 크기나 면적이 다르게 보이는 착시를 '크기의 착시' 또는 '주변과의 대비에 의한 착시'라고 한다.

02 착시현상 중 주위 도형의 조건에 따라 특정한 도형의 크기나 면적이 더욱 커 보이거나 작아 보이는 현상은?

① 길이의 착시   ② 크기의 착시
③ 방향의 착시   ④ 양면시의 입체

해설
크기의 착시는 작은 것은 멀리 보이고, 큰 것은 가까이 있는 것처럼 보이기도 한다.

03 다음 2개의 꽃 모양 중심에 있는 원의 실제 크기는 동일하다. 그런데 왼쪽의 원이 오른쪽보다 커 보이는 현상은?

① 주변과의 대비에 의한 착시현상
② 원근에 의한 착시현상
③ 폐쇄원리에 의한 착시현상
④ 연속원리에 의한 착시현상

04 다음 그림에서 나타나는 착시현상은?

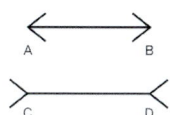

① 방향의 착시
② 대비의 착시
③ 분할의 착시
④ 길이의 착시

해설
길이의 착시는 화살표의 방향에 따라 길이가 달라 보이는 착시현상으로 1889년 독일의 뮐러 리어가 고안하였다.

05 착시에 대한 설명으로 옳은 것은?

① 눈에 의한 생리적 작용에 따라 형태나 색채 등이 실제와 다르게 지각되는 것을 말한다.
② 각 부분 사이에 강한 힘과 약한 힘이 규칙적으로 연속될 때 생기는 것을 말한다.
③ 시각상 힘의 안정을 주면 보는 사람에게 안정감을 주고 명쾌한 감정을 느끼게 하는 것을 말한다.
④ 부분과 전체 사이에 디자인 요소들이 잘 어울려서 균형을 유지하는 상태를 느끼게 하는 것을 말한다.

해설
착시는 사물의 형태나 색채 등이 원래와 다르게 지각되는 시각적인 착오를 의미한다.

▶ 많은 문제를 푸는 것보다 중요한 것은 한 문제를 정확히 파악하고 이해하는 것입니다. 빈틈없는 학습이 가능하도록 같은 유형의 실제 기출문제를 모아 수록했습니다. 문제은행 방식의 시험에서 학습한 유형을 완벽하게 숙지하는 첫걸음입니다.

이 책의 구성과 특징

적중예상문제로 실전 감각 익히기

CHAPTER 03 | 적중예상문제 3회 (PART 9 적중예상문제)

01 UX를 개선하기 위한 데이터 수집 방법으로 옳지 않은 것은?
① 사용자 인터뷰 ② 인터넷 서칭
③ 웹 로그 분석 ④ A/B 테스팅

해설
UX는 사용자들이 가지게 되는 생각, 감정, 행동들이 복…

02 다음 설명에 해당하는 것은?
- 명도단계를 검은색에서 흰색까지 0에서 255까지 256단계로 구분하는 것이다.
- 이미지의 명도분포를 막대그래프로 표시한 것이다.

① 모델링 ② 셰도우
③ 다이어그램 ④ 히스토그램

해설
히스토그램(Histogram)은 이미지의 명도(밝기) 분포를 시각적으로 나타내는 그래프이다.

03 다음 내용이 설명하는 것은?
- 프랑스어로 Frotter에서 유래된 용어이다.
- 나뭇잎이나 헝겊 등의 위에 종이를 대고 연필이나 크레용 등으로 문질러 나타내는 방법이다.
- 막스 에른스트(Max Ernst) 같은 초현실주의 화가들이 자주 사용하였다.

① 포토몽타주
② 뜨롬쁘 레이유
③ 프로타주
④ 콜라주

해설
프로타주(Frottage)는 물체 위에 종이를 대고 문질러 해당 물체의 질감을 표현하는 기법으로, 초현실주의 화가들에 의해 널리 사용되었다.

04 디자인 형태의 분류 중 이념적 형태에 속하는 것은?
① 인위 형태
② 추상 형태
③ 자연 형태
④ 실제 형태

해설
추상 형태는 실제 형태를 단순화하거나 변형하여 개념적, 이념적으로 표현한 형태이다. 즉, 이념적 형태는 물리적인 실체와는 거리가 있지만, 아이디어나 관념, 정신적인 표현에 기반을 둔 추상적인 형태를 말한다.

05 데 스틸(De Stijl)에 관한 설명으로 옳지 않은 것은?
① 네덜란드를 중심으로 한 신조형 운동으로 요소주의라고도 불린다.
② 도스부르크, 몬드리안, 리트벨트 등이 주요 인물이다.
③ 아르누보의 조형 사상에 큰 영향을 주었다.
④ 현대의 조형 활동은 인공세계를 상징하고 표현하는 데 중점을 두어야 한다고 생각하였다.

해설
데 스틸은 아르누보와 대조적으로 복잡한 장식성을 배제하고, 간결성과 기능성을 강조하는 운동이다. 기하학적 단순화된 평면 구성이 특징이다.

정답 01 ② 02 ④ 03 ③ 04 ②

▶ 웹디자인개발기능사 필기 시험의 노하우를 가진 저자가 출제경향을 분석하여 실제 시험과 비슷한 수준으로 문제를 생성하였습니다. 적중예상문제를 풀면서 실전 감각을 익히고 어떤 문제가 출제될지 예측할 수 있습니다.

상세한 해설로 실력 다지기

11 HTML 문서의 작성자, 날짜, 주요 단어 등 웹 브라우저의 내용에는 나타나지 않는 웹 문서의 일반 정보를 나타낼 때 사용하는 태그는?

① 〈title〉
② 〈meta〉
③ 〈head〉
④ 〈body〉

해설
〈meta〉 태그는 HTML 문서의 메타데이터(Metadata)를 제공하기 위해 사용되는 태그이다. 메타데이터는 웹 브라우저 화면에는 표시되지 않지만, 문서에 대한 중요한 정보를 제공하여 검색엔진, 브라우저, 또는 기타 웹 서비스가 문서를 효과적으로 처리할 수 있도록 도와준다.

12 HTML의 테이블과 관련이 없는 태그는?

① 〈TR〉
② 〈TH〉
③ 〈DT〉
④ 〈CAPTION〉

해설
〈DT〉는 목록 관련 태그로 정의 목록의 제목을 나타낸다.

13 구글(Google) 검색엔진에 대한 설명으로 옳지 않은 것은?

① 로봇(Robot) 프로그램을 이용하는 단어별 다국어 검색엔진이다.
② 검색 결과와 유사한 문서들을 [비슷한 페이지] 링크로 보여준다.
③ PDF 형태의 정보검색이 가능하다.
④ 모든 검색어에 대해 기본값으로 OR 연산을 실행한다.

해설
구글은 기본값으로 AND 연산을 실행한다.

14 자바스크립트에서 사용되는 연산자가 아닌 것은?

① |, ||
② &, &&
③ >>, >>>
④ <<, <<<

해설
<<<는 존재하지 않는 연산자이다.

자바스크립트 연산자 순위

1	( ), [ ]	최우선 연산자 (= New Array와 동일한 의미)
2	++, --	자동 증감 연산자
3	*, /, %, +, -	산술(사칙) 연산자
4	>>, <<, >>>	시프트 연산자
5	>, <, >=, <=, ==, !=	비교 연산자
6	&, ^, |	비트 연산자
7	&&, ||	논리 연산자
8	=, +=, -=	대입(할당) 연산자

15 미국의 대학과 연구기관, 일부 민간회사의 컴퓨터 센터를 연결하는 광역 학술 연구망은?

① NSFNET
② ARPANET
③ BITNET
④ CSNET

해설
CSNET(Computer Science Network)은 1979년 미국국립과학재단(NSF)이 구축한 연결망이다.

정답 11 ② 12 ③ 13 ④ 14 ④ 15 ④

▶ 한 문제, 한 문제마다 완벽하고 상세한 해설을 수록했습니다. 자세하고 꼼꼼한 해설을 통해 모르는 문제도 충분히 해결할 수 있습니다. 문제를 풀고 해설을 통해 한 번 더 복습해 보세요.

이 책의 차례

PART 1
디자인 기초 및 요소와 원리

CHAPTER 1 디자인 기초 ... 2
CHAPTER 2 디자인의 요소와 원리 ... 12

PART 2
프로토타입 기초데이터 수집 및 스케치

CHAPTER 1 인터넷 기초 ... 34
CHAPTER 2 기초데이터와 레퍼런스 데이터 수집 ... 53
CHAPTER 3 아이디어 스케치 ... 63

PART 3
컴퓨터 그래픽스 및 애니메이션 활용

CHAPTER 1 컴퓨터 그래픽스 ... 74
CHAPTER 2 디자인 요소 · 애니메이션 준비 ... 86

PART 4
디자인 구성요소 설계 제작

CHAPTER 1 스토리보드 설계 · 제작 ... 98
CHAPTER 2 심미성 · 사용성 구성요소 설계 · 제작 ... 116

PART 5
구현 및 응용

CHAPTER 1 개발 요소 구현 및 협업 ... 134

PART 6
조색과 배색

CHAPTER 1 색의 기본 원리와 효과 ... 160
CHAPTER 2 색채계획서 작성 및 배색 조합 ... 165
CHAPTER 3 색채디자인 및 색체계 ... 170

PART 7
프로젝트 완료 및 자료정리

CHAPTER 1 프로젝트 정리 및 보고 ... 178

PART 8
실기 문제 분석을 통한 필기 시험 출제 경향

CHAPTER 1 신유형 문제(F4형) 예시 ... 184

PART 9
적중예상문제

CHAPTER 1 적중예상문제 1회 ... 210
CHAPTER 2 적중예상문제 2회 ... 222
CHAPTER 3 적중예상문제 3회 ... 234

PART 1
디자인 기초 및 요소와 원리

CHAPTER 01 디자인 기초

CHAPTER 02 디자인의 요소와 원리

CHAPTER 01 디자인 기초

PART 1 디자인 기초 및 요소와 원리

기출유형 01 ▶ 디자인의 의미, 개념, 배경

 유선배 강의

디자인 의미에 대한 설명으로 옳지 않은 것은?

① 넓은 의미로 심적 계획이다.
② 좁은 의미로는 보다 사용하기 쉽고 안전하며, 아름답고, 쾌적한 생활환경을 창조하는 조형행위이다.
③ 사전적 의미로 라틴어의 'Designare'와 같이 '지시하다, 계획을 세우다, 스케치를 하다' 등의 의미로 사용된다.
④ 도안(圖案) 또는 의장(意匠)을 말하며, 주어진 목적에 관계없이 비실체적인 행위의 총체이다.

해설
디자인은 인간의 행복을 증진하기 위해 환경을 개선하고 새로운 가치를 창출하는 명확한 목적을 가져야 한다.

| 정답 | ④

족집게 과외

❶ 디자인(Design)의 배경
㉠ 라틴어 데시그나레(Designare), 프랑스어의 데생(Dessin) 어원에서 시작하여 르네상스 시대 이후 오랫동안 데생과 같이 가벼운 의미로 사용
㉡ 도안(圖案), 의장(意匠), 밑그림, 그림, 소묘, 계획, 설계, 목적이란 의미 포함

❷ 디자인의 정의
㉠ De(이탈)와 Sign(형상)의 합성어로 기존의 형상에서 이탈하여 새로움을 창조한다는 의미로 탄생하였으며, 1920~1930년대 일어난 디자인 운동 이후부터 사용됨
㉡ 일반적으로 하나의 그림 또는 모형으로써 그것을 전개시키는 계획 및 설계
㉢ '계획, 의도, 목적'의 뜻으로, 예술가 마음의 계획, 의도 등 심적 계획
㉣ 인간이 보다 사용하기 쉽고 안전하며 아름답고 쾌적한 생활환경을 창조하는 조형행위

❸ 근대 디자인의 역사
㉠ 미술공예운동(1850~1900년)
  • 수공예의 혁신을 목표로 한 운동
  • 산업화(기계화, 대량생산)에 저항
  • 순수한 인간 노동력의 예술 중시
  • 대표 작가 : 윌리엄 모리스
㉡ 아르누보(1890~1910년)
  • 프랑스와 벨기에 중심으로 일어난 범유럽적 신장식미술 운동
  • 새로운 예술이라는 뜻
  • 식물을 모티브로 한 추상 형식과 화려한 색채
  • 앙리 반 데 벨데(Van de velde, Henri)는 아르누보의 신예술이라는 의미로 전통적 양식에서 탈피하고 새로운 미를 창조하려는 신예술 운동을 주장한 인물
  • 대표 작가 : 안토니오 가우디, 빅토르 오르타, 앙리 반 데 벨데
㉢ 독일공작연맹(1907년)
  • 기능주의 운동
  • 제품의 질적 향상과 규격화
  • 미술과 근대 공업 결합 시도
  • 실제 기능 위주의 디자인 추구
  • 대표 작가 : 헤르만 무테지우스, 피터 베렌스

- ㉣ 큐비즘(입체주의)(1907~1914년)
  - 파리에서 일어난 미술 운동
  - 자연 해석과 아프리카 원시 조각의 형태감이 동기가 됨
  - 실물을 입방체적으로 표현
  - 대표 작가 : 조르주 브라크, 파블로 피카소
- ㉤ 구성주의(1921년 러시아 혁명 전후)
  - 러시아(구소련)에서 일어난 새로운 조형운동
  - 추상성과 기하학적 간결함, 형태의 경제성에 입각한 디자인을 추구
  - 공간의 조형 중시, 대량생산 목적
  - 금속, 유리 등의 공업재료와 기하학적이고 기계적인 형태 이용
  - 과학적·실천적인 예술 표현
  - 스탈린의 탄압으로 종결됨
  - 대표 작가 : 블라디미르 타틀린, 알렉산더 로드첸코, 엘 리시츠키
- ㉥ 데 스틸(신조형주의)(1912~1917년)
  - 네덜란드 예술 운동
  - 기하학적 단순화된 평면 구성
  - 공예, 건축 영역에 영향
  - 대표 작가 : 테오 반 도스부르크, 게리트 리트벨트, 피에르 몬드리안
- ㉦ 바우하우스(1919~1933년)
  - 예술 창작과 공학 기술의 통합(실용성 강조)
  - 독일공작연맹의 발터 그로피우스(Walter Gropius)를 중심으로 설립된 국립대학
  - 현대 디자인의 이정표 정립
  - 대표 작가 : 발터 그로피우스, 라즐로 모홀리나기
- ㉧ 모더니즘(1920년)
  - 19세기 사실주의(리얼리즘)에 대한 반발로 일어남
  - 현대적 실험적인 예술 경향들
  - 획일성, 기계로 인한 파괴성, 비인간적 환경에 대비하지 못함
  - 대표 작가 : 르 코르뷔지에, 바우하우스 관련 작가들
- ㉨ 아르데코(1925년)
  - 1925년 파리 장식 예술 박람회 포스터 아르 데코 라티프(Art dé Coratif : 장식미술)에서 시작됨
  - 반복되는 패턴
  - 기하학적 문양
  - 대표 작가 : 장 퓨이포르카

❹ **현대 디자인의 역사**
- ㉠ 다다이즘(1914~1918년)
  - 1차 세계대전이 끝날 무렵 스위스, 독일, 프랑스 등을 중심으로 일어난 예술 운동
  - 어린이 장난감인 목마를 의미하는 다다(Dada)에서 나온 것으로, 충동, 욕망 등을 의미
  - 다다이즘은 현존하는 예술 형식(관습)을 부정함
  - 대표 작가 : 마르셀 뒤샹, 만 제이, 페르낭 레제
- ㉡ 초현실주의(1924년)
  - 무의식의 발현을 목표로 하는 운동
  - 잠재 의식에 의한 상상의 세계를 표현
  - 자동주의기법, 프로타주, 데칼코마니, 콜라주 등을 만듦
  - 대표 작가 : 막스 에른스트, 호앙 미로, 살바도르 달리, 르네 마그리트
- ㉢ 추상표현주의(1940~1950년)
  - 미국 추상회화
  - 지적인 질서, 내면의 철학적 성찰을 나타냄
  - 선·형·색채 등을 이용해 느낌을 자유롭게 표현
  - 자발적이고 즉흥적인 뜨거운 추상과 색이 채워진 면을 이용하는 차가운 추상
  - 대표 작가 : 바넷 뉴먼, 잭슨 폴락, 마크 로스코
- ㉣ 포스트 모더니즘(1960년~)
  - 모더니즘에 대해 반하여 일어남
  - 인간의 감정과 개별성 회복
  - 사용과 이해가 용이하고 감성적 측면의 디자인 중시
  - 역사적 모티브를 응용해 전통적 요소 재창조
  - 대표 작가 : 마르셀 뒤샹, 요셉 보이스

ⓐ 팝 아트(1960년대 초)
- 뉴욕 중심으로 전개
- 리처드 해밀턴이 최초의 팝 아트 작품 발표
- 같은 대상을 반복하는 기법
- 매스미디어, 대중문화를 회화의 소재와 정보로 활용
- 대표 작가 : 리처드 해밀턴, 로버트 라우션버그, 앤디 워홀

ⓑ 옵 아트(1965년)
- 팝 아트의 상업성에 맞서 일어남
- 색채의 장력이나 배치, 기하학 형태의 조직적 배열로 다이내믹한 시각 효과를 나타내는 예술
- 대표 작가 : 빅토르 바자렐리

ⓢ 미니멀 아트(1960년대 후반)
- 미국에서 전개
- ABC 아트 또는 환원적 예술
- 자기표현의 최소화
- 최소한의 예술 경향은 미니멀리즘, 최소한 주의라고도 함
- 대표 작가 : 도날드 저드, 댄 플레빈, 로버트 모리스, 솔 르윗

ⓞ 반 디자인 운동(Anti-Design)(1960년대 후반)
- 디자인의 표준화, 기능화에 반발한 디자인 운동
- 디자인 그 자체를 무시하는 예술 경향
- 문제 해결을 위한 대안적 디자인, 기능까지 위배한 급진적 디자인으로 전개됨
- 대표 작가 : 빅터 파파넥, 알렉산드로 구에리에로, 알렉산드로 멘디니

❺ 사회 변화에 따른 디자인 변화

농경 사회	의식주, 생존개념, 생활 수공예
산업 사회	디자인의 태동, 기계를 통한 대량생산
정보화 사회	디자인의 성숙, 기술의 첨단화, 즐기는 디자인
후기 산업 사회	디자인의 성장, 공업의 발달, 빛의 개념

❻ 디자인의 목적
인간의 행복을 위하여 환경을 개선하고 가치를 창조하는 데 그 목적이 있음

❼ 디자인이 갖추어야 할 조건
실용적인 기능과 조형적인 아름다움을 추구해야 함

기출유형 완성하기

정답 01 ④ 02 ④ 03 ③ 04 ③ 05 ②

01 다음 중 디자인의 의미에 관한 설명으로 옳지 않은 것은?

① 디자인이란 일반적으로 하나의 그림 또는 모형으로써 그것을 전개시키는 계획 및 설계라고 할 수 있다.
② 디자인 행위란 인간이 좀 더 사용하기 쉽고, 아름답고 쾌적한 생활환경을 창조하는 조형 행위를 말한다.
③ 프랑스어의 데생(Dessin)과 같은 어원으로, 르네상스 시대 이후 오랫동안 데생과 같이 가벼운 의미로 사용되었다.
④ 1940년대 당시 근대 사상에 입각하여 바우하우스에서 디자인 이념을 세우고 디자인(Design)이라는 용어를 처음 사용하였다.

해설
디자인(Design)이라는 용어는 1920~1930년대 일어난 디자인 운동 이후부터 사용되었다.

02 디자인(Design)의 의미를 설명한 것으로 옳지 않은 것은?

① 디자인이란 프랑스어로 '데생'에서 유래되었다.
② 도안, 밑그림, 그림, 소묘, 계획, 설계, 목적이란 의미를 기술하고 있다.
③ 디자인은 De(이탈)와 Sign(형상)의 합성어로 기존 것을 파괴하고 새로운 재화를 창출한다는 의미가 포함된다.
④ 디자인은 기존의 것을 유지하며 실용적 가치보다는 예술적 가치의 기준을 말한다.

해설
디자인은 기존의 형상에서 이탈하여 새로움을 창조한다는 의미로 예술적 가치보다는 실용적인 기능과 조형적인 아름다움을 중시한다.

03 디자인의 궁극적 목적과 가장 관계가 깊은 것은?

① 심미성을 갖춘 수공예품의 제작
② 기능과 미의 조화를 갖춘 주문 생산품의 제작
③ 인간의 행복을 위한 환경의 개선 및 창조
④ 개개인의 취향을 고려한 기능적인 제품의 생산

해설
디자인은 포괄적인 개념으로 봐야 한다. 수공예품, 주문 생산품, 개인 맞춤 기능제품 등으로 제한해서는 안 된다.

04 디자인의 의미로 적합하지 않은 것은?

① 디자인이라는 말은 라틴어인 데시그나레(Designare)에서 유래되었다.
② 디자인이란 하나의 그림 또는 모형으로서 그것을 전개시키는 계획 및 설계이다.
③ 오늘날과 근접한 디자인의 의미는 미술공예 운동을 통해서이다.
④ 프랑스어 데생(Dessin)과도 어원을 같이하고 있다.

해설
미술공예운동은 기계화와 대량생산으로 인한 생활용품의 품질저하를 반대하여 일어난 수공예 부흥 운동이다. 디자인의 의미는 1920~1930년대 일어난 디자인 운동 이후부터 사용되었다.

05 디자인이 갖추어야 할 조건 중 가장 중요한 것은?

① 장식적인 요소를 만들어 주는 작업
② 실용적인 기능과 조형적인 아름다움을 추구하는 작업
③ 상징적인 형태로 단순화시키는 작업
④ 타 제품과 차별화시키는 작업

해설
• 디자인은 실용적인 기능과 조형적인 아름다움을 추구하는 작업이다.
• 디자인의 4대 조건 : 합목적성, 경제성, 심미성, 독창성

CHAPTER 01 | 디자인 기초 **5**

기출유형 02 ▶ 디자인의 조건

'디자인 대상이 되는 것은 모두가 실용적으로 사용할 수 있는 것이다'에 해당하는 디자인의 조건으로 가장 옳은 것은?

① 심미성 ② 독창성
③ 합목적성 ④ 경제성

해설
실용성과 요구되는 기능이 모두 갖추어진 것을 합목적성이라고 한다.

| 정답 | ③

족집게 과외

❶ 디자인의 4대 조건

합목적성	• 디자인 대상 : 모두가 실용적으로 사용할 수 있는 것 • 실용성과 요구되는 기능이 모두 갖추어진 것 • 사물이 일정한 목적에 적합한 방식으로 존재하는 성질 • 디자인을 할 때 목적에 맞는 수단을 사용하였는지를 의미함 예 의자를 디자인할 경우, 사용자의 신체치수와 생김새, 체중이나 감촉에 대한 재료와 구조의 상태가 적합한지 등을 고려하는 것
경제성	• 최소의 재료에 의해 최대의 효과를 얻고자 하는 인간의 활동 • V(디자인 가치) = P(성능) / C(비용)
심미성	아름다움을 느끼는 미적 의식이며 주관적일 수 있음
독창성	• 창의적인 디자인 조건 • 모든 요소를 유기적으로 관련시켜 다각적으로 모색하여 개성적인 미의식을 창출해 내는 것 • 창조는 기존의 디자인을 바탕으로 보다 나은 디자인을 만드는 것

❷ 굿디자인(Good Design)

디자인의 4대 조건인 합목적성, 경제성, 심미성, 독창성 외에 질서성이 더해져 5가지를 모두 만족시켜 외적인 독창성과 편리함을 갖춘 디자인

> **Tip**
>
> **질서성**
> 디자인의 4대 조건(합목적성, 경제성, 심미성, 독창성)을 하나로 조화롭게 설계하는 것

❸ 리디자인(Redesign)

다시 디자인한다는 뜻으로 기존상품의 개선안을 찾아서 새로운 디자인을 개발하는 작업

기출유형 완성하기

정답 01 ② 02 ③ 03 ④ 04 ④ 05 ②

01 다음 설명에 해당하는 디자인의 조건은?

> 건축은 인간이 살기 위해, 포스터는 커뮤니케이션을 위해, 의자는 앉기 위해, 커피잔은 커피를 마시기 위하여 사용되는 것이다.

① 심미성　② 합목적성
③ 독창성　④ 경제성

해설
합목적성은 '디자인의 대상이 되는 것은 모두가 실용적으로 사용할 수 있는 것이다'라고 정의하며, 실용성과 요구되는 기능이 모두 갖추어진 것을 말한다.

02 디자인 조건 중 최소의 재료에 의해 최대의 효과를 얻고자 하는 인간의 활동과 가장 밀접한 관계가 있는 것은?

① 심미성　② 질서성
③ 경제성　④ 독창성

해설
디자인의 4대 조건 중 경제성은 최소 비용으로 최대 효과를 얻고자 하는 것으로, 합리적인 가격을 중시한다.

03 다음 중 디자인의 조건에 해당하지 않는 것은?

① 합목적성　② 심미성
③ 경제성　④ 유통성

해설
- 디자인의 조건 : 합목적성, 경제성, 심미성, 독창성
- 굿디자인(Good Design)의 조건 : 합목적성, 경제성, 심미성, 독창성, 질서성

04 다음에 해당하는 디자인의 기본조건은?

> 창조는 기존의 디자인을 바탕으로 보다 나은 디자인을 만드는 것이다.

① 합목적성
② 심미성
③ 경제성
④ 독창성

해설
디자인의 기본조건 중 독창성은 모든 요소를 유기적으로 관련시켜 다각적으로 모색하여 개성적인 미의식을 창출해내는 것이다. 또한, 창조는 기존의 디자인을 바탕으로 보다 나은 디자인을 만드는 것이다.

05 디자인의 조건 중 심미성에 대한 설명으로 가장 옳은 것은?

① 디자인된 결과물은 단지 개인의 소유물이 아니라 사회적 존재로서의 의미를 지닌다.
② 인간의 생활을 보다 차원 높게 유지하려는 조건의 하나로서 미의 문제가 고려된다.
③ 디자이너의 창의적인 디자인 감각에 의해 새로운 가치를 가진다.
④ 가장 합리적이고 효율적이며 경제적인 효과를 얻도록 디자인한다.

해설
심미성은 디자인의 미적 기능을 말한다. 개성과 취향에 따라 주관성이 강하고 시대나 국가, 문화에 따라 심미성의 기준은 유동적이다.

기출유형 03 ▶ 디자인 분류

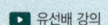

다음 중 시각 디자인의 4대 매체가 아닌 것은?

① 포스터 디자인
② 신문 광고 디자인
③ TV 광고 디자인
④ 텍스타일 디자인

해설
시각 디자인 4대 매체는 TV 광고, 신문 광고, 잡지 광고, 포스터 디자인이다.

| 정답 | ④

족집게 과외

❶ 디자인 분류

㉠ 2차원 평면 디자인 : 단면으로 보이는 결과물

시각 디자인	• 아이덴티티(Identity) : 기업을 위한 이미지 통합 전략(CIP) • 편집 디자인(포스터) • 광고 디자인 • 타이포그래피, 레터링 • 일러스트레이션 • 웹디자인
공업 디자인	• 텍스타일 디자인 • 벽지 디자인 • 인테리어 직물 디자인

㉡ 3차원 입체 디자인 : 입체(물체)로 보이는 결과물
공간(높이, 너비, 깊이)을 다루는 디자인
• 디자인 요소 : 깊이, 너비(폭), 길이
• 상관 요소 : 위치, 방향, 공간
• 구조 요소 : 꼭짓점, 모서리, 면

시각 디자인	• POP 광고 디자인 • 패키지 디자인
공업 디자인	• 완구 디자인 • 패션 디자인 • 가전 디자인 • 가구 디자인 • 자동차 디자인
환경 디자인 (공간 중심)	• 인테리어 디자인 • 원예 디자인 • 조경 디자인

㉢ 4차원 공간 디자인 : 현실과 구분되는 공간 시간에 따른 변화, 사용자 경험(UX), 인터랙션 등을 고려한 디자인

시각 디자인	• TV/CF 디자인 • 영상 디자인 • 스팟(Spot) 광고 • 애니메이션/가상현실 • 인터랙티브 미디어 아트
공업 디자인	• 무대 소품 디자인 • 로봇 디자인
환경 디자인 (시간 중심)	• 무대 디자인 • 인테리어 디자인 • 도시환경 디자인 • 조경 디자인 • 스트리트 퍼니처 디자인 • 그린 디자인

❷ 시각 디자인(시각 전달, 커뮤니케이션)

㉠ 의미
• 어원 : 라틴어 Communicare
• 2개 이상의 개체가 기호를 매개로 무언가를 공유하는 것
• 사람과 사람 사이에 기호에 의해서 의미를 전달하는 과정
• 인간의 의사 및 정보를 시각적으로 전달하는 디자인 영역

㉡ 시각 디자인의 구성요소
• 조형적 요소(디자인 요소) : 레이아웃, 타이포그래피, 일러스트레이션, 심벌 마크, 보더라인 등
• 내용적 요소 : 헤드라인(신문, 잡지 등에서 내용을 강조하는 제목)

ⓒ 시각 디자인 4대 매체 : TV 광고, 신문 광고, 잡지 광고, 포스터 디자인
ⓔ 시각 디자인의 종류
- 아이덴티티(Identity) : 기업, 단체, 행사의 특징과 성격에 맞는 시각적 상징물
  - 기본 요소 : 전용 색상, 서체, 심벌 마크 등
  - 심벌 마크(Symbol Mark) : 디자인의 모든 분야에서 사용 가능한 상징적인 요소

CIP(Corporate Identity Program)
- 기업의 새로운 이념 구축에 필요한 이미지와 커뮤니케이션 시스템을 의도적·계획적으로 만들어내는 기업 이미지 통합전략
- CIP는 베이직 시스템과 어플리케이션 시스템으로 나뉨

베이직 시스템	심벌 마크, 로고타입, 엠블럼과 캐릭터, 전용서체 등
어플리케이션 시스템	서식류(명함, 봉투), 유니폼 등

- 편집 디자인 : 인쇄물로 제작되는 디자인
  - 편집 디자인의 구성요소 : 레이아웃, 타이포그래피(글꼴), 일러스트레이션 등
  - 포스터 디자인 : 눈에 띄고, 독창적이어야 함
- 광고 디자인
  - 신문 광고 : 신뢰도와 주목률이 높아 전국적이고 지역적 광고에 적합
  - 잡지 광고 : 컬러 인쇄 효과가 좋고 감정적인 무드광고에 적합하나 신속한 정보 전달이 어려움
  - TV 광고 : 전달 매체로서 영향력이 크고 반복 광고 효과가 있지만 비용이 비싸고 시청률에 따라 영향이 크게 차이가 있음
  - 라디오 광고 : 신속 전달 광고에 적합하여 장소의 제한이 없지만, 이용자가 줄어 있어 많은 사람들에게 전달하기 어려움
  - DM(Direct Mail) 광고 : 우편을 통하여 소비자에게 직접 광고
  - POP(Point of Purchase) 광고 : 구매(판매) 시점 광고로, 소매점의 장식 효과가 있으며, 충동구매를 유도하고 구매를 촉진·결단하게 하는 설득력이 있음
    예 카페 테이블 위에 놓는 소형 포스터, 사람 모양의 판넬 등
  - 스팟(Spot) 광고 : 프로그램과 프로그램 사이에 광고를 삽입하는 것
- 일러스트레이션 : 그래픽의 표현 요소 중 회화나 사진을 비롯하여 도형, 도표 등 문자 이외의 시각화된 것
- 웹디자인
  - 웹 페이지를 디자인하고 제작하는 것
  - 웹(Web)과 디자인(Design)이라는 두 가지 개념이 결합된 것
    예 개인용 웹 사이트, 기업용 웹 사이트 등

❸ 공업(제품, Product) 디자인
ⓐ 일반적인 도구 개념으로 물건을 창조하는 디자인 분야
ⓑ 공업(제품) 디자인의 종류
- 2차원 단면으로 보이는 공업(제품) 디자인
  예 텍스타일 디자인, 벽지 디자인, 인테리어 직물 디자인 등

텍스타일 디자인
섬유에 패턴을 디자인하여 인쇄하는 작업

- 3차원 입체 디자인[대부분의 공업(제품) 디자인]
  예 완구 디자인, 패션 디자인, 가전 디자인, 가구 디자인, 자동차 디자인 등
ⓒ 공업 디자인 과정
계획 수립 → 디자인 콘셉트 수립 → 아이디어 스케치 → 렌더링(완성 예상도) → 목업(모형제작) → 도면화 → 모델링 → 결정 → 상품화

렌더링(Rendering)
완성 예상도라고도 하며 실물처럼 충실하고 정확히 표현하는 것

❹ 환경 디자인
　㉠ 3차원과 4차원 디자인을 모두 포함
　　• 3차원 : 공간(높이, 너비, 깊이)을 다루는 디자인
　　• 4차원 : 시간에 따른 변화, 사용자 경험(UX), 인터랙션 등을 고려한 디자인

> **Tip**
> • 주거환경 디자인 : 주거 공간의 기능성과 미적 요소를 고려한 디자인
> • 상업환경 디자인 : 상업 공간의 목적과 분위기를 조성하는 디자인
>   예) 인테리어 디자인, 도시환경 디자인, 무대 디자인, 조경 디자인, 스트리트 퍼니처 디자인

　㉡ 실내 공간을 목적별로 분류
　　• 생활 공간(Living Space)
　　• 공공 공간(Public Space)
　　• 작업 공간(Work Space)
　㉢ 그린 디자인은 환경 오염의 문제를 해결하려는 움직임에서 시작된 환경친화적인 디자인
　㉣ 슈퍼그래픽은 환경 디자인의 한 분야로 미술관, 화랑뿐만 아니라 규모가 큰 공간의 벽면을 디자인하여 주변 환경과 어우러지게 함으로써 도시의 경관을 아름답게 하는 것

기출유형 완성하기

정답 01 ① 02 ② 03 ④ 04 ④ 05 ①

01 편집 디자인의 구성요소에 해당하지 않는 것은?

① 포맷
② 레이아웃
③ 타이포그래피
④ 일러스트레이션

해설
편집 디자인의 구성요소는 레이아웃, 타이포그래피, 일러스트레이션 등이 있다.

02 다음 중 4차원 디자인이 아닌 것은?

① TV 디자인
② POP Art
③ 애니메이션
④ 무대 디자인

해설
4차원 디자인은 현실과 구분된 공간을 의미하며, TV/CF 디자인, 영상 디자인, 애니메이션/가상현실, 무대 디자인 등을 말한다. POP Art는 시각 디자인에 포함되는 3차원 입체 디자인이다.

03 3차원을 표현하는 디자인의 요소가 아닌 것은?

① 깊이
② 너비(폭)
③ 길이
④ 방향

해설
- 3차원은 입체 형태, 공간을 나타낸다.
- 디자인 요소 : 깊이, 너비(폭), 길이
- 상관 요소 : 위치, 방향, 공간
- 구조 요소 : 꼭짓점, 모서리, 면

04 웹디자인에 관한 설명으로 거리가 먼 것은?

① 웹 페이지를 디자인하고 제작하는 것을 의미한다.
② 웹디자인은 개인용 홈페이지 외 기업용, 상업용 등 매우 다양하다.
③ 웹디자인은 웹과 디자인이라는 두 가지 개념이 결합된 것이다.
④ 기업, 단체, 행사의 특징과 성격에 맞는 시각적 상징물을 말한다.

해설
기업, 단체, 행사의 특징과 성격에 맞는 시각적 상징물을 제작하는 것은 아이덴티티(Identity) 디자인이다.

05 CIP(Corporate Identity Program)의 베이직 시스템에 속하는 것은?

① 심벌 마크, 로고타입, 전용서체
② 로고타입, 전용색상, 서식류
③ 서식류, 제품포장, 캐릭터
④ 유니폼, 간판(표지), 시그니처

해설
CIP는 기업을 위한 이미지 통합전략을 말하며 베이직 시스템과 어플리케이션 시스템으로 나뉜다. 베이직 시스템은 심벌 마크, 로고타입, 엠블럼과 캐릭터, 전용서체 등이 있으며 어플리케이션 시스템은 서식류(명함, 봉투), 유니폼 등이 있다.

CHAPTER 02 디자인의 요소와 원리

PART 1 디자인 기초 및 요소와 원리

기출뮤형 04 ▶ 디자인 기본 요소

▶ 유선배 강의

다음 중 디자인의 개념 요소들로 옳은 것은?

① 선, 색채, 공간, 수량
② 점, 선, 면, 입체
③ 시간, 수량, 구조, 공간
④ 면, 구조, 공간, 수량

해설
디자인의 기본 요소 중 점, 선, 면, 입체는 개념 요소이고 형, 형태, 크기, 색채, 질감, 빛, 명암은 시각 요소이다.

| 정답 | ②

족집게 과외

❶ 개념 요소

눈으로 볼 수 없고 실제로 존재하지 않지만 지각되는 요소

점	• 위치만 있고 크기는 없음 • 1개의 점은 공간의 위치를 가리킴 • 모든 조형 예술의 최초의 요소로 규정지을 수 있음 • 원형이나 정다각형이 축소되면 점이 됨
선	• 하나의 점이 이동한 자취 • 점의 운동에 의해서 선이 만들어짐 • 길이와 방향만을 나타냄 • 무수히 많은 점들의 집합 • 선을 축소하면 그 성질을 잃음
면	• 선의 이동, 점이 확대되면 면이 나타남 • 공간을 구성하는 단위 • 넓이는 있으나 두께는 없음 • 2차원 공간, 원근감, 질감, 공간감 등이 표현됨
입체	• 면의 이동, 이동하는 면의 자취가 입체를 이룸 • 두 면과 각도를 가진 방향으로 이동하거나 면의 회전에 의해 생김 • 순수한 입체는 구, 원통, 육면체 등과 같은 형 • 소극적 입체는 시각을 통해 지각되는 것으로 물체가 점유하는 공간 • 3차원 공간, 형태와 깊이가 표현됨

❷ 시각 요소(형식적 요소)

실제로도 존재하고 지각이 가능한 요소

형	• 2차원 요소(평면적) • 단순히 우리 눈에 보이는 모양 • 자연적 또는 인공적 모양 중에서 외관으로 나타나는 윤곽 • 현실적 형과 이념적 형으로 나뉨 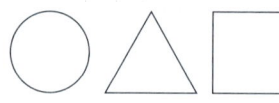
형태	• 3차원 요소(입체적) • 일반적으로 눈으로 파악한 대상물의 기본적 특성 제시 • 일정한 크기, 색채, 질감을 가진 모양 • 점, 선, 면 등이 연장, 발전되고 밀접한 관계에서 이루어지는 조형 디자인 요소 • 현실적 형태, 자연적 형태, 인위적 형태(지각 가능)로 나뉨 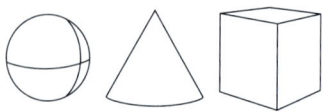
크기	기준 척도에 의해 측량되는 개념 예 크기, 길이, 폭, 깊이, 높이 등

색채	• 빛이 물체에 닿게 될 때 반사, 투과되어 보이는 물체의 색 • 색의 3속성 : 색상, 명도, 채도

질감	물체의 표면이 가지고 있는 특징의 차이를 시각과 촉각을 통하여 느낄 수 있는 성질
	• 시각적 질감 : 눈에 보이는 질감
	• 촉각적 질감
	  – 눈으로 볼 수 있을 뿐만 아니라 손으로 만져서 느낄 수 있는 질감
	  – 2차원 디자인의 표면과 함께 3차원의 양각(Relief)으로 확대하는 것
	  – 촉각적 질감의 연출 방법에는 자연재료 사용, 재료변형, 재료복합 등

빛	• 비추는 형태에 따라 직사광(직광)과 분산된 분광으로 나뉨 • 가시광선, 자외선, 적외선, 감마선, X선 등 • 빛은 조명원에 따라서 고유한 색을 가짐
명암	• 빛의 밝고 어두운 것을 의미 • 명암에 의해 실제감(입체감, 양감 등)을 표현할 수 있음

❸ **상관 요소**

디자인 요소들의 결합을 말하며 위치, 방향, 공간, 중량감 등이 있음

❹ **실제 요소**

㉠ 형태가 가진 내면의 의미로, 디자인의 목적이 충족되었을 때 나타나는 요소

㉡ 표현하려는 주제에 맞는 소재, 목적에 맞는 기능성 등

기출유형 완성하기

정답 01 ④ 02 ④ 03 ③ 04 ④ 05 ①

01 다음 중 디자인 시각 요소에 대한 분류로 옳지 않은 것은?

① 질감(Texture)
② 색(Color)
③ 형(Shape)
④ 기술(Technology)

해설
디자인의 시각 요소는 형식적 요소라고도 부른다. 시각 요소는 형, 형태, 크기, 색채, 질감, 빛, 명암으로 나뉜다.

02 다음 (   ) 안에 들어갈 알맞은 용어는?

> 자연적 또는 인공적 모양 중에서 (A)은 외관으로 나타나는 윤곽을 나타내지만, (B)은/는 좀 더 넓은 의미의 일반적인 (A)과 모양을 나타내며, 눈으로 파악한 대상물의 기본적 특성을 제시한다.

① A : 점, B : 형
② A : 선, B : 형태
③ A : 형, B : 면
④ A : 형, B : 형태

해설
평면에서 선의 변화로 형성된 모양을 '형(Shape)'이라 하며, 입체적으로 표현되어 크기·색채·양감 등의 다양한 요소를 갖춘 경우를 '형태(Form)'라 구분한다.

03 형(Shape)과 형태(Form)에 대한 설명으로 옳은 것은?

① 형태는 단순히 우리 눈에 비쳐지는 모양(윤곽)이다.
② 형은 일정한 크기, 색채, 질감을 가진 모양이다.
③ 형은 2차원적인 표현이고, 형태는 3차원적인 표현이다.
④ 디자인에서 형(Shape)을 구성하는 것은 점이다.

해설
형(Shape)은 평면, 형태(Form)는 주로 입체의 모양을 가리킨다. 따라서 단순히 우리 눈에 비쳐지는 모양(윤곽)은 형이고, 일정한 크기, 색채, 질감을 가진 모양은 형태이다. 디자인에서 형을 구성하는 것은 선의 변화로 형성된 것이다.

04 디자인의 요소 중 '형'에 대한 설명으로 옳지 않은 것은?

① 1개의 점은 공간의 위치를 가리킨다.
② 점이 확대되면 면으로 이동된다.
③ 점의 운동에 의해서 선이 만들어진다.
④ 이동하는 선의 자취가 입체를 이룬다.

해설
이동하는 선의 자취가 면을 만들고, 이동하는 면의 자취가 입체를 이룬다.

05 다음 설명 중 (   ) 안에 공통으로 들어갈 디자인 요소는?

> • 기하학에서는 무수히 많은 (   )들의 집합은 선이라고 정의한다.
> • 상징적인 면에 있어서의 (   )은/는 모든 조형 예술의 최초의 요소로 규정지을 수 있다.

① 점
② 빛
③ 면
④ 입체

해설
점은 모든 조형 예술의 최초의 요소로 규정지을 수 있고, 무수히 많은 점의 집합은 선이라고 정의한다.

기출유형 05 ▶ 형태

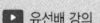

다음 중 게슈탈트의 시각에 관한 법칙으로 볼 수 없는 것은?

① 근접의 원리
② 유사의 원리
③ 연속의 원리
④ 통일의 원리

해설
게슈탈트(Gestalt) 법칙(군화의 법칙)은 연속성의 원리, 근접성의 원리, 유사성의 원리, 폐쇄성의 원리가 있다.

| 정답 | ④

족집게 과외

❶ 형태란?
조형디자인에서 점, 선, 면 등이 연장, 발전되고 밀접한 관계로 변화되는 조형 디자인 요소

❷ 형태의 분류
㉠ 이념적(네거티브) 형태
  • 순수 형태 : 실제적 감각으로 지각할 수는 없지만 느껴지는 순수 형태
  • 기하학적 형태 : 세잔(Cezanne)이 주장한 것으로, 수학의 수적 법칙에 의해 생겨난 형태. 규칙적이고 명쾌한 조형적 감정을 유발시키는 형태이며 점, 선, 면, 입체로 대상을 표현한 것으로 가장 뚜렷한 질서를 가짐
  • 추상적 형태 : 점, 선, 면의 이동형태에 따라 입체를 형성
㉡ 현실적(포지티브) 형태
  • 실제 형태 : 현실적으로 존재하는 형태
  • 눈으로 볼 수 있고 손으로 만질 수 있는 모든 형태
  • 기능적 형태 : 인간의 필요에 의해 만들어진 인위적 형태
  • 유기적 형태 : 자연의 법칙에 의해 생성된 자연적 형태

Tip
• 인위적 형태 : 인간의 필요에 의해 만들어진 형태로 추상적 형태, 기하학적 형태, 기능적 형태 등이 있음
• 자연적 형태 : 자연의 법칙에 의해 생성된 형태로 유기적 형태가 있음

❸ 형태의 심리
㉠ 형태는 심리적인 원리에 의해 지각됨
㉡ 게슈탈트 법칙에 의하면 형태는 연속, 근접, 유사, 폐쇄 속성을 가진 형태들이 심리적으로 보기 좋음

❹ 게슈탈트(Gestalt) 법칙(군화의 법칙)
형태에 관한 시각의 기본 법칙을 내포하고 있음

연속성의 원리	배열, 방향이 연속되어 있을 때 유사한 것들이 무리 지어 보이는 원리
근접성의 원리	비슷한 모양이 서로 가까이 놓여 있을 때 그 모양들이 동일한 형태의 그룹으로 보이는 원리
유사성의 원리	유사한 형태, 색상, 질감을 가진 것들이 무리 지어 보이는 원리
폐쇄성의 원리	닫혀 있지 않은 도형이 심리적으로 닫혀 보이거나 무리 지어 보이는 원리

❺ 자연의 형태
㉠ 모홀로나기가 주장함
㉡ 해안에 있는 조약돌은 자연의 힘에 의해 필연적으로 만들어진 형태라는 자연의 법칙이 만든 자연의 형태

기출유형 완성하기

정답 01 ③ 02 ① 03 ③ 04 ① 05 ②

01 다음 디자인 형태 중에서 다른 성격을 지닌 것은 어느 것인가?

① 추상적 형태
② 기하학적 형태
③ 유기적 형태
④ 기능적 형태

해설
인간의 필요에 의해 만들어진 형태는 인위적 형태라고 하며 추상적 형태, 기하학적 형태, 기능적 형태 등이 있다. 유기적 형태는 자연의 법칙에 의해 생성된 자연적인 형태이다.

02 게슈탈트 이론 중 비슷한 모양이 서로 가까이 놓여 있을 때 그 모양들이 동일한 형태의 그룹으로 보이는 경향을 무엇이라고 하는가?

① 근접성의 법칙
② 유사성의 법칙
③ 연속성의 법칙
④ 폐쇄성의 법칙

해설
비슷한 모양이 서로 가까이 놓여 있을 때 무리 지어 보이는 원리는 근접성의 법칙이다.

03 다음 그림과 같이 일부분이 끊어진 상태이지만 문자로 인식되는 것은 어떤 원리 때문인가?

① 대칭성
② 유사성
③ 폐쇄성
④ 연속성

해설
위의 그림을 보면 중간에 선이 이어져 있지 않아도 A로 인식된다. 게슈탈트 법칙 중 폐쇄의 원리로 인해 닫혀 있지 않은 도형이 심리적으로 닫혀 보이거나 무리 지어 보인다.

04 형태에 관한 시각의 기본 법칙을 내포한 게슈탈트(Gustalt) 심리적 원리로 옳은 것은?

① 연속성, 근접성, 유사성, 폐쇄성
② 유사성, 연속성, 개방성, 폐쇄성
③ 연속성, 개방성, 전경과 배경의 법칙
④ 유사성, 이성적, 개방성, 접근성(근접성)

해설
게슈탈트 법칙(군화의 법칙)은 형태에 관한 시각의 기본 법칙을 내포하고 있으며, 연속성, 근접성, 유사성, 폐쇄성의 4가지의 심리적 원리가 포함된다.

05 다음이 설명하고 있는 형태는?

- 반드시 수학적 법칙과 함께 생기며, 가장 뚜렷한 질서를 가진다.
- 18세기 중반에 시작된 산업혁명과 더불어 선구적인 디자이너들은 기계화에 의해 대량생산을 목적으로 합리적이고 실용적인 형태로 디자인하게 되었다.
- 세잔(Cezanne)이 이 형태를 주장하였다.

① 유기적 형태
② 기하학적 형태
③ 윤곽형 형태
④ 추상적 형태

해설
기하학적 형태는 수학의 수적 법칙에 의해 생겨난 형태로, 세잔(Cezanne)이 주장하였다. 규칙적이고 명쾌한 조형적 감정을 유발시키는 형태이며 점, 선, 면, 입체로 대상을 표현한 것을 말한다.

기출유형 06 ▶ 재질감, 빛과 운동

시각적 질감의 예로 성격이 다른 하나는?

① 사진의 망점
② 인쇄상의 스크린 톤
③ 대리석 무늬
④ 모니터 주사선

[해설]
사진의 망점, 인쇄상의 스크린 톤, 모니터의 주사선은 기계적 질감이고, 대리석 무늬, 나뭇결 무늬는 자연적 질감이다.

| 정답 | ③

족집게 과외

❶ 재질감
㉠ 물체의 표면이 가지고 있는 특징의 차이를 시각과 촉각을 통하여 느낄 수 있는 성질
- 시각적 질감 : 눈에 보이는 질감
  [예] 장식적 질감 : 실크 재질, 의상패턴
  자연적 질감 : 나뭇결 무늬, 대리석 무늬
  기계적 질감 : 사진의 망점, 인쇄상의 스크린 톤, 모니터 주사선
- 촉각적 질감 : 눈으로 볼 수 있을 뿐만 아니라 손으로 만져서 느낄 수 있는 질감

㉡ 2차원 디자인의 표면과 함께 3차원의 양각(Relief)으로 확대하는 것
㉢ 촉각적 질감의 연출 방법 : 자연재료 사용, 재료변형, 재료복합 등
㉣ 프로타주
- 프랑스어로 Frotter에서 유래된 용어
- 나뭇잎이나 헝겊 등의 위에 종이를 대고 연필이나 크레용 등으로 문질러 나타내는 방법
- 막스 에른스트(Max Ernst) 같은 초현실주의 화가들이 자주 사용함

❷ 빛
㉠ 비추는 형태에 따라 직사광(직광)과 분산된 분광으로 나뉨
㉡ 빛은 조명원에 따라서 고유한 색을 가짐
㉢ 가시광선
- 빛의 파장 중 380nm에서 780nm 사이의 범위로 눈으로 지각되는 영역
- 백색광이 프리즘을 통해 나타나는 색 띠(전자기파 스펙트럼)
- 물리적인 빛이 우리의 눈에서 색채로 지각되어 범위의 파장 한계 내에 있는 스펙트럼을 의미
㉣ 적외선 : 780nm 이상의 긴 파장
  [예] 라디오, 텔레비전, 휴대폰의 파장 범위
㉤ 자외선 : 380nm 이하의 짧은 파장

스펙트럼
태양광선이 투사되는 위치에 프리즘을 놓아 굴절된 광선을 스크린에 투사하여 나타난 여러 가지 색의 띠

❸ 명암
㉠ 빛의 밝고 어두운 것을 의미
㉡ 명암에 의해 실제감(입체감, 양감 등)을 표현할 수 있음

기출유형 완성하기

정답 01 ③ 02 ③ 03 ④ 04 ① 05 ①

01 태양광선이 투사되는 위치에 프리즘을 놓아 굴절된 광선을 스크린에 투사하여 나타난 여러 가지 색의 띠를 무엇이라 하는가?

① 전자파
② 감마선
③ 스펙트럼
④ 자외선

해설
태양광을 프리즘에 통과시켜 보면 무지개와 같이 여러 색이 펼쳐진 상을 얻을 수 있다. 빛은 파장에 따라 다르게 굴절하므로 백색광으로 보이는 빛도 여러 파장의 빛들이 중첩되어 이루어진 것을 보여주는 것이다. 이렇게 한 단위의 빛이 파장에 따라 갖는 여러 분포를 스펙트럼이라고 한다.

02 가시광선에 대한 설명으로 옳지 않은 것은?

① 빛의 파장 중 380nm에서 780nm 사이의 범위로 눈으로 지각되는 영역을 말한다.
② 백색광이 프리즘을 통해 나타나는 색 띠를 말한다.
③ 라디오나 텔레비전, 휴대폰의 파장 범위를 포함한다.
④ 전자기파 스펙트럼이라고도 한다.

해설
라디오나 텔레비전, 휴대폰의 파장 범위는 적외선이다.

03 물체의 표면이 가지고 있는 특징의 차이를 시각과 촉각을 통하여 느낄 수 있는 성질을 의미하는 것은?

① 색감
② 항상성
③ 고유성
④ 재질감

해설
① 색을 통해서 받는 느낌
② 시각적 자극에 변화가 생기더라도 대상물 자체가 변한 것은 아니라고 지각하는 성향
③ 어떤 물체가 가지고 있는 고유한 성질

04 인간이 볼 수 있는 가시광선의 파장 범위는?

① 380nm~780nm
② 850nm~1100nm
③ 1150nm~1400nm
④ 1450nm~1650nm

해설
가시광선은 빛의 파장 중 380nm~780nm 사이의 범위로, 눈으로 지각되는 영역을 말한다. 이 구간을 프리즘을 통해 보면 여러 가지 색의 띠 형식으로 보인다.

05 촉각적 질감에 대한 설명으로 옳지 않은 것은?

① 촉각적 질감에는 장식적 질감, 자연적 질감, 기계적 질감이 있다.
② 촉각적 질감은 눈으로 볼 수 있을 뿐 아니라 손으로 만져서 느낄 수 있는 질감이다.
③ 촉각적 질감은 2차원 디자인의 표면과 함께 3차원의 양각(Relief)으로 확대하는 것이다.
④ 촉각적 질감의 연출 방법에는 자연재료 사용, 재료변형, 재료복합 등이 있다.

해설
장식적 질감, 자연적 질감, 기계적 질감은 시각적 질감에 해당한다.

기출유형 07 ▶ 운동감과 시공간(선, 면, 입체)

▶ 유선배 강의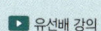

선(Line)에 대한 설명으로 잘못된 것은?

① 유기적인 선은 정확하고 긴장되며 기계적인 느낌을 준다.
② 수직선은 세로로 된 선으로 숭고한 느낌을 준다.
③ 수평선은 가로로 된 선으로 편안한 느낌을 준다.
④ 사선은 비스듬한 선으로 동적인 움직임과 불안한 느낌을 준다.

해설
유기적인 선은 자연적인 선, 부드러움, 자유로운 선을 말한다.

| 정답 | ①

족집게 과외

❶ 점의 종류와 특성

㉠ 적극적인 점(포지티브, 현실적인 점)
- 명확히 지각되는 점
- 크기, 형태에 따라 다르게 지각됨

㉡ 소극적인 점(네거티브, 이념적인 점)
- 직접 지각되지 못하는 점
- 선의 한계, 교차, 꼭짓점 등에 생기는 점

❷ 선의 종류와 특성

㉠ 구분

수직선	• 세로로 된 선으로 숭고한 느낌을 줌 • 상하공간의 방향성, 긴장, 엄숙, 경직, 희망, 고결, 상승감, 긴장감을 의미
수평선	• 가로로 된 선으로 편안한 느낌을 줌 • 평화와 정지를 나타내고 안정감을 줌
대각선, 사선	비스듬한 선으로 동적인 움직임과 불안한 느낌을 줌
곡선	우아, 매력, 모호, 유연, 복잡함의 상징으로, 여성적인 섬세하고 동적인 표정을 나타냄
소용돌이선	빨려들 것 같은 혼돈과 환각을 의미
적극적인 선 (포지티브, 현실적인 선)	• 점과 점이 이어지거나, 점의 이동이나 확대에서 얻어지는 선 • 길이, 폭, 방향에 따라 다르게 지각됨
소극적인 선 (네거티브, 이념적인 선)	면의 한계나 교차에 의해 생기는 선, 지각되지 못하는 선
유기적인 선	자연적인 선, 부드러움, 자유로운 선
무기적인 선	• 정확하고 긴장되며 기계적인 느낌을 줌 • 기하학적인 선

㉡ 선을 이용한 디자인
- 독자의 눈을 향하게 하거나 운동감 창조
- 감정을 나타냄
- 그리드를 만듦

❸ 면의 종류와 특성

평면	신뢰감과 안정적인 느낌
곡면	부드러움, 동적인 느낌
불규칙한 면	자유로움, 흥미, 불확실함, 무질서함
적극적인 면 (포지티브, 현실적인 면)	점의 확대나 폭의 확대, 선으로 둘러싸여 성립된 면
소극적인 면 (네거티브, 이념적인 면)	점의 밀집, 선의 집합이나 선으로 둘러싸여 성립된 면
유기적인 면	자연적, 활발하고 자유로운 느낌
무기적인 면	기계적으로 생성된 기하학적인 면

기출유형 완성하기

정답 01 ④ 02 ③ 03 ① 04 ② 05 ④

01 선(Line)에 대한 설명으로 바른 것은?

① 면의 한계나 교차에 의해 생기는 선은 적극적인 선이다.
② 수평선은 고결, 희망, 상승감을 나타낸다.
③ 점과 점이 이어져 생기는 선은 소극적인 선이다.
④ 고딕 건축의 고결함은 수직선을 대표한다.

해설
① 면의 한계나 교차에 의해 생기는 선은 의도하지 않은 선이므로 '소극적인 선'이라고 한다.
② 고결, 희망, 상승감은 수직선을 나타낸다.
③ 점과 점을 의도해서 연결한 것을 '적극적인 선'이라고 한다.

02 가장 동적인 느낌을 주는 선의 종류는?

① 수평선
② 수직선
③ 대각선
④ 점선

해설
대각선, 사선은 비스듬한 선으로 동적(動的)인 움직임과 불안한 느낌을 준다.

03 다음 중 수평선에 대한 설명으로 맞는 것은?

① 평화와 정지를 나타내고 안정감을 준다.
② 동적이고 불안정한 느낌을 준다.
③ 이지적 상징을 준다.
④ 고결, 희망을 나타내고 상승감, 긴장감을 준다.

해설
② 동적이고 불안정한 느낌을 주는 선은 대각선이다.
③ 이지적의 뜻은 理 이치, 깨달을 [리] + 智 지혜 [지]로 이성과 지혜를 아울러 이르는 말이며, 본능이나 감정에 지배되지 않고 지식과 윤리에 따라 사물을 분별하고 깨닫는 능력이다. 즉, 숭고하고 정직한 느낌을 주는 수직선이 해당한다.
④ 고결, 희망을 나타내고 상승감, 긴장감을 주는 선은 수직선이다.

04 디자인의 요소 중 선에 대한 특성으로 연결이 잘못된 것은?

① 곡선 – 매력, 우아
② 사선 – 동적, 안정
③ 수평선 – 평화, 정지
④ 수직선 – 희망, 긴장

해설
대각선 또는 사선은 비스듬한 선으로 동적인 움직임과 속도감, 불안한 느낌을 준다. 보기에서 사선이 동적인 것은 맞지만 안정감을 주는 선은 수평선이다.

05 면의 한계나 교차에서 생기는 것으로 직접 지각되지 못하는 것은?

① 네거티브 점
② 포지티브 점
③ 포지티브 선
④ 네거티브 선

해설
소극적인 선(네거티브, 이념적인 선)은 면의 한계나 교차에 의해 생기는 선으로 지각되지 못하는 선을 말한다.

기출유형 08 ▶ 시지각의 항상성과 착시

같은 크기의 형을 상·하로 겹칠 때 위쪽의 것이 크게 보이는 착시현상은?

① 각도와 방향의 착시
② 수직 수평의 착시
③ 바탕과 도형의 착시
④ 상방 거리의 과대 착시

해설
한글의 '응, 믐, 를' 등의 글자를 보면 자음의 크기가 동일할 경우 위쪽의 자음이 조금 더 커 보이기 때문에 폰트를 제작할 때 크기를 고려해야 한다.

| 정답 | ④

족집게 과외

❶ 착시란?
눈에 의한 생리적 작용에 따라 형태나 색채 등이 실제와 다르게 지각되는 것

❷ 착시의 구분

㉠ 길이의 착시

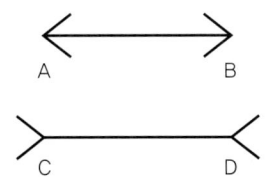

- 화살표의 방향에 따라 길이가 달라 보이는 착시
- 1889년 독일의 뮐러 리어가 고안

㉡ 분할의 착시
분할된 선이나 면이 분할되지 않은 것보다 더 길게 보이는 착시

㉢ 각도와 방향의 착시
사선에 의해 평행선이 기울어져 보이거나, 분리된 사선이 각도가 어긋나 보이는 착시

㉣ 수평 수직의 착시
수직으로 놓은 선이 수평으로 놓은 선보다 더 길게 보이는 착시

㉤ 상방 거리의 과대 착시
같은 크기의 형을 상·하로 겹칠 때 위쪽의 것이 크게 보이는 착시

㉥ 반전 실체의 착시

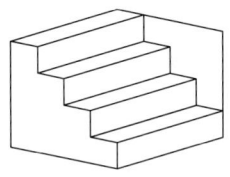

그림과 같이 도형의 한쪽이 튀어나와 보여서 입체로 지각되는 착시

㉦ 주변과 대비에 의한 착시(크기의 착시)

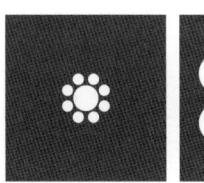 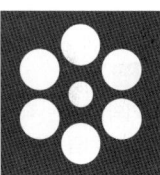

- 2개의 꽃 모양 중심에 있는 원의 실제 크기는 동일하지만, 왼쪽 원이 오른쪽보다 크게 보임
- 주위 도형의 조건에 따라 특정한 도형의 크기나 면적이 더욱 커 보이거나 작아 보이는 착시

기출유형 완성하기

정답 01 ④ 02 ② 03 ① 04 ④ 05 ①

01 그림과 같이 도형의 한쪽이 튀어나와 보여서 입체로 지각되는 착시현상은?

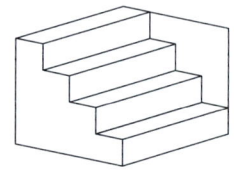

① 방향의 착시   ② 착시의 분할
③ 대비의 착시   ④ 반전 실체의 착시

해설
반전 실체의 착시는 도형을 보고 있는 동안 원근 등의 조건이 바뀌어 입체적 도형인 것처럼 보이는 현상을 말한다.

02 착시현상 중 주위 도형의 조건에 따라 특정한 도형의 크기나 면적이 더욱 커 보이거나 작아 보이는 현상은?

① 길이의 착시   ② 크기의 착시
③ 방향의 착시   ④ 양면시의 입체

해설
크기의 착시는 작은 것은 멀리 보이고, 큰 것은 가까이 있는 것처럼 보이기도 한다.

03 다음 2개의 꽃 모양 중심에 있는 원의 실제 크기는 동일하다. 그런데 왼쪽의 원이 오른쪽보다 커 보이는 현상은?

① 주변과의 대비에 의한 착시현상
② 원근에 의한 착시현상
③ 폐쇄원리에 의한 착시현상
④ 연속원리에 의한 착시현상

해설
주변 환경의 대비로 인해 크기나 면적이 다르게 보이는 착시를 '크기의 착시' 또는 '주변과의 대비에 의한 착시'라고 한다.

04 다음 그림에서 나타나는 착시현상은?

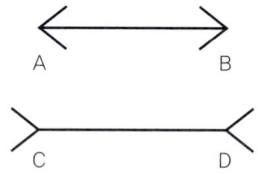

① 방향의 착시
② 대비의 착시
③ 분할의 착시
④ 길이의 착시

해설
길이의 착시는 화살표의 방향에 따라 길이가 달라 보이는 착시현상으로 1889년 독일의 뮐러 리어가 고안하였다.

05 착시에 대한 설명으로 옳은 것은?

① 눈에 의한 생리적 작용에 따라 형태나 색채 등이 실제와 다르게 지각되는 것을 말한다.
② 각 부분 사이에 강한 힘과 약한 힘이 규칙적으로 연속될 때 생기는 것을 말한다.
③ 시각상 힘의 안정을 주면 보는 사람에게 안정감을 주고 명쾌한 감정을 느끼게 하는 것을 말한다.
④ 부분과 전체 사이에 디자인 요소들이 잘 어울려서 균형을 유지하는 상태를 느끼게 하는 것을 말한다.

해설
착시는 사물의 형태나 색채 등이 원래와 다르게 지각되는 시각적인 착오를 의미한다.

기출유형 09 ▶ 조화

유사조화에 대한 설명으로 옳지 않은 것은?

① 온화함을 얻을 수 있다.
② 때때로 단조로워질 수 있으므로 반복에 의한 리듬감을 이끌어낸다.
③ 동일하지 않더라도 서로 닮은 형태의 모양, 종류, 의미, 기능끼리 연합하여 한조를 만들 수 있다.
④ 수평과 수직, 직선과 곡선 등 대립된 모양이나 종류에서 나타난다.

[해설]
수평과 수직, 직선과 곡선 등 대립된 모양이나 종류에서 나타나는 것은 대비조화이다.

|정답| ④

족집게 과외

❶ 조화
㉠ 서로 다른 요소가 잘 어울려 결합하는 상태
㉡ 미적 대상을 구상하는 부분과 부분의 사이에 질적으로나 양적으로 모순되는 일 없이 질서가 잡혀 어울리는 것
㉢ 부분과 부분 또는 부분과 전체 사이 안정된 관련성을 지니며, 서로 함께 속해 있는 것처럼 보이는 디자인 원리
㉣ 유사, 대비, 균일, 강약 등의 디자인 요소가 포함된 디자인 원리

유사 조화	• 같은 성질을 조화시키는 것 • 디자인 원리 중 동질의 부분이 조합될 때 이루어지는 것 • 친근감과 온화함을 얻을 수 있지만 단조로울 수 있어 반복에 의한 리듬감을 끌어낼 필요가 있음 • 동일하지 않더라도 서로 닮은 형태의 모양, 종류, 의미, 기능끼리 연합하여 한조를 만들 수 있음 • 파도나 잎사귀, 잔디 중 비슷한 모양이나 종류에서 나타남 • 자연에서 쉽게 찾을 수 있고 온화함이 있지만, 때로는 단조로움을 줌
대비 조화	• 전혀 다른 성질을 조화시키는 것 • 수평과 수직, 직선과 곡선 등 대립된 모양이나 종류에서 나타남 • 서로 다른 부분의 조합에 의해 균형감을 잃지 않은 상태로 대립에 의한 극적 효과와 긴장감을 줄 수 있음
균일 조화	한결같이 고르게 보임
강약 조화	강하고 약함 또는 그런 정도

기출유형 완성하기

정답 01 ② 02 ① 03 ① 04 ③ 05 ④

01 미적 대상을 구상하는 부분과 부분의 사이에 질적으로나 양적으로 모순되는 일 없이 질서가 잡혀 어울리는 것은?

① 균형　　② 조화
③ 변화　　④ 리듬

해설
조화는 부분과 부분 또는 부분과 부분 사이에 안정된 관련성을 지니며 서로 함께 속해 있는 것처럼 보이는 디자인 원리이다.

02 자연에서 쉽게 찾을 수 있고, 온화함이 있지만 때로는 단조로움을 주는 디자인 원리는?

① 유사조화
② 균일조화
③ 방사조화
④ 대비조화

해설
유사조화는 같은 성질을 조화시키는 것이다. 친근감과 온화함을 얻을 수 있지만 단조로울 수 있어 반복에 의한 리듬감을 끌어낼 필요가 있다.

03 서로 다른 부분의 조합에 의해 균형감을 잃지 않은 상태로 대립에 의한 극적 효과와 긴장감을 줄 수 있는 디자인 원리는?

① 대비　　② 변칙
③ 통일　　④ 반복

해설
대비는 조화의 한 부분으로 전혀 다른 성질을 조화시키는 특징이 있으며 수평과 수직, 직선과 곡선 등 대립된 모양이나 종류에서 나타난다.

04 유사, 대비, 균일, 강약 등의 디자인 요소가 포함되어 있는 디자인 원리는?

① 균형
② 리듬
③ 조화
④ 통일

해설
조화는 유사, 대비, 균일, 강약 등의 디자인 요소가 포함된다.

05 다음이 설명하고 있는 디자인 원리는?

> • 부분과 부분 또는 부분과 전체 사이에 안정된 관련성을 주면서도 공감을 일으켜 성립되는 디자인 원리이다.
> • 유사(Similarity)와 대비(Contrast)가 있다.

① 균형
② 리듬
③ 변화
④ 조화

해설
조화는 자주 출제되는 문제이니 개념과 종류를 명확히 학습해야 한다.

기출유형 10 ▶ 통일과 변화

다양한 구성요소끼리 하나의 규칙으로 단일화시키는 원리는?

① 주조
② 연속
③ 통일
④ 반복

해설
통일은 조화로운 형, 색, 명암, 크기, 질감이 공통된 특징을 갖고 있다.

| 정답 | ③

족집게 과외

❶ 통일
- ㉠ 다양한 구성요소끼리 하나의 규칙으로 단일화시키는 원리
- ㉡ 조화로운 형, 색, 명암, 크기, 질감이 공통된 특징을 갖고 있음

❷ 디자인의 통일성에 영향을 미치는 요소
각 요소들을 근접·반복·연속시키는 것

❸ 균형
- ㉠ 부피, 중량 등 물리적인 구조와 색채에서 시각적인 안정감을 이룬 것
- ㉡ 대칭은 균형의 전형적인 구성 형식이며 크게 대칭과 비대칭, 좌우대칭, 방사대칭으로 구분할 수 있음

❹ 변화
크기나 형태 및 색채 등이 같지 않은 것

❺ 패턴
- ㉠ 일반적으로 장식에 사용되는 단순화된 무늬나 규칙적으로 반복되는 단위도형
- ㉡ 반복되는 모양의 기본이 되는 구성요소를 가리키고 있지만, 일반적으로는 그림이나 무늬와 같은 비주얼 디자인의 기초가 되는 조형만이 아니라 일체의 반복되는 것에 대해 그 원형이 되는 조립단위를 가리킴
- 예 팽창 이동 패턴

❻ 반복
동일한 요소나 대상 등을 2개 이상 나열시켜 율동감을 표현하는 것으로 시각적으로 힘의 강약효과가 있음

기출유형 완성하기

정답 01 ④ 02 ④ 03 ④ 04 ④ 05 ③

01 디자인의 원리에 대한 설명으로 옳지 않은 것은?

① 통일은 조화로운 형, 색, 질감이 공통된 특징을 갖고 있다.
② 대칭은 균형의 전형적인 구성 형식이며 좌우대칭, 방사대칭이 있다.
③ 반복은 동일한 요소나 대상 등을 2개 이상 나열시켜 율동감을 표현하는 것으로 시각적으로 힘의 강약효과가 있다.
④ 조화는 일정한 방향을 유지하나 크기와 형태가 다른 경우를 의미한다.

[해설]
조화는 서로 다른 요소가 잘 어울려 결합하는 상태를 의미한다.

02 디자인의 통일성에 영향을 미치는 요소와 거리가 가장 먼 것은?

① 각 요소들을 근접시킨다.
② 각 요소들을 반복시킨다.
③ 각 요소들을 연속시킨다.
④ 각 요소들을 분리시킨다.

[해설]
각 요소들을 근접·반복·연속시키는 것은 디자인의 통일성에 영향을 미친다.

03 다음 중 디자인 원리가 아닌 것은?

① 조화
② 균형
③ 통일
④ 재질감

[해설]
디자인 원리에는 조화, 통일, 변화, 균형, 율동(리듬), 강조, 대조(대비) 등이 포함된다.

04 디자인 원리와 관련된 용어 설명 중 옳지 않은 것은?

① 조화 : 둘 이상의 요소가 서로 밀접한 관계를 갖고 어울렸을 때 말하는 것
② 통일 : 정돈과 안정된 느낌을 주는 것
③ 변화 : 크기나 형태 및 색채 등이 같지 않은 것
④ 균형 : 형이나 색 등이 반복되어 느껴지는 아름다운 운동감

[해설]
균형은 부피, 중량 등 물리적인 구조와 색채에서 시각적인 안정감을 이룬 것을 말한다.

05 다음 그림을 설명한 것 중 옳은 것은?

① 반사 운용
② 회전 운용
③ 팽창 이동 패턴
④ 조화 패턴

[해설]
패턴은 일반적으로 장식에 사용되는 단순화된 무늬나 규칙적으로 반복되는 단위도형을 말한다. 보기의 예시는 도형의 크기가 점점 커지면서(팽창) 이동하는 것처럼 보이는 팽창 이동 패턴이다.

기출유형 11 ▶ 균형

시각적 균형과 가장 거리가 먼 것은?

① 명암에 의한 균형
② 경험에 의한 균형
③ 질감에 의한 균형
④ 위치에 의한 균형

해설
시각적 균형에는 '크기에 의한 균형'이 추가될 수 있으며 개인의 경험은 주관적 해석에 따라 다르기 때문에 답이 될 수 없다.

|정답| ②

족집게 과외

❶ 균형(Balance)
㉠ 구성 형식에서 중요한 역할을 함
㉡ 요소들 사이의 평형상태
㉢ 각 요소들이 디자인 공간 속에서 통일감과 안정감을 갖게 함
㉣ 부피, 중량 등 물리적인 구조와 색채에서 시각적인 안정감을 이룬 것
㉤ 시각적으로 보는 사람에게 안정감을 주고 명쾌한 감정을 느끼게 하는 디자인 원리

- 대칭
  - 균형의 가장 정형적인 구성 형식
  - 균형이 잘 잡힌 상태로 통일감을 얻기 쉬우나 딱딱한 느낌을 주는 원리
    예 선대칭, 방사대칭, 이동대칭, 확대대칭 등
- 비대칭

  - 대칭이 아닌 상태지만 비중이 안정된 것
  - 생동감 있는 형태를 창조하여 시야가 형태와 구성 주변을 따라 움직이도록 하는 디자인 원리
- 비례
  - 부분과 부분, 부분과 전체에 균형이 잡혀 있음을 의미함
  - 조형을 구성하는 모든 단위의 크기 결정
  - 객관적 질서와 과학적 근거를 명확하게 드러내는 구성 형식
  - 비례의 종류

등차수열 비례	구구단처럼 이전 항에 차례로 일정한 값을 더하여 만들어진 수열
등비수열 비례	1, 2, 4, 8, 16 … 과 같이 이웃하는 두 항의 비가 일정한 수열
황금 비례	주어진 길이를 가장 이상적으로 나누는 비를 말하며, 근삿값이 약 1.618인 무리수 A　　　　B　　G D　E　C　F
정수 비례	예를 들면 물은 수소와 산소가 2:1로 화합하여 만들어지는데, 이런 일정불변의 성분비를 의미함

- 주도와 종속
  - 공간을 지배하는 주도적인 부분과 상관적인 부분의 힘이 조화를 이루는 것
  - 주도 : 시각상의 통합하고 지배하는 힘, 조형의 모든 부분에 나타나는 시각상의 힘
  - 종속 : 주도적인 것을 끌어당기는 상대적인 힘

❷ 시각적 균형
㉠ 명암에 의한 균형
㉡ 질감에 의한 균형
㉢ 위치에 의한 균형
㉣ 크기에 의한 균형

기출유형 완성하기

정답 01 ③ 02 ① 03 ② 04 ④ 05 ②

01 디자인 원리 중 균형(Balance)에 해당하지 않는 것은?

① 대칭
② 비례
③ 율동
④ 주도와 종속

해설
균형에는 대칭, 비대칭, 비례, 주도와 종속이 있다.

02 디자인의 원리 중 비례에 대한 설명이 잘못된 것은?

① 균형을 가장 많이 고려하여 구성해야 한다.
② 부분과 부분, 부분과 전체에 균형이 잡혀 있음을 말한다.
③ 조형을 구성하는 모든 단위의 크기를 결정한다.
④ 객관적 질서와 과학적 근거를 명확하게 드러내는 구성 형식이다.

해설
균형은 요소들이 평행해야 하지만 비례는 평행하지 않아도 되며, 두 양이 서로 일정 비율로 증가하거나 감소하는 관계이다.

03 1, 2, 4, 8, 16 … 과 같이 이웃하는 두 항의 비가 일정한 수열은?

① 등차수열
② 등비수열
③ 피보나치수열
④ 조화수열

해설
① 등차수열 : 구구단처럼 이전 항에 차례로 일정한 값을 더하여 만들어진 수열
③ 피보나치수열 : 첫 번째 항의 값이 0이고 두 번째 항의 값이 1일 때, 이후의 항들은 이전의 두 항을 더한 값으로 이루어지는 수열
④ 조화수열 : 각 항(> 0)의 역수가 등차수열을 이루는 수열을 가리킴

예 $1, \frac{1}{2}, \frac{1}{3}, \frac{1}{4} \cdots$

$1, \frac{1}{3}, \frac{1}{5}, \frac{1}{7}, \frac{1}{9} \cdots$

04 다음과 같은 형상이 나타내는 디자인 원리는?

① 조화
② 강조
③ 율동
④ 비대칭

해설
비대칭은 대칭이 아닌 상태이지만 비중이 안정된 것을 말한다.

05 다음이 설명하고 있는 것은?

- 주어진 길이를 가장 이상적으로 나누는 비를 말한다.
- 근삿값이 약 1.618인 무리수이다.

① 비례
② 황금비례
③ 삼각분할
④ 루트비례

해설
가로, 세로의 비율이 1 : 1.618인 이상적인 비례를 황금비례라고 한다.

기출유형 12 ▶ 율동(리듬)

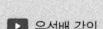

디자인 원리 중 리듬(Rhythm)의 요소와 거리가 먼 것은?

① 대칭
② 점증
③ 반복
④ 강조

해설
율동(리듬)의 요소는 반복, 교차, 점증(점이), 방사, 변칙, 강조가 있다.

| 정답 | ①

족집게 과외

❶ 율동(리듬)

유사한 형들이 일정한 규칙과 질서를 유지할 때 나타나는 현상

❷ 율동(리듬)의 요소

반복	연속적인 패턴에서 볼 수 있는 디자인 원리
교차	형태나 색채를 주기적, 규칙적으로 배열하는 것
점증 (점이)	도로의 가로등, 난간, 고층 빌딩의 창문 크기 등을 원근법을 적용하여 표현하고자 할 때, 표현 요소들 사이에 일정한 단계의 변화가 나타나도록 하는 디자인 원리
방사	• 중심축으로부터 바깥쪽을 향해 전개되는 방법 • 수면 위에 생기는 동심원에서 방사를 볼 수 있음
변칙	원칙에서 벗어나 달라져 보이게 표현하는 것
강조	단조로움을 피하기 위해 일부 요소를 다르게 표현하는 것

기출유형 완성하기

정답 01 ① 02 ④ 03 ② 04 ① 05 ③

01 도로의 가로등 및 난간, 고층 빌딩의 창문 크기 등을 원근법을 적용하여 표현하고자 할 때, 표현 요소들 사이에 일정한 단계의 변화가 나타나도록 하는 디자인 원리는?

① 점증
② 조화
③ 대칭
④ 균형

해설
반복의 크기, 색채 등에 점진적인 변화를 주어 동적인 효과를 주는 것을 점증(점이)라고 한다.

02 디자인의 원리에서 율동에 해당하는 것은?

① 유사, 대비
② 대칭, 비례
③ 통일, 변화
④ 점이, 반복

해설
율동(리듬)의 원리에는 반복, 교차, 점증(점이), 방사, 변칙, 강조가 있다.

03 색의 점이(점증)는 디자인의 원리 중 어느 영역에 속하는가?

① 통일
② 율동
③ 반복
④ 조화

해설
점증(점이)은 율동(리듬)에 속한다.

04 다음 그림에서 느낄 수 있는 디자인 원리는?

① 율동
② 비례
③ 조화
④ 강조

해설
민들레 홀씨는 유사한 형들이 움직이기 때문에 율동(리듬)의 원리이다.

05 다음의 디자인 원리 중 리듬에 해당하지 않는 것은?

① 점이
② 강조
③ 균일
④ 점증

해설
선, 형태, 색, 크기 등이 일정한 간격을 두고 반복적으로 나타나 점점 늘어나거나 작아져서 마치 살아 움직이는 듯한 리듬감을 느끼게 되는 것을 율동(리듬)이라고 한다. 균일하게 되면 리듬감(움직임)을 느끼지 못한다.

기출유형 13 ▶ 강조와 대조(대비)

다음과 가장 관계있는 디자인 원리는?

> 바다 위의 빨간 등대, 무성한 나뭇잎들 사이에서 핀 꽃, 별이 총총한 밤하늘에 뜬 달, 평평한 벽에 생긴 갈라진 틈 등

① 조화
② 통일
③ 점증
④ 강조

[해설]
강조는 단조로움을 피하기 위해 일부 요소를 다르게 표현하는 것을 말한다.

| 정답 | ④

족집게 과외

❶ 강조
- ㉠ 단조로움을 피하기 위해 일부 요소를 다르게 표현하는 것
- ㉡ 율동(리듬)의 요소에 포함됨

❷ 대조(대비)
- ㉠ 서로 다른 부분의 조합에 의해 균형감을 잃지 않은 상태로 대립에 의한 극적 효과와 긴장감을 줄 수 있는 디자인 원리
- ㉡ 디자인 원리 중 서로 다른 부분의 조합에 의해 생기며 시각적 힘의 강약에 의한 형의 감정 효과를 주는 것

❸ 음영
- ㉠ 빛을 감지할 수 있는 하나의 수단
- ㉡ 물리적 반사 법칙에 의해 정확하고, 엄밀한 투사광과 반사광으로 구성된 과학적 결과

정답 01 ④ 02 ① 03 ② 04 ④ 05 ①

01 무성한 초록 나뭇잎들 사이에 핀 빨간 꽃과 관련 있는 조형의 원리는?

① 반복   ② 율동
③ 점이   ④ 강조

해설
강조는 단조로움을 피하기 위해 일부 요소를 다르게 표현하는 것으로 비대칭적 균형에서 나타나며 채도, 색채, 배치 등에 의해 표현된다.

02 디자인 원리 중 서로 다른 부분의 조합에 의해 생기며 시각적 힘의 강약에 의한 형의 감정 효과를 주는 것은?

① 대비   ② 변칙
③ 통일   ④ 반복

해설
대조(대비)는 서로 다른 영역이 대립되는 것이다. 또한, 음영이나 색상 등에 대비를 주면 강렬한 디자인을 제작할 수 있다.

03 자연에서 찾아볼 수 있는 디자인의 원리에 대한 사례로 옳지 않은 것은?

① 고대 그리스 밀로의 비너스, 파르테논 신전 등은 비례의 좋은 예이다.
② 나뭇잎, 숲속의 나무, 해변의 모래알, 바다의 파도 등은 대칭의 좋은 예이다.
③ 잔잔한 수면 위에 돌을 떨어뜨려 생기는 동심원은 방사 구성의 좋은 예이다.
④ 무성한 나뭇잎들 사이에서 핀 꽃, 밤하늘에 뜬 달 등은 강조의 좋은 예이다.

해설
나뭇잎, 숲속의 나무, 해변의 모래알, 바다의 파도 등은 조화의 좋은 예이다.

04 다음과 가장 관계있는 디자인 원리는?

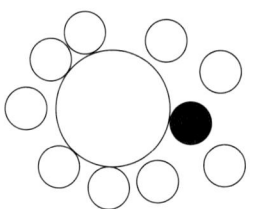

① 조화
② 통일
③ 점증
④ 강조

해설
강조는 단조로움을 피하기 위해 일부 요소를 다르게 표현하는 것이다.

05 서로 다른 부분의 조합에 의해 균형감을 잃지 않은 상태로 대립에 의한 극적 효과와 긴장감을 줄 수 있는 디자인 원리는?

① 대비
② 비례
③ 점이
④ 율동

해설
대비는 서로 반대되는 요소를 대치시켜 주의를 집중시키거나 극적 효과를 만들어 내는 것을 의미한다

PART 2
프로토타입 기초데이터 수집 및 스케치

CHAPTER 01 인터넷 기초

CHAPTER 02 기초데이터와 레퍼런스 데이터 수집

CHAPTER 03 아이디어 스케치

CHAPTER 01 인터넷 기초

PART 2 프로토타입 기초데이터 수집 및 스케치

기출유형 14 ▶ 인터넷의 정의

 유선배 강의

인터넷 관리 기관 중 국내 IP 주소 할당, 도메인 등록 및 네트워크 정보 관리 등의 업무를 담당하여 처리하는 기관으로 옳은 것은?

① RIPE-NCC
② KRNIC
③ InterNIC
④ APNIC

해설
KRNIC는 한국인터넷정보센터로, 인터넷 관리 기관이다.

| 정답 | ②

족집게 과외

❶ 인터넷(Internet)의 개념
알파넷(ARPANET)에서 시작된 세계 최대 규모의 컴퓨터 통신망으로, 인터넷에 연결된 컴퓨터들은 IP 주소를 가지고 있어야 함

❷ 인터넷 관리 기관[한국인터넷정보센터(KRNIC)]
국내 IP 주소 할당, 도메인 등록 및 네트워크 정보 관리 등의 업무를 담당하는 기관

❸ 후이즈(WHOIS)
도메인 이름, IP 주소, 자율 시스템 등 인터넷 자원의 소유자와 범위를 검색하기 위한 통신 프로토콜이 관여하는 도메인 관리 프로그램의 일환으로 인터넷을 운영하는 각 기관의 주요 운영 정보를 조회하도록 지원하는 서비스

❹ 로그인(Login)
인터넷상의 서버에 자신의 계정이 있어 서버 접속을 위해 사용자명과 패스워드를 입력하는 행위를 지칭하는 용어

❺ 아바타(Avatar)
분신, 화신이라는 의미로 채팅, 온라인 게임 등 네트워크 환경에서 자신을 대신하여 커뮤니케이션에 참여하는 가상의 그림 또는 아이콘을 뜻하는 인터넷 용어

❻ 스팸 메일(Spam Mail)
제품선전이나 상업적 용도로 자주 사용되는 무작위적인 메일 발송을 일컫는 인터넷 용어

❼ 핑(PING)
인터넷에서 두 호스트 시스템과 연결 검사 또는 특정 호스트의 실행 여부 검사 등에 사용되는 서비스

정답 01 ④ 02 ① 03 ③ 04 ② 05 ②

01
인터넷을 운영하는 각 기관의 주요 운영 정보를 조회하도록 지원하는 서비스는?

① FTP ② TCP/IP
③ TELNET ④ WHOIS

해설
후이즈(WHOIS)는 도메인 이름, IP 주소, 자율 시스템 등 인터넷 자원의 소유자와 범위를 검색하기 위한 통신 프로토콜이 관여하는 도메인 관리 프로그램의 일환이다.

02
분신, 화신이라는 의미로 채팅, 온라인 게임 등 네트워크 환경에서 자신을 대신하여 커뮤니케이션에 참여하는 가상의 그림 또는 아이콘을 뜻하는 인터넷 용어는?

① 아바타 ② 쿠키
③ 포털 ④ 허브

해설
아바타는 온라인에서 개인을 대신하는 캐릭터, 분신, 화신을 의미한다.

03
제품선전이나 상업적 용도로 자주 사용되는 무작위적인 메일 발송을 일컫는 인터넷 용어는?

① Hot Mail
② Mailing List
③ Spam Mail
④ Mail Bomb

해설
스팸 햄은 1937년 미국의 호멜푸즈라는 식품업체에서 탄생하였는데, 이때 호멜푸즈는 엄청난 광고로 스팸을 홍보하는 바람에 광고 공해를 불러일으킨다는 비판을 받았다. 오늘날에는 요구하지 않은 전자 메시지들을 제멋대로 대량 전달하는 것을 의미하는 용어로 '스팸'이 사용된다.

04
인터넷에서 두 호스트 시스템과 연결 검사 또는 특정 호스트의 실행 여부 검사 등에 사용되는 서비스는?

① Rlogin
② PING
③ NTP
④ SNMP

해설
핑(PING)은 Packet Internet Groper의 약자이다. TCP/IP 프로토콜을 사용하는 응용 프로그램으로 다른 호스트에 IP 데이터그램이 도착할 수 있는지 검사하는 것을 의미하며, 일반적으로 어떤 호스트에 PING을 수행할 수 없다면 그 호스트에 대해서는 FTP나 텔넷(Telnet)을 실행할 수 없다.

05
인터넷상의 서버에 자신의 계정이 있어 서버 접속을 위해 사용자명과 패스워드를 입력하는 행위를 지칭하는 용어는?

① 로그아웃(Logout)
② 로그인(Login)
③ 링크(Link)
④ 서핑(Surfing)

해설
로그인은 사용자가 컴퓨터 시스템을 사용하기 위해 시스템에 자신을 알리고 등록하는 작업을 의미한다. 단일 사용자 시스템에서는 이러한 작업이 필요 없으나 다중 사용자 시스템에서는 작업을 시작하기 전에 자신의 사용자명과 패스워드를 입력하여 시스템에 접속해야 한다.

기출유형 15 ▶ 인터넷의 역사

인터넷의 발전을 시대 순으로 옳게 나열한 것은?

① ARPANET → NSFNET → TCP/IP 표준 → WWW
② ARPANET → TCP/IP 표준 → NSFNET → WWW
③ TCP/IP 표준 → ARPANET → NSFNET → WWW
④ TCP/IP 표준 → NSFNET → ARPANET → WWW

해설

ARPANET(1969년) → TCP/IP 표준(1982년) → NSFNET 구축(1986년) → WWW 시작(1989~1991년)

| 정답 | ②

족집게 과외

❶ 인터넷(Internet)의 발전 순서

연도	내용	설명
1969년	미 국방성의 ARPANET 탄생	• 인터넷 역사에서 최초의 네트워크로 미국 국방성이 군사 목적으로 UCLA, 스탠포드 대학 등이 보유한 컴퓨터를 네트워크로 연결한 것 • 인터넷의 기본 통신규약인 TCP/IP 개발에 기초가 됨
1979년	USENET 서비스 시작	• 유즈넷(USENET)은 인터넷을 이용해 이야기를 나누는 토론 공간 • CSNET 연결망 구축
1982년	TCP/IP 프로토콜 표준	컴퓨터의 데이터 통신을 행하기 위해서 만들어진 프로토콜 체계
1984년	DNS 도입	DNS는 영문으로 된 도메인 주소를 컴퓨터가 이해할 수 있는 숫자로 구성된 IP 주소로 변경시켜주는 서버
1986년	NSFNET 구축	• 미국과학재단의 지원으로 구축 • 대학에서 교육 및 연구용으로 지원하는 학술망으로 사용
1988년	IRC	• 핀란드의 야르코 오이카리넨(Jarkko OiKarinen)이라는 학생에 의해 개발된 대화방(채널, Channel) 서비스 • 인터넷 릴레이 챗(Internet Relay Chat ; IRC)은 실시간 채팅 프로토콜
1989~1991년	WWW 시작	• World Wide Web의 줄임말 • 팀 버너스-리에 의해 개발된 월드와이드웹은 전 세계적 규모의 하이퍼텍스트 시스템
1990년	아치(Archie) 시작	인터넷상의 익명 FTP 서버에 공개된 파일을 검색하는 서비스를 하는 클라이언트/서버형 프로그램
1991년	인터넷 서비스 고퍼(Gopher), 웨이즈(WAIS) 시작	• 고퍼(Gopher) : 인터넷에 있는 정보를 계층적 또는 메뉴 방식으로 찾아주는 서비스 • 웨이즈(WAIS) : 특정 데이터베이스 등을 키워드로 고속 검색하는 환경을 제공하는 서비스
1993년	모자이크 (Mosaic) 개발	• NCSA에서 연구용으로 제작 • 최초 GUI 웹 브라우저 모자이크 개발 • 모자이크 등장 후 전자상거래 시작
1994년	넷스케이프 등장	W3C 발족 및 웹 브라우저인 넷스케이프 등장

Tip

CSNET(Computer Science Network)
• 1979년 미국국립과학재단(NSF)이 구축한 연결망
• 미국의 대학과 연구기관, 일부 민간회사의 컴퓨터 센터를 연결하는 광역 학술 연구망

기출유형 완성하기

정답 01 ② 02 ① 03 ④ 04 ④ 05 ③

01 인터넷의 기본 통신규약인 TCP/IP의 개발에 기초가 된 미국 국방성의 네트워크는?

① NSFNET
② ARPANET
③ BITNET
④ CSNET

해설
ARPANET은 인터넷 역사에서 최초의 네트워크로 미국 국방성이 군사 목적으로 UCLA, 스탠포드 대학 등이 보유한 컴퓨터를 네트워크로 연결한 것이다.

02 다음 인터넷 역사 중 가장 나중에 일어난 것은?

① 웹 브라우저인 넷스케이프가 등장하였다.
② Gopher, WAIS 서비스를 시작하였다.
③ TCP/IP 프로토콜 표준으로 채택되었다.
④ USENET 서비스가 시작되었다.

해설
- 1979년 : USENET 서비스 시작
- 1982년 : TCP/IP 프로토콜 표준 채택
- 1991년 : Gopher, WAIS 서비스 시작
- 1994년 : 넷스케이프 등장

03 다음이 설명하고 있는 인터넷 서비스는?

> 1988년 핀란드의 Jarkko OiKarinen이라는 학생에 의해 개발된 대화방(채널, Channel) 서비스이다.

① Telnet   ② FTP
③ Usenet   ④ IRC

해설
인터넷 릴레이 챗(IRC ; Internet Relay Chat)은 실시간 채팅 프로토콜이다. 채널이라 불리는 토론 포럼에서 그룹 대화를 하기 위해 설계되었으나 개인 메시지를 통한 1:1 소통, 그리고 파일 공유를 포함한 채팅 및 대화 전송도 가능하다.

04 다음이 설명하고 있는 것은?

> 인터넷의 시조이며, 미 국방성이 군사 목적으로 UCLA, 스탠포드 대학 등이 보유한 컴퓨터를 네트워크로 연결한 것을 말한다.

① USENET
② FTP
③ WAIS
④ ARPANET

해설
1969년 미 국방성의 ARPANET 개발로 인터넷이 시작되었으므로 시험에 자주 출제된다.

05 'Mosaic'가 등장한 이후의 인터넷 서비스의 변화에 해당하는 것은?

① ARPANET 시작
② Archie 시작
③ 전자상거래 시작
④ Gopher

해설
최초 GUI 웹 브라우저인 모자이크가 개발되면서 전자상거래가 시작되었다.

기출뮤형 16 ▶ 인터넷의 활용

▶ 유선배 강의

다음 중 URL 형식에서 :// 앞에 오는 것은?

① 프로토콜
② IP 주소
③ 접속 포트번호
④ 디렉터리명

해설
URL의 일반적인 표현방식
프로토콜://호스트주소[:포트번호]/파일경로/파일명

|정답| ①

족집게 과외

❶ 인터넷 주소

㉠ IPv4
- 전 세계적으로 사용된 첫 번째 인터넷 프로토콜
- 패킷 교환 네트워크상에서 데이터를 교환하기 위한 프로토콜

㉡ IPv4 주소
- IPv4는 8비트씩 4개의 옥텟(Octet), 총 32bit(비트)로 구성된 IP 주소 체계
- IPv4 주소의 등급 : A, B, C, D, E 클래스

클래스 종류	첫 8bit 값 (10진수)	첫 8bit 값 (2진수)	IP 주소 예시
A 클래스	1 ~ 126	0000 0001 ~ 0111 1110	61.211.123.22
B 클래스	128 ~ 191	1000 0000 ~ 1011 1111	181.123.211.33
C 클래스	192 ~ 223	1100 0000 ~ 1101 1111	192.168.128.64
D 클래스	224 ~ 239		
E 클래스	240 ~ 255		

- 127은 루프백(Loopback) 주소로 예약되어 있어 A 클래스에 포함되지 않음
- A 클래스에 대한 표준 네트워크 서브넷 마스크(사용 가능한 IP수) : 255.0.0.0
  예 IPv4에서 192.168.128.64 주소는 첫 8bit 값이 '192'이므로 [C 클래스]에 속함
    D 클래스는 멀티캐스트를 위해 예약된 클래스

ⓒ IPv6

과거에 IPv4가 인터넷에서 사용되는 유일한 프로토콜이었으나 오늘날에는 IPv6가 대중화됨
ⓔ IPv6 주소
- IPv6은 128bit(비트)의 주소 체계
- 라우터의 라우팅 테이블에 오버플로 현상을 제거하여 라우팅 능력 개선
- IPSEC을 통하여 보안의 취약점을 찾아낼 수 있음
- QoS(Quality of Service) 제어기능 지원

> **Tip** ✓
> - 패킷(Packet) : 네트워크에서 데이터 전송 시 사용되는 데이터의 기본 단위이며, 보통 일련번호와 수신측 주소, 에러 검출용 코드가 들어있음
> - 라우터(Router) : 서로 다른 네트워크를 연결해주는 장치
> - 오버플로 현상 : 컴퓨터의 정수 연산의 계산 결과가 허용 범위를 초과할 경우 발생하는 오류
> - IPSEC(IP Security Protocol) : 암호화 기술을 이용하여 IP 패킷 단위로 데이터 변조 방지 및 은닉 기능을 제공하는 프로토콜 모음

❷ URL(Uniform Resource Locator)
ⓐ 인터넷에서 접근 가능한 여러 가지 자원들을 획득하기 위해 이들의 위치를 표시하는 주소 형식
ⓑ 웹 문서의 각종 서비스를 제공하는 서버들에 있는 파일의 위치를 표시해 주는 표준
ⓒ URL의 일반적인 표현방식

프로토콜://호스트주소[:포트번호]/파일경로/파일명
ⓓ URL에 표현할 수 있는 요소 : Protocol, HTML, IP address

예 file:///c:\abc.pdf
　　http://www.abc.or.kr
　　ftp://ftp.abc.com

❸ **도메인**
　㉠ 도메인 네임은 IP 주소를 대신해 사용자가 기억하기 쉽게 이름을 사용한 것
　㉡ 도메인 네임으로 국가나 소속단체의 이름과 성격을 알 수 있음
　㉢ 인터넷 주소 형식에서 마지막 부분은 항상 최상위 도메인을 나타내지만, 경우에 따라 차상위 도메인으로 대체해서 사용하기도 함

최상위 도메인		차상위 도메인 (서브 도메인)	
도메인명	용도	도메인명	용도
.gov	미국 연방정부 기관	.go	정부 기관이나 공공기관
.re	연구		
.int	국제기구(예 유엔(UN))		
.com	영리 목적의 기업과 기관	.co	영리 목적의 단체나 기업체
.edu	4년제 대학 교육기관	.ac	교육기관(대학)
		.kg	교육기관(유치원)
		.es	교육기관(초등학교)
		.ms	교육기관(중학교)
		.hs	교육기관(고등학교)
		.sc	교육기관(기타학교)
.kr	국가	대한민국	
.au		오스트레일리아	
.ca		캐나다	
.fr		프랑스	

　㉣ 도메인 이름은 영문자나 숫자로 시작할 수 있으나 하이픈(-)으로 끝날 수 없음
　　예 abc-.com (×)
　　　　Abc-efg.org (○)
　　　　abc-123.co.kr (○)

❹ **DNS(Domain Name Service) 서버(Server)**
　㉠ www.sdedu.co.kr과 같은 영문 도메인 네임을 128.134.111.6과 같이 컴퓨터가 이해할 수 있는 숫자로 구성된 IP 주소로 변경시켜 주는 서버
　㉡ DNS 서버를 설정하지 않은 경우 발생하는 문제
　　인터넷 이용 시 접속하고자 하는 URL을 정확히 입력하였지만 찾을 수 없다는 메시지와 함께 접속이 되지 않지만 IP 주소를 입력하면 접속이 되는 현상 발생

기출유형 완성하기

정답 01 ③ 02 ① 03 ① 04 ① 05 ②

01 IPv4 주소에서 각 클래스별 첫 8bit의 값이 옳은 것은?

① A : 0000 0000 ~ 0111 1110
　B : 1000 0001 ~ 1011 1111
② A : 0000 0000 ~ 0111 1111
　B : 1000 0000 ~ 1011 1111
③ A : 0000 0001 ~ 0111 1110
　B : 1000 0000 ~ 1011 1111
④ A : 0000 0001 ~ 0111 1111
　B : 1000 0001 ~ 1011 1111

해설
자주 출제되는 문제이므로 IPv4 주소의 클래스별 첫 8bit 표의 10진수와 2진수 모두 학습한다.

02 IPv6 주소 체계에 대한 설명으로 가장 거리가 먼 것은?

① 64bit의 확장된 주소 공간을 제공한다.
② 라우터의 라우팅 테이블에 오버플로 현상을 제거하여 라우팅 능력을 개선한다.
③ IPSEC을 통하여 보안의 취약점을 찾아낼 수 있다.
④ QoS(Quality of Service) 제어기능을 지원한다.

해설
IPv6은 128bit의 주소 체계이다.

03 웹 문서의 각종 서비스를 제공하는 서버들에 있는 파일의 위치를 표시해 주는 표준은?

① URL　　② IP
③ TCP　　④ HTML

해설
URL(Uniform Resource Locator)은 인터넷에서 접근 가능한 여러 가지 자원들을 획득하기 위해 이들의 위치를 표시하는 주소 형식이다.

04 abc 대학교의 웹 페이지 주소 표기로 옳은 것은?

① http://www.abc.ac.kr
② http://www.abc.re.kr
③ http://www.abc.go.kr
④ http://www.abc.co.kr

해설
대학교 도메인은 .ac, 연구 도메인은 .re, 정부 기관이나 공공기관은 .go, 영리 목적의 단체나 기업체는 .co 도메인을 사용하며, 공통적으로 쓰는 .kr은 대한민국 국가를 대표하는 도메인으로 쓰인다.

05 IP 주소는 숫자로 구성되어 있기 때문에 실제로 사용자가 이용하기에는 불편하다. 이를 대신하여 쉽게 기억할 수 있고, 이용하기 편리하도록 만든 것은?

① 파일 이름
② 도메인 이름
③ 주소 클래스
④ 패킷

해설
도메인 네임은 IP 주소를 대신해 사용자가 기억하기 쉽게 이름을 사용한 것이다.

기출유형 17 ▶ 인터넷 서비스 종류

다음 중 시기적으로 가장 늦게 탄생한 인터넷 서비스는 무엇인가?

① 파일전송
② 원격 로그인
③ 전자우편
④ 무선인터넷

해설
- 1971년 : 파일전송(FTP)
- 1971년 : 전자우편(E-mail)
- 1973년 : 원격 로그인(Romote Login)
- 1999년부터 대중화 : 무선인터넷

| 정답 | ④

족집게 과외

❶ 인터넷 서비스 종류

㉠ 텔넷(Telnet) - 1969년
  인터넷 서비스 중 원격의 컴퓨터를 인터넷으로 접속하여 마치 자신의 컴퓨터처럼 사용할 수 있도록 함

㉡ 전자우편(E-mail) - 1971년
  - 컴퓨터 통신망을 통해 다른 사람에게 서신을 교환하는 것
  - 인터넷 사용자 간에 서신을 교환하는 서비스
  - 컴퓨터로 작성된 서신을 매우 빠르게 여러 사람에게 동시에 전송할 수 있음
  - 작성된 서신과 함께 각종 디지털 정보를 보낼 수 있음

㉢ 파일전송(FTP) - 1971년
  - 인터넷을 통해 파일전송을 지원받을 수 있는 서비스
  - 인터넷 환경에서 파일을 송수신할 때 사용되는 프로토콜
  - 어나니머스 FTP(Anonymous FTP) : 별도의 계정 없이도 누구나 접근하여 파일전송을 지원받을 수 있는 인터넷 서비스

㉣ 원격 로그인(Romote Login) - 1973년
  멀리 떨어진 거리에 있는 컴퓨터를 연결하여 멀리 떨어져 있어도 컴퓨터를 동작할 수 있게 함

㉤ 소셜 네트워크 서비스(SNS) - 1985년
  인적 네트워크 형성을 위한 온라인 인맥 구축 서비스
  예 페이스북, 인스타그램, 트위터 등

㉥ 월드와이드웹(WWW) - 1989~1991년
  - 문자, 음성, 동영상 등의 멀티미디어 환경을 갖춘 인터넷의 정보 서비스
  - Web 서버 사용

㉦ 고퍼(Gopher) - 1991년
  - 정보의 내용을 주제별 또는 종류별로 구분하여 메뉴를 구성함으로써, 제공되는 메뉴만 따라가면 쉽게 원하는 정보를 찾을 수 있게 해주는 계층적 문자 위주의 데이터베이스 서비스
  - 인터넷의 수많은 정보를 주제별 또는 종류별로 구분한 후 체계적으로 구조화하여 메뉴 형태로 정리해 놓은 것으로, 정보를 효율적으로 접근할 수 있도록 해주는 인터넷 정보 서비스

㉧ 무선인터넷 - 1999년부터 대중화
  무선 통신을 이용한 인터넷 접속으로 모바일 등의 무선 장비나 무선 LAN, 블루투스 같은 무선 시스템을 통해 인터넷 서비스를 제공

㉨ 웹 하드(Webhard) - 2000년
  인터넷상에 일정 용량의 저장 공간을 제공하여 플로피 디스켓과 같은 다른 보조기억 장치 없이 인터넷이 연결된 곳이면 어느 곳에서나 파일을 다운로드 및 업로드할 수 있는 인터넷 하드디스크 서비스

❷ 웹(Web)의 개념

월드와이드웹(World Wide Web)의 줄임말로 WWW로 표기

❸ 웹 서비스

㉠ 하이퍼미디어 기술을 통하여 정보 교류나 정보 검색 수행
㉡ 웹 페이지들은 링크로 연결되어 원하는 정보로 쉽게 이동할 수 있음
㉢ 문자와 이미지, 음성, 동영상 등의 멀티미디어 서비스 제공

❹ 웹 서비스 관련 기술

㉠ CGI(Common Gateway Interface)
- 방명록이나 카운터, 게시판 등에 사용
- CGI 기반의 프로그래밍 언어(스크립트 언어, 서버 언어)
  예 ASP, JSP, PHP
- 웹 브라우저와 웹 서버, 응용 프로그램 간 일종의 인터페이스
- 사용자의 프로그램 수행 요구에 대한 표준 인터페이스
- 클라이언트와 서버 중간에서 정보 전달
- HTML의 〈FORM〉 태그를 이용하여 CGI 프로그램으로 데이터 전달

㉡ 자바스크립트(Java Script)
- HTML 문서 내에 소스코드를 직접 삽입하여 사용하는 스크립트 언어
- 클라이언트(사용자)의 웹 브라우저에서 해석됨

㉢ 플러그인(Plug-In)
- 미디어 데이터를 처리하고 재생함으로써 웹 브라우저의 기능을 확장시켜 줌
- 플러그인이 필요한 파일 종류 : MOV, PDF, VRML 등
- Acrobat Reader는 PDF(Portable Document Format) 파일 포맷을 웹 브라우저에서 구현하기 위해 설치하는 플러그인 프로그램

㉣ 쿠키(Cookie)

로그인 시 아이디 저장과 같이 웹 서버가 사용자에 관한 정보를 사용자 컴퓨터에 저장하도록 허용하는 것

❺ VRML(Virtual Reality Modeling Language)

㉠ 웹에서 사용되는 언어이므로 플랫폼에 독립적임
㉡ 웹 관련 표준 언어를 수용할 수 있으므로 HTML 문서와 연계해서 사용할 수 있음
㉢ 사이버 쇼핑몰이나 3차원 채팅 사이트, 가상 학교 등 제작 가능

기출유형 완성하기

정답 01 ④ 02 ③ 03 ② 04 ② 05 ①

01 웹 페이지 작성 언어들 중 그 특성이 다른 하나는?

① ASP
② JSP
③ PHP
④ JavaScript

해설
ASP, JSP, PHP는 CGI 기반의 스크립트 언어(서버 언어)로 게시판이나 방명록을 제작할 때 사용하며, JavaScript는 클라이언트 언어로 웹 브라우저에서 해석된다.

02 상호작용을 지원하는 웹 페이지 제작을 위한 CGI의 설명으로 옳지 않은 것은?

① 웹 브라우저와 웹 서버, 응용 프로그램 간의 일종의 인터페이스이다.
② 방명록이나 카운터, 게시판 등에 사용된다.
③ 사용자에게 일방적인 정보제공을 하기 위해 사용된다.
④ HTML의 〈FORM〉 태그를 이용하여 CGI 프로그램으로 데이터를 전달한다.

해설
사용자가 서버에게 웹 페이지를 통한 요청이 있었을 때, 그것이 응용 프로그램에 의해 처리될 필요가 있다면 서버가 응용 프로그램을 실행시키고 필요한 메시지를 받는다. 이때 서버와 응용 프로그램 사이에 데이터를 주고받기 위한 표준화된 방법을 CGI라고 한다.

03 다음 중 미디어 데이터를 처리하고 재생함으로써 웹 브라우저의 기능을 확장시켜 주는 것은?

① 쿠키
② 플러그인
③ 책갈피
④ 다이어그램

해설
미디어 데이터를 처리하고 재생함으로써 웹 브라우저의 기능을 확장시켜 주는 것은 플러그인이며, 플러그인이 필요한 파일 종류는 MOV, PDF, VRML 등이 있다.

04 VRML(Virtual Reality Modeling Language)에 관한 특징으로 옳지 않은 것은?

① 웹에서 사용되는 언어이므로 플랫폼에 독립적이다.
② 3차원 공간을 표현하는 텍스트 파일로 데이터 전송 시간이 길다.
③ 웹 관련 표준 언어를 수용할 수 있어 HTML 문서와 연계해서 사용할 수 있다.
④ 사이버 쇼핑몰을 만들거나 3차원 채팅 사이트, 가상 학교 등의 제작이 가능하다.

해설
텍스트 파일로 데이터를 전송하면 시간이 단축된다.

05 다음이 설명하고 있는 것은?

> 인터넷상에 일정 용량의 저장 공간을 제공하여 플로피 디스켓과 같은 다른 보조기억 장치 없이 인터넷이 연결된 곳이면 어느 곳에서나 파일을 다운로드 및 업로드를 할 수 있는 인터넷 하드디스크 서비스

① 웹 하드
② 슈퍼디스크
③ USB 메모리
④ ZIP 드라이브

해설
웹 하드에 여러 부가적인 편의 기능이 추가되어 클라우드로 발전하였다.

기출유형 18 ▶ 인터넷 프로토콜 종류

E-mail 송신 시에 사용되는 프로토콜은?

① SMTP
② IMAP
③ POP3
④ MIME

[해설]
SMTP는 인터넷상에서 전자메일을 전송할 때 쓰이는 표준적인 프로토콜이다.

| 정답 | ①

족집게 과외

❶ 프로토콜(Protocol)의 개념
- ㉠ 네트워크를 통해 데이터 통신을 실행할 때 사용되는 일련의 규칙
- ㉡ 컴퓨터 간에 데이터 전송을 오류 없이 효율적으로 구현하기 위해 사용되는 규칙을 의미하는 것
- ㉢ 컴퓨터 통신을 하기 위하여 컴퓨터 간에 미리 정의된 약속을 일컫는 것

❷ OSI 7계층(7-layer) 모델

상위계층 ↑	7계층 응용계층	네트워크 관련 응용 프로그램 수행
	6계층 표현계층	정보의 표현방식 관리, 암호화, 정보 압축 등의 기능 수행
	5계층 세션계층	프로세스 간의 대화 제어 및 동기점을 이용한 효율적인 데이터 복구를 제공하는 계층
	4계층 전송계층	컴퓨터 간 연결 확립, 데이터 흐름 제어, 에러 제어
	3계층 네트워크계층	논리적인 링크 구성, 전송 경로 설정
	2계층 데이터링크계층	직접 연결된 시스템 간의 오류 없는 데이터 전송을 담당하며 네트워크계층에 서비스를 제공해 주는 역할
↓ 하위계층	1계층 물리계층	실제 물리적인 전송 매체 사이의 연결

OSI 7계층 모델의 각 계층은 고유의 기능을 수행하며, 하위 계층은 바로 위 계층에 서비스를 제공

❸ TCP(Transmission Control Protocol)
- ㉠ 인터넷상의 컴퓨터들 사이에서 데이터를 메시지 형태로 보내기 위해 IP와 함께 사용되는 규약
- ㉡ TCP는 IP 프로토콜 위에서 연결형 서비스를 지원하는 전송계층 프로토콜
- ㉢ 데이터 전송 순서 보장
- ㉣ 데이터 손실 및 중복 해결
- ㉤ 에러 제어, 흐름 제어 등을 제공

❹ TCP/IP
- ㉠ 인터넷의 기본적인 통신규약
- ㉡ TCP가 IP보다 상위층에 존재
- ㉢ 신뢰성 있는 패킷전송을 제공하며 인터넷 서비스의 기반이 되는 통신 프로토콜
- ㉣ TCP/IP 프로토콜이 설치된 컴퓨터에서 인터넷을 이용할 수 있음
- ㉤ 인트라넷이나 엑스트라넷과 같은 사설망에서도 사용됨

ⓗ TCP/IP 프로토콜의 구성 계층 종류

응용계층	응용 프로그램 수행, 하위계층으로 메시지 전달 • SMTP : 전자메일을 전송할 때 쓰이는 표준적인 프로토콜 • FTP : 인터넷을 통해 한 컴퓨터에서 다른 컴퓨터(혹은 다른 서버)로 파일을 전송할 수 있도록 하는 프로그램 • TELNET : 인터넷을 통해 원격지의 컴퓨터에 접속하여 자신의 컴퓨터처럼 사용할 수 있는 원격 접속 서비스 • HTTP : 클라이언트의 웹 브라우저가 웹 서버와 접속할 때 사용하는 통신규약 • 사용자가 웹 브라우저를 통해 받는 여러 서비스들을 수행 • HTTP, FTP, SMTP 등과 같은 프로토콜 지원
전송계층	데이터 전송 제어(TCP, UDP)
인터넷계층	주소 관리, 전송 경로 설정
네트워크 인터페이스 계층	전송 매체 사이의 연결

ⓢ 인터넷 프로토콜(IP)
• IP는 TCP, UDP, ICMP, IGMP 데이터를 전송하는 중요한 역할 수행

TCP	• 연결(지향성)형 프로토콜 • 데이터 전송에 대한 신뢰성이 있음 • 에러 검출 방법 존재
UDP	• 전송계층(Transport Layer)에서 사용하는 비연결형 프로토콜 • 전송 데이터에 대한 전송 확인이나 신뢰성에 대한 고려가 없어 빠른 전송 속도가 요구되는 상황에서 사용됨
ICMP	오류에 관한 처리를 지원하는 용도로 사용되는 프로토콜
IGMP	그룹 멤버십을 구성하거나 그룹 관리를 위한 프로토콜

• IP 데이터그램은 목적지 호스트의 인터넷 주소를 포함함
• IP 동작 중 IP 데이터그램의 상실, IP 데이터그램의 중복과 같은 오류가 발생하기도 함

ⓞ HTTP 프로토콜
웹에서 서버와 클라이언트 사이의 웹 문서 전송에 사용되는 프로토콜

ⓩ 웹 서버가 동작하는 과정
연결 설정 → 클라이언트의 정보 요청 → 서버의 응답 → 연결 종료

ⓩ ARP(Address Resolution Protocol)
• TCP/IP 프로토콜 중 IP 주소를 물리적인 주소로 변환해 주는 주소변환 프로토콜
• 네트워크에 연결된 시스템의 논리주소를 물리주소로 변환시켜 주는 프로토콜

ⓣ E-mail 전자우편 프로토콜의 종류

SMTP	• Small Mail Transfer Protocol의 약자 • 전자우편의 송신(보내는) 담당 • 인터넷상에서 전자메일을 전송할 때 쓰이는 표준적인 프로토콜
IMAP	• Internet Message Access Protocol의 약자 • 전자우편의 수신(받는) 담당
POP3	• Post Office Protocol 3의 약자 • 전자우편의 수신(받는) 담당 • 사용자가 쉘 계정이 있는 호스트에 직접 접속하여 메일을 읽지 않고 자신의 PC에서 바로 로컬 메일 리더를 이용하여 자신의 메일을 다운로드받아서 보여주는 프로토콜
MIME	• Multipurpose Internet Mail Extensions의 약자 • 전자우편 전송 시 디지털 정보를 함께 보낼 수 있도록 지원
Bcc	• Blind Carbon Copy의 약자 • 전자우편 서비스 헤더 중 숨은 참조자를 나타냄

• 메일을 받을 때 사용하는 일반적인 프로토콜은 POP와 IMAP임
• CC는 전파우편을 받는 참조자를 나타냄
• 전자우편 주소는 '아이디 · 메일서버이름'의 형식을 사용

❺ VoIP(Voice over Internet Protocol)
인터넷을 통해 음성 통신을 가능하게 하는 기술

❻ SLIP/PPP
SLIP(Serial Line Internet Protocol)와 PPP(Point-to-Point Protocol) 프로토콜은 전화선, 모뎀, 직렬 연결 등을 통해 네트워크 통신을 지원

기출유형 완성하기

정답 01 ③ 02 ④ 03 ③ 04 ① 05 ②

01 네트워크를 통해 데이터 통신을 실행하는 데 사용되는 일련의 규칙을 무엇이라고 하는가?

① 호스트　　　② 서버
③ 프로토콜　　④ 토폴로지

해설
프로토콜(Protocol)은 네트워크를 통해 데이터 통신을 실행하는 데 사용되는 일련의 규칙이며, 인터넷을 위한 기본 통신 프로토콜은 TCP/IP이다.

02 다음 중 TCP/IP 프로토콜의 구성 계층에 해당하지 않는 것은 무엇인가?

① 응용계층　　② 전송계층
③ 인터넷계층　④ 표현계층

해설
인터넷을 위한 기본 통신 프로토콜은 TCP/IP이며 응용계층, 전송계층, 인터넷계층, 네트워크 인터페이스 계층이 있다.

03 OSI 7계층 구조를 낮은(하위) 계층에서 높은(상위) 계층으로 순서대로 나열한 것은?

① 물리계층 → 데이터링크계층 → 세션계층 → 네트워크계층 → 전송계층 → 응용계층 → 표현계층
② 물리계층 → 데이터링크계층 → 네트워크계층 → 전송계층 → 세션계층 → 응용계층 → 표현계층
③ 물리계층 → 데이터링크계층 → 네트워크계층 → 전송계층 → 세션계층 → 표현계층 → 응용계층
④ 전송계층 → 물리계층 → 데이터링크계층 → 네트워크계층 → 세션계층 → 표현계층 → 응용계층

해설
OSI 7계층 구조는 자주 출제되는 문제이다. 시작 기준이 낮은(하위) 계층인지, 높은(상위) 계층인지 파악하고 순서를 학습한다.

04 다음 중 인터넷에서 사용하고 있는 통신 프로토콜은?

① TCP/IP
② DNS
③ 100 Base
④ cat 5

해설
TCP/IP는 인터넷에서 사용하고 있는 통신 프로토콜이다.

05 OSI 7계층 중 직접 연결된 시스템 간의 오류 없는 데이터 전송을 담당하며 네트워크계층에 서비스를 제공해 주는 역할을 하는 것은?

① 물리계층
② 데이터링크계층
③ 전송계층
④ 응용계층

해설
OSI 7계층의 순서뿐만 아니라 각 계층이 하는 역할도 학습해야 한다.

기출유형 19 ▶ 네트워크 구조

데이터 통신에서 결선 방식(토폴로지)을 분류할 때 하나의 전송 채널을 사용하며, 분산제어 처리 방식을 적용하며, 구조적으로 Point-To-Point 방식으로 T자형 네트워크를 구성하는 것은?

① 성형(Star) 방식
② 링형(Ring) 방식
③ 버스형(Bus) 방식
④ 나무형(Tree) 방식

해설
버스형 방식의 장점은 분산제어되기 때문에 문제 발생 시 전체에 영향을 주지 않는다.

| 정답 | ③

족집게 과외

❶ 컴퓨터 네트워크(Computer Network)
컴퓨터들 간에 정보 또는 데이터를 전달하기 위해 컴퓨터들을 서로 연결한 것

❷ 컴퓨터 네트워크의 장단점
㉠ 공동 작업을 할 수 있음
㉡ 다른 주변장치를 공유할 수 있음
㉢ 하나의 응용 프로그램을 여러 사람이 사용할 수 있음
㉣ 보안성이 떨어짐

❸ 네트워크 위상
㉠ LAN은 장치들을 연결하는 형식, 즉 토폴로지(Topology)에 따라 다음과 같이 분류됨

> **Tip**
> **위상**
> 어떤 사물이 다른 사물과의 관계 속에서 가지는 위치나 상태

스타 구조(Star형)	
	네트워크를 구성하는 모든 노드들이 중심의 한 노드에 1:1로 연결된 네트워크 형태

링 구조(Ring형)	
	• 네트워크를 구성하는 노드들이 하나의 링을 형성하는 형태 • 원거리 노드로의 데이터 전송은 인접 노드가 중계하여 데이터 전달

버스 구조(Bus형)	
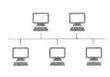	• 데이터 통신에서 결선 방식(토폴로지)을 분류할 때 하나의 전송 채널을 사용 • 분산제어 처리 방식 적용 • Point-To-Point 방식으로 T자형 네트워크 구성

트리 구조(Tree형)	
	여러 노드가 한 노드를 가리킬 수 없는 구조로 나무의 가지를 치듯이 뻗어 나가는 모양의 네트워크 형태

애드혹(Ad-Hoc)	
	• 각 단말기들 간에 직접 통신하도록 한 형태 • 다른 연결 장비 없이 무선랜을 이용하여 소규모 무선 네트워크를 구성할 수 있음

㉡ 리피터(Repeater)
수신된 신호를 증폭, 회복시켜 재전송하여 전송 거리를 확장하는 네트워크 장비

❹ 해킹(Hacking)으로부터 보호하기 위한 방법
㉠ 조직 내부의 네트워크를 보호하기 위해 방화벽을 설치하여 네트워크 보안 강화
㉡ 특정 자원을 사용할 필요가 있는 사용자에게는 필요한 권한만을 할당
㉢ 보안상 문제가 알려진 서비스나 운영체제의 경우 제조사에서 제공하는 패치 프로그램을 수시로 적용

기출유형 완성하기

정답 01 ② 02 ① 03 ④ 04 ① 05 ①

01 네트워크 위상 중 링형에 대한 특징으로 옳은 것은?

① 일부 노드의 전송지연이 전체 네트워크에 영향을 주지 않는다.
② 원거리 노드로의 데이터 전송은 인접 노드가 중계하여 데이터를 전달한다.
③ 데이터 또는 메시지는 지정한 노드에게만 전달한다.
④ 새로운 노드의 삽입이 용이하다.

해설
링 구조(Ring형)는 네트워크를 구성하는 노드들이 하나의 링을 형성하는 형태이다.

02 다음 중 네트워크를 구성하는 모든 노드들이 중심의 한 노드에 일대일로 연결된 네트워크 형태는?

① Star형   ② Ring형
③ Tree형   ④ Bus형

해설
Star형은 중앙의 컨트롤러에서 방사상으로 회선을 설정하는 방식으로 제어가 간단하다.

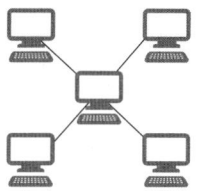

03 수신된 신호를 증폭, 회복시켜 재전송하여 전송거리를 확장하는 네트워크 장비는?

① Bridge
② Router
③ Gateway
④ Repeater

해설
디지털 방식의 통신선로에서 신호를 전송할 때, 전송하는 거리가 멀어지면 신호가 감쇄하는 성질이 있다. 이때 감쇄된 전송 신호를 새롭게 재생하여 다시 전달하는 재생중계장치를 리피터(Repeater)라고 한다.

04 다음 중 컴퓨터 네트워크의 장점에 대한 설명으로 틀린 것은?

① 공유를 통하여 보안성을 높일 수 있다.
② 다른 주변장치를 공유할 수 있다.
③ 공동 작업을 할 수 있다.
④ 하나의 응용 프로그램을 여러 사람이 사용할 수 있다.

해설
공유를 통해 공동 작업을 할 수 있어서 편리하지만 보안성이 떨어지는 단점이 있다.

05 자원을 해킹(Hacking)으로부터 보호하기 위한 방법으로 옳지 않은 것은?

① 조직 내부의 네트워크 컴퓨터들은 공용 IP 주소를 사용하고 외부와 연결되는 컴퓨터에만 개인용 IP 주소를 할당한다.
② 조직 내부의 네트워크를 보호하기 위해 방화벽을 설치하여 네트워크 보안을 강화한다.
③ 특정 자원을 사용할 필요가 있는 사용자에게는 필요한 권한만 할당한다.
④ 보안상의 문제가 알려진 서비스나 운영체제의 경우 제조사에서 제공하는 패치 프로그램을 수시로 적용한다.

해설
보기 내용과 반대로, 조직 내부의 네트워크 컴퓨터들은 개인용 IP 주소를 사용하고 외부와 연결되는 컴퓨터에만 공용 IP 주소를 할당하여 해킹으로부터 보호한다.

CHAPTER 01 | 인터넷 기초

기출유형 20 ▶ 네트워크 종류

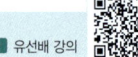

LAN의 혼잡도를 증가시키는 요인으로 잘못된 것은?

① 여러 개의 LAN을 하나의 공유 LAN으로 통합하는 경우
② 통신망을 이용하는 사용자와 주변기기들이 추가되는 경우
③ 웹 브라우저나 서버와 같은 인터넷 자원을 제공하는 경우
④ 클라이언트와 서버로 이용되는 컴퓨터의 하드웨어가 고성능으로 교체되는 경우

해설
클라이언트와 서버로 이용되는 컴퓨터의 하드웨어가 고성능으로 교체되면 처리 속도가 빨라진다.

| 정답 | ④

족집게 과외

❶ 영역에 따른 네트워크 종류

㉠ LAN(Local Area Network)
- 근거리 통신망(보통 1km에서 수 km 내외)
- 일반 사업장에서 가장 많이 사용되며, 다수의 사용자 컴퓨터가 지리적으로 좁은 지역에 분포되어 대개 한 건물 내 또는 캠퍼스 내에서 연결되는 소규모 네트워크 통신망
- 허브(Hub)는 LAN 구축 시 네트워크에 연결된 각 노드들을 한 곳으로 연결하는 접합기(Concentration) 역할을 함

㉡ MAN(Metropolitan Area Network)
- 대도시 통신망
- 지역 간 또는 국가 간과 같은 지리적으로 완전하게 떨어진 곳을 연결한 통신망

㉢ WAN(Wide Area Network)
- 원거리(광역) 통신망
- 학교와 학교, 회사와 회사, 나라와 나라를 연결하는 가장 넓은 영역의 네트워크

㉣ VAN(Value Added Network)
- 부가가치 통신망
- 회선을 소유하는 사업자로부터 통신회선을 빌려 독자적인 통신망을 구성하고, 거기에 어떤 가치를 부가한 통신망

LAN의 혼잡도를 증가시키는 요인
- 여러 개의 LAN을 하나의 공유 LAN으로 통합하는 경우
- 통신망을 이용하는 사용자와 주변기기들이 추가되는 경우
- 웹 브라우저나 서버와 같은 인터넷 자원을 제공하는 경우

❷ **통신망의 종류**

ADSL	• 비대칭 디지털 가입자 회선 • Asymmetric Digital Subscriber Line의 약자로 미국 발코어(벨코어) 사에서 개발한 기술 • ADSL은 가입자와 전화국 간의 데이터 교환 속도가 서로 다름 • 하나의 회선으로 데이터 통신과 일반 전화의 이용이 가능 • 고속통신망으로서 전화교환기를 거치지 않고 ATM 초고속망에 연결하여 고속의 서비스를 제공하는 방식의 인터넷 서비스
VDSL	• 초고속 디지털 가입자 회선 • Very high-bit rate Digital Subscriber Line의 약자 • 일반 전화선을 이용하고 전송 거리가 짧은 구간에서 ADSL보다 빠른 전송 속도를 제공하며 대용량의 멀티미디어 콘텐츠를 처리할 수 있는 전송 기술
ISDN	• 종합 정보 통신망 • Integrated Services Digital Network의 약자 • 음성, 데이터, 영상 신호 등을 하나의 통신망으로 전달할 수 있도록 설계된 종합 정보 통신망

❸ **데이터 전송 속도를 나타내는 단위**

bps, baud, cps 등

❹ **게이트웨이(Gateway)**

다른 종류의 통신망에 상호 접속하여 다른 통신망으로 연결을 수행함

❺ **이더넷(Ethernet)**

가장 널리 사용되는 근거리 통신망(LAN) 방식으로, 초기에는 CSMA/CD 방식의 버스 네트워크를 사용했지만, 현재는 스위칭 방식으로 발전하여 충돌 없이 빠른 통신이 가능

기출유형 완성하기

정답 01 ① 02 ② 03 ③ 04 ④ 05 ①

01 범위가 넓지 않은 일정 지역 내에서 다수의 컴퓨터나 OA기기 등을 속도가 빠른 통신선로로 연결하여 기기 간에 통신이 가능하도록 하는 근거리 통신망을 무엇이라 하는가?

① LAN
② MAN
③ WAN
④ VAN

해설
LAN은 근거리 통신망, MAN은 대도시 통신망, WAN은 원거리(광역) 통신망, VAN은 부가가치 통신망이다.

02 통신망의 종류와 그에 대한 설명으로 옳지 않은 것은?

① LAN : 근거리 통신망
② WAN : 거대 도시지역의 통신망
③ VAN : 부가가치 통신망
④ ISDN : 종합 정보 통신망

해설
WAN은 원거리(광역) 통신망으로 학교와 학교, 회사와 회사, 나라와 나라를 연결하는 가장 넓은 영역의 네트워크이다.

03 고속통신망으로서 전화교환기를 거치지 않고 ATM 초고속망에 연결하여 고속의 서비스를 제공하는 방식의 인터넷 서비스는?

① Router
② Backbone
③ ADSL
④ WAN

해설
ADSL은 가입자와 전화국 간의 데이터 교환 속도가 서로 다르며, 하나의 회선으로 데이터 통신과 일반 전화의 이용이 가능하다.

04 음성, 데이터, 영상 신호 등을 하나의 통신망으로 전달할 수 있도록 설계된 종합 정보통신은?

① HDTV
② Videotex
③ MIS
④ ISDN

해설
ISDN은 모든 정보를 디지털 신호로 만들어 하나의 네트워크를 통하여 문자, 그림, 음성, 화상, 비디오, 팩시밀리 등과 같은 모든 종류의 서비스를 제공하는 통신망이다.

05 다음이 설명하고 있는 네트워크 통신망은?

> 일반 사업장에서 가장 많이 사용되고 다수의 사용자 컴퓨터가 지리적으로 좁은 지역에 분포되며, 대개 한 건물 내에서 연결되는 근거리 통신망이다.

① LAN
② MAN
③ WAN
④ VAN

해설
영역에 따른 네트워크 종류는 자주 출제되는 문제이니 LAN, MAN, WAN, VAN이 사용되는 기준을 명확하게 학습해야 한다.

CHAPTER 02 기초데이터와 레퍼런스 데이터 수집

PART 2 프로토타입 기초데이터 수집 및 스케치

기출유형 21 ▶ 인터넷 검색기의 종류

▶ 유선배 강의

도서관의 도서들을 분류한 것과 같이 정보를 대분류, 중분류, 소분류 식으로 찾아 들어가는 방식의 검색엔진은?

① 주제별 검색엔진
② 단어별 검색엔진
③ 메타 검색엔진
④ 통합 검색엔진

해설
주제별 검색엔진은 계층적인 메뉴를 따라가며 검색할 수 있다.

| 정답 | ①

족집게 과외

❶ 검색엔진이란?
- ㉠ 인터넷에서 사용자가 필요한 정보를 찾는 것을 도와주는 서비스
- ㉡ 인터넷상에 산재해 있는 제반 정보를 미리 수집하고 이를 체계적으로 저장한 후 사용자가 원하는 정보를 수시로 찾을 수 있도록 해주는 일종의 데이터베이스 관리시스템
- ㉢ 정기적이고 자발적으로 인터넷을 여행하며 정보를 수집하고 수집한 정보를 검색엔진의 데이터베이스에 저장하는 프로그램 : 로봇(Robot), 스파이더(Spider), 크롤러(Crawler) 등

❷ 동작 방식에 따른 분류
- ㉠ 주제별 검색엔진(디렉터리형)
  - 주제별 검색 방식은 웹 페이지를 주제별로 정리하여 디렉터리 형태를 제공
  - 카테고리에 의한 체계적인 링크 정보를 제공하며, 최종적인 정보 검색을 위해 대분류에서 시작하여 중분류, 소분류 등의 중간 과정을 방문해야 하는 검색엔진
  - 계층적인 메뉴를 따라가며 검색할 수 있음
- ㉡ 단어별 검색엔진(키워드형)
  - 키워드(Keyword) 검색은 사용자가 찾고자 하는 정보의 단어(주제어 또는 검색어)를 입력하여 원하는 정보를 찾음
- ㉢ 메타 검색엔진
  - 메타(Meta) 검색은 여러 검색엔진에서 정보를 찾고 난 후, 결과를 통합하는 방식
  - 여러 검색엔진을 한 곳에 모아두고 마음에 드는 것을 선택하여 검색할 수 있게 해주는 검색엔진
  - 각 분야별로 전문 검색엔진들을 제공
  - 보다 자세한 검색 가능
  - 로봇(Robot) 프로그램이 주기적으로 인터넷상의 정보를 검색
- ㉣ 하이브리드 검색엔진(통합형)
  - 검색어를 이용하는 키워드형 검색엔진과 카테고리를 이용하는 주제별 검색엔진의 특징을 모두 제공

❸ 검색엔진을 이용한 정보 검색
- ㉠ 자신이 원하는 정보나 특정한 목적을 이루기 위하여 인터넷을 이용해서 정보를 취득하는 일련의 작업
- ㉡ 고유명사는 그 단어 자체를 국한하여 검색하기 때문에 좋은 키워드가 될 수 있음
- ㉢ 검색 결과에 대한 신뢰도는 절대적인 것은 아님

ⓔ 웹에서 찾기 어려운 자료는 메일링 리스트나 뉴스 그룹(USENET) 등에서 검색
ⓜ 검색엔진에 대한 질의 방법에 관한 설명서를 읽고 검색에 활용
ⓑ 검색하고자 하는 정보에 따라 적절한 검색엔진 선택
ⓢ 오래된 정보를 위해서는 고퍼(Gopher)나 베로니카(Veronica) 등의 문자검색 서비스 활용
ⓞ 인터넷 검색엔진이 웹 페이지를 평가할 때 중요하게 고려되는 요소는 페이지의 로딩 속도

❹ 검색엔진의 종류

심마니	1996년 국내 기업 ㈜한글과컴퓨터에서 개발한 검색엔진
구글	검색 사이트 중 기존의 메타 태그에만 의존하지 않고 페이지 랭크 기법을 이용하여 웹 페이지의 순위를 정하는 검색 사이트
네이버	• 국내에서 제일 많이 이용되고 있는 검색 사이트 • 지식 검색, 지도 검색, 번역 서비스 등이 다양한 기능을 제공함 • 단, 의약품은 인터넷에서 거래 금지 및 제한 품목에 해당하여 검색엔진에서 서비스를 지원할 수 없음

❺ 정보 검색
 ㉠ 자신이 원하는 정보나 특정한 목적을 이루기 위하여 인터넷을 이용해서 정보를 취득하는 일련의 작업
 ㉡ 대량의 정보 사이에서 필요한 것을 찾아내는 중요한 역할을 함

❻ 정보 검색 용어

푸시 (Push)	사용자가 필요로 하는 정보를 검색하여 주제별로 분류하고 사용자 컴퓨터에 전달하는 기술
로봇 에이전시 (Robot Agency)	HTML 및 문서 자료를 자동 수집하여 데이터베이스 구축 및 색인어를 제작하는 프로그램
블로그 (Blog)	웹(Web)+일지(Log)의 합성어로 자신의 관심사를 매일 일기처럼 기록하는 것
가비지 (Garbage)	정보의 검색 결과에서 불필요하게 검색된 쓸모없는 쓰레기 정보

❼ 자연어 검색
단어 중심의 검색 방법과는 달리 대화형 질문 형식의 문장 단위로 검색하는 방법

❽ 키워드 스터핑(Keyword Stuffing)
웹 페이지에 불필요한 키워드를 과도하게 반복 삽입하는 것으로, 사용자 경험을 해치고 검색엔진 결과를 왜곡시킬 수 있어 부정적인 SEO 기법으로 간주

❾ 백링크(Backlink)
 ㉠ 다른 웹 사이트에서 자신의 사이트로 연결되는 링크
 ㉡ 웹 사이트의 신뢰도와 권위를 높여줌
 ㉢ 백링크의 수가 많을수록 검색엔진 결과에서 상위에 나타날 가능성이 높아짐
 ㉣ 질 좋은 백링크는 관련 있는 콘텐츠와 연결되어야 함

기출유형 완성하기

정답 01 ① 02 ④ 03 ② 04 ② 05 ③

01 정기적이고 자발적으로 인터넷을 여행하며 정보를 수집하고 수집한 정보를 검색엔진의 데이터베이스에 저장하는 프로그램을 의미하는 것이 아닌 것은?

① bug
② Crawler
③ Robot
④ Spider

해설
검색엔진이란 인터넷에서 사용자가 필요한 정보를 찾는 것을 도와주는 서비스를 말한다.

02 인터넷상에 산재해 있는 제반 정보를 미리 수집하고 이를 체계적으로 저장한 후, 사용자가 원하는 정보를 수시로 찾을 수 있도록 해주는 일종의 데이터베이스 관리시스템을 무엇이라 하는가?

① 웹 브라우저
② 메일링리스트
③ 무료계정
④ 검색엔진

해설
검색엔진은 인터넷상에서 미리 수집해놓은 정보를 사용자가 쉽게 찾을 수 있도록 도와주는 서비스이다.

03 주제별 검색엔진으로 카테고리에 의한 체계적인 링크 정보를 제공하는 검색엔진은?

① 메타 검색엔진
② 디렉터리형 검색엔진
③ 하이브리드형 검색엔진
④ 에이전트 검색엔진

해설
주제별 검색엔진(디렉터리형)은 웹 페이지를 주제별로 정리하여 디렉터리 형태를 제공한다. 또한, 카테고리에 의한 체계적인 링크 정보를 제공하며, 최종적인 정보 검색을 위해 대분류에서 시작하여 중분류, 소분류 등의 중간 과정을 방문해야 하는 검색엔진이다.

04 자신이 원하는 정보나 특정한 목적을 이루기 위하여 인터넷을 이용해서 정보를 취득하는 일련의 작업을 의미하는 것은?

① 검색엔진
② 정보 검색
③ 월드와이드웹
④ 위지윅

해설
정보 검색은 대량의 정보 사이에서 필요한 것을 찾아내는 중요한 역할을 한다.

05 여러 개의 검색엔진에서 정보를 찾은 다음, 중복으로 검색된 정보는 하나로 통일하고 자체 순위 결정 방식에 의해 가장 관련성이 높은 순으로 출력해 주는 것은?

① 주제별 검색엔진
② 키워드 검색엔진
③ 메타 검색엔진
④ 자연어 검색엔진

해설
메타(Meta) 검색은 여러 검색엔진에서 정보를 찾고 난 후, 결과를 통합하는 방식이다.

CHAPTER 02 | 기초데이터와 레퍼런스 데이터 수집

기출유형 22 ▶ 인터넷 검색기의 특징

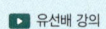 유선배 강의

다음의 검색 연산자 중 부울 연산자가 아닌 것은?

① AND
② OR
③ NOT
④ NEAR

[해설]
NEAR, ADJ은 인접 연산자로 일정한 간격 이내의 정보를 검색한다.

|정답| ④

족집게 과외

❶ 정보 검색 프로그램
- ㉠ 인터넷을 이용하여 필요한 정보를 취득하는 프로그램
- ㉡ 미러링/미러사이트(Mirroring/Mirror Site)
  사용자가 특정한 서버에 집중적으로 몰리면 병목현상이 발생하여 성능이 저하됨. 이를 해결하기 위해 FTP 서버의 자료를 다른 곳에 그대로 복사하여, 보다 가까운 위치에서 자료를 전송받을 수 있도록 하는 것 또는 그런 사이트
- ㉢ 로봇 에이전트(Robot Agent)
  - 정기적이고 자발적으로 인터넷을 여행하며 정보를 수집하고 수집한 정보를 검색엔진의 데이터베이스에 저장하는 프로그램
  - 종류 : 로봇(Robot), 크롤러(Crawler), 스파이더(Spider) 등

❷ 검색 연산자
- ㉠ 검색 방식에서 2개 이상의 키워드 간의 관계를 설정하는 것
- ㉡ 검색엔진에서 정보를 효율적으로 찾기 위해 사용되는 기호나 용어
- ㉢ 논리 연산자(불(부울) 연산자)

AND(&)	연산자 좌우의 검색어를 모두 포함하는 정보를 검색
NOT(!)	키워드 정보를 제외하고 검색
OR(|)	연산자 좌우 검색어 중 하나라도 들어 있는 정보를 검색

- ㉣ 인접 연산자

NEAR, ADJ	인접 연산자, 일정한 간격 이내의 정보를 검색

- ㉤ 상세 검색 연산자

" "	" " 안의 구문을 포함하는 정보를 검색 (구문 검색)
*	단어의 일부 문자를 이용하여 검색(절단 검색)

기출유형 완성하기

정답 01 ③ 02 ③ 03 ① 04 ④ 05 ①

01 사용자가 특정한 서버에 집중적으로 몰리면 병목현상이 발생하여 성능이 저하된다. 이를 해결하기 위해 FTP 서버의 자료를 다른 곳에 그대로 복사하여, 보다 가까운 위치에서 자료를 전송받을 수 있도록 하는 것은?

① Plug-In ② Quick Time
③ Mirroring ④ File Server

해설
미러링(Mirroring)을 하기 위해 만든 사이트를 미러사이트(Mirror Site)라고 한다.

02 연산자 좌우의 검색어를 모두 포함하는 데이터를 찾는 정보 검색 연산자는?

① OR ② NOT
③ AND ④ AND NOT

해설
① OR : 둘 중 어느 하나만 포함되어 있어도 해당 정보를 검색한다.
② NOT : 키워드 정보를 제외하고 검색한다.
④ AND와 NOT은 함께 사용되지 않는다.

03 정보 검색 연산자의 설명으로 옳은 것은?

① OR : 연산자 좌우 검색어 중 하나라도 들어있는 자료를 찾는다.
② 구절 검색 : 연산자 앞쪽의 검색어는 포함되고, 뒤쪽 검색어는 포함하지 않는 자료를 찾는다.
③ AND : 두 개 이상의 단어가 순서대로 연속해서 나오는 것을 찾는다.
④ NOT : 연산자 좌우의 검색어를 모두 만족시키는 자료를 찾는다.

해설
② 구절 검색 : " " 안의 구문을 포함하는 정보를 검색
③ AND : 연산자 좌우의 검색어를 모두 포함하는 데이터를 찾는 정보 검색이다.
④ NOT : 키워드 정보를 제외하고 검색한다.

04 일반적으로 검색엔진에 inter*라고 입력했을 때, 검색될 수 없는 정보는?

① internet
② international
③ intercept
④ intranet

해설
검색 연산자 '*'는 단어의 일부 문자를 이용하여 검색(절단 검색)하는 방식이다.
④ intranet은 기준이 되는 단어 'inter'와 스펠링이 다르다.

05 검색엔진을 이용한 정보 검색의 설명으로 가장 거리가 먼 것은?

① 한 단어의 검색보다는 OR 연산자를 이용한 구체적인 검색으로 검색 내용을 최소화하는 것이 효율적이다.
② 고유명사는 그 단어 자체를 국한하여 검색하기 때문에 좋은 키워드가 될 수 있다.
③ 검색 결과에 대한 신뢰도는 절대적인 것은 아니다.
④ 웹에서 찾은 어려운 자료는 메일링 리스트나 뉴스그룹(USENET) 등을 검색하는 것도 좋은 방법이다.

해설
OR 연산자를 이용하면 더 많은 자료가 나오므로, 구체적인 검색으로 검색 내용을 최소화하기 위해서는 한 단어로 검색하는 것이 좋다.

기출뮤형 23 ▶ 웹 브라우저의 종류

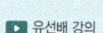

웹 브라우저의 종류에 속하지 않는 것은?

① 구글 크롬
② 오페라
③ 사파리
④ 아웃룩 익스프레스

해설
아웃룩 익스프레스(Outlook Express)는 마이크로소프트 윈도우에 포함된 전자우편/뉴스 클라이언트이다.

| 정답 | ④

족집게 과외

❶ 웹 브라우저(Web Browser) 정의

㉠ 월드와이드웹(WWW) 서비스를 이용하기 위해 개발된 프로그램으로 인터넷에 연결된 컴퓨터를 탐색하고 원하는 정보를 읽어 들여 그 내용을 화면에 표시해 주는 클라이언트 프로그램

㉡ 사용자가 웹 서버의 하이퍼텍스트 문서를 볼 수 있게 해주는 클라이언트 프로그램으로 자주 방문하는 웹 사이트 주소 관리를 지원하며, 동영상이나 소리 등의 멀티미디어 데이터를 처리하는 것

㉢ 인터넷망에서 정보를 검색하는 데 사용되는 응용 프로그램

㉣ 하이퍼텍스트 문서를 읽는 프로그램

㉤ 기본적으로 HTTP 프로토콜을 사용한 웹 서비스를 제공하지만, FTP, USENET, 전자우편 등의 서비스도 함께 제공

Tip

하이퍼텍스트(Hypertext)
관련성 있는 페이지 사이를 자유롭게 이동할 수 있는 링크의 기능을 포함하는 문서

❷ 웹 브라우저의 종류

㉠ 모자이크(Mosaic)
  • 1993년에 개발된 최초의 GUI 환경의 웹 브라우저
  • NCSA에서 연구용으로 제작되었고 마우스로 구동되는 그래픽 인터페이스를 처음으로 제공하여 웹 확산에 기여한 웹 브라우저
  • 모자이크의 등장으로 전자상거래가 시작됨

㉡ 핫 자바(Hot Java) : 선 마이크로시스템즈 개발, 자바 언어 기반

㉢ 오페라(Opera) : 오페라 소프트웨어 개발

㉣ 사파리(Safari) : 애플(Apple) 개발

㉤ 인터넷 익스플로러(Internet Explorer) : 마이크로소프트 개발, 2022년 6월 15일 기점으로 서비스 종료

㉥ 넷스케이프 내비게이터(Netscape Navigator) : 넷스케이프 커뮤니케이션즈사 개발

㉦ 모질라(Mozilla) : 모질라 재단에서 개발

㉨ 파이어폭스(Firefox) : 모질라 재단에서 사생활 보호를 중심으로 개발

㉩ 구글 크롬(Chrome) : 구글 개발, 오픈 소스 기반

기출유형 완성하기

정답 01 ③ 02 ③ 03 ③ 04 ② 05 ②

01 월드와이드웹(WWW) 서비스를 이용하기 위해 개발된 프로그램으로 인터넷에 연결된 컴퓨터를 탐색하고 원하는 정보를 읽어 들여 그 내용을 화면에 표시해 주는 클라이언트 프로그램은?

① 배너
② 포털 사이트
③ 웹 브라우저
④ 홈페이지

해설
웹 브라우저(Web Browser)는 인터넷 웹 페이지를 볼 수 있게 해주는 프로그램이다.

02 웹 브라우저(Web Browser)의 종류가 아닌 것은?

① Mosaic
② Opera
③ Leno
④ Safari

해설
보기에서 용어를 영어로만 표기하는 경우도 있으니 국문, 영문 용어 모두 학습해야 한다.

03 다음 중 최초의 GUI 환경의 웹 브라우저는?

① 익스플로러
② 넷스케이프
③ 모자이크
④ 랜드스케이프

해설
모자이크는 1993년에 개발된 최초의 GUI 환경의 웹 브라우저이다. NCSA에서 연구용으로 제작되었고 마우스로 구동되는 그래픽 인터페이스를 처음으로 제공하여 웹 확산에 기여했다.

04 웹 브라우저(Browser)가 아닌 것은?

① 핫 자바(Hot Java)
② 익스프레스(Express)
③ 오페라(Opera)
④ 모자이크(Mosaic)

해설
웹 브라우저 중 마이크로소프트에서 개발한 인터넷 익스플로러(Internet Explorer)가 있다.

05 웹 브라우저에 해당하지 않는 것은?

① 사파리
② 아파치
③ 넷스케이프
④ 인터넷 익스플로러

해설
아파치는 브라우저가 아니라 1995년 처음 발표된 월드와이드웹(WWW ; World Wide Web) 서버용 소프트웨어이다.

기출유형 24 ▶ 웹 브라우저의 기능 및 보안

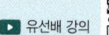

동시 접속자 수가 많아서 서비스 요청에 응답할 수 없는 경우에 발생하는 웹 브라우저 오류 메시지는?

① HTTP 403 Forbidden
② HTTP 404 Not Found
③ HTTP 500 Internal Server Error
④ HTTP 503 Service Unavailable

해설
- HTTP 403 Forbidden : 접근이 금지된 파일을 요청해서 허가해 줄 수 없는 경우 발생
- HTTP 404 Not Found : 존재하지 않는 파일을 요청한 경우 발생
- HTTP 500 Internal Server Error : URL의 잘못된 명시로 인해 발생

|정답| ④

족집게 과외

❶ 웹 브라우저의 기능
㉠ 이미지를 바탕화면으로 지정
㉡ 이미지를 다른 이름으로 저장
㉢ 최근 방문한 URL의 목록 제공
㉣ 웹 페이지의 접속(열기) 및 저장 및 인쇄
㉤ 정보 검색
㉥ 책갈피 기능 : 웹 브라우저의 기능 중 등록된 URL 목록을 변경하거나 추가하는 기능
㉦ 인터넷 서비스 제공
㉧ 도움말 : 인터넷 익스플로러에서 버전을 확인하는 메뉴
㉨ 인코딩 : 컴퓨터가 문자를 처리할 수 있도록 문자를 특정한 코드로 표현하는 것을 일컫는 것으로, 웹 브라우저에 보이는 정보를 나타내는 언어를 지정하는 기능

웹 브라우저 기능

파일	• 웹 페이지 저장 및 인쇄 • 페이지 설정
보기	• 소스 파일(HTML) 보기 • 새로 고침
즐겨찾기 (북마크)	자주 방문하는 웹 사이트의 URL을 등록하는 기능
일반	• 검색 기록(쿠키/양식/임시 인터넷 파일) 삭제 • 언어 추가 • 글꼴 선택
보안	보안 설정
내용	홈페이지에서 볼 수 있는 등급, 사람의 신원 또는 웹 사이트의 보안을 증명하는 문서와 사용자의 정보를 제공
개인정보	• 쿠키 차단 설정 • 팝업 차단 설정 • 방문한 사이트에서 검색 데이터를 수집하지 않도록 '추적 안 함' 기능 설정

❷ 웹 브라우저 오류 메시지
- ㉠ HTTP 503 Service Unavailable
  동시 접속자 수가 많아서 서비스 요청에 응답할 수 없는 경우
- ㉡ HTTP 500 Internal Server Error
  URL의 잘못된 명시로 인해 발생
- ㉢ HTTP 404 Not Found
  존재하지 않는 파일을 요청한 경우 발생
- ㉣ HTTP 403 Forbidden
  접근이 금지된 파일을 요청해서 허가해 줄 수 없는 경우 발생

❸ 방화벽(Firewall)을 통한 보안
- ㉠ 외부 네트워크로부터 내부 네트워크를 보호하기 위해 이들 사이에서 전달되는 모든 신호를 판독하여 특정 패킷만을 통과시키거나 차단시키며, 내부의 IP 주소가 외부로 유출되는 것을 방지하는 역할을 함
- ㉡ 내부 네트워크에 대한 접근을 제어하고, 집중화된 보안성을 향상시킴

❹ 프록시(Proxy) 서버를 통한 보안
- ㉠ 인터넷을 통해 주고받는 내용을 캐시(Cache)에 저장해 놓았다가 동일한 자료의 송수신이 발생하는 경우 이를 되풀이하지 않게 함으로써 속도를 향상시키며, 프록시 서버의 기능을 통해 보안 문제를 해결할 수 있음
- ㉡ 인터넷 접속을 빨리할 수 있도록 웹 캐시(Cache) 기능과 특정 응용 프로토콜로 접속하지 못하도록 하는 패킷 필터링 기능 및 사설 IP 개념을 사용하여 IP 주소 부족 문제를 부분적으로 해결해 줄 수 있는 기능 제공

캐시(Cache)
웹 브라우저의 화면에 나타나는 데이터를 하드디스크의 일정한 공간에 자동으로 저장하였다가 사용자가 해당 사이트에 다시 접속했을 때 저장된 내용을 자동으로 불러와 사이트 접속과 데이터 전송에 소요되는 시간을 절약하게 하는 기능

❺ 암호화(Encryption)를 통한 보안
사용자가 웹 브라우저에서 로그인 정보나 각종 개인 정보, 금융정보를 서버로 전송할 때 오픈 SSL을 이용해 암호화하여 보안을 강화함

❻ 하이재킹(Hijacking), 하이재커(Hijacker)
가고자 하는 사이트로 연결되지 않고 이를 가로채어 특정 사이트로 연결하거나 특정 검색엔진을 사용하게 하는 악성코드에 의한 행위

기출유형 완성하기

정답 01 ④ 02 ① 03 ① 04 ③ 05 ②

01 다음이 설명하고 있는 서버는?

> 인터넷을 통해 주고받는 내용을 캐시에 저장해 놓았다가 동일한 자료의 송수신이 발생하는 경우 이를 되풀이하지 않게 함으로써 속도를 향상시키며 이 서버의 기능을 통해 보안 문제를 해결할 수도 있다.

① DNS 서버
② Gateway 서버
③ HTTP 서버
④ Proxy 서버

해설
캐시(Cache)에 저장하여 활용되는 서버는 프록시(Proxy) 서버이다.

02 네트워크상의 보안을 강화하기 위한 방법으로 거리가 먼 것은?

① 공용(Public) IP 주소만을 이용한 보안
② 방화벽(Firewall)을 통한 보안
③ 프록시(Proxy) 서버를 통한 보안
④ 암호화(Encryption)를 통한 보안

해설
모든 이용자가 사용하는 공용 IP 주소만을 이용하면 보안을 강화할 수 없다.

03 인터넷상의 보안 문제로부터 특정 네트워크를 격리시키는 데 사용되는 시스템으로서, 네트워크의 출입 경로를 단절시켜 보안관리 범위를 좁히고 제어를 효과적으로 할 수 있는 시스템은?

① Firewall
② SNMP
③ POP Server
④ SMTP

해설
방화벽은 영문 'Firewall'로만 표기되기도 하니 모든 용어의 영문 표기도 학습해야 한다.

04 웹 브라우저의 기능으로 옳지 않은 것은?

① 웹 사이트 접속
② 정보 검색
③ 그림 편집
④ 인터넷 서비스 제공

해설
웹 브라우저에서 인쇄는 가능하나 그림 편집은 할 수 없다.

05 웹 브라우저의 기능 중 등록된 URL 목록을 변경하거나 추가하는 기능은?

① 편집 기능
② 책갈피 기능
③ 파일 기능
④ 페이지 보기 기능

해설
웹 브라우저의 책갈피 기능은 북마크 또는 즐겨찾기라고도 한다.

CHAPTER 03 아이디어 스케치

PART 2 프로토타입 기초데이터 수집 및 스케치

기출유형 25 ▶ 프로젝트 기획 의도 및 저작권

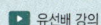 유선배 강의

다음 설명들과 관계있는 디자인은?

- 인터넷상에서 이루어진다.
- 시/공간을 초월하여 세계 각국에 정보 전달이 가능하다.
- 사용 편의성에 입각한 사용자 중심의 인터페이스가 있어야 한다.
- 쌍방향, 일관성, 통일성을 고려해야 한다.
- CF, 출판, 애니메이션 등 새로운 적용 분야가 계속 늘어나고 있다.

① 제품 디자인 ② 그린 디자인
③ 웹디자인   ④ 금속 디자인

해설
또한 웹디자인은 최신 기술과 트렌드를 반영해야 한다.

| 정답 | ③

족집게 과외

❶ 아이디어 발상법

㉠ 브레인스토밍(Brain Storming)
  오즈번에 의해 고안된 것으로 자유분방하게 많은 양의 아이디어를 도출하는 방식으로 기발한 아이디어를 도출할 수 있는 아이디어 발상법

㉡ 시네틱스법(Synectics)
  서로 관련이 없어 보이는 요소를 합쳐 관점을 완전히 다르게 하여 관련성을 찾아내 아이디어를 발상

㉢ 연상결합법(Image Association)
  관련 없는 사건이나 요소로부터 직관적으로 떠오른 정보에서 유사점이나 차이점을 결합함으로써 아이디어를 도출할 수 있음

㉣ 입출력법(Input/Output System)
  주어진 문제(Input)에 대해 강제로 도달해야 하는 지점(Output)을 연결시키는 방법

㉤ 고든법(Gordon Method)
  미국 고든이 고안한 것으로 짧은 키워드만 제시하고 아이디어를 자유롭게 펼쳐나감

㉥ 체크리스트법(Checklist)
  다양한 항목을 질문 형태로 체크리스트를 만들어 여러 사항을 검토하고 분석

㉦ 마인드맵(Mind Map)
  중심 주제에서 시작하여 방사형으로 확장

㉧ SCAMPER 기법
  - S – Substitute(대체하기)
  - C – Combine(결합하기)
  - A – Adapt(적응하기)
  - M – Modify(변경하기)
  - P – Put to Another Use(다른 용도로 사용하기)
  - E – Eliminate(제거하기)
  - R – Reverse(뒤집기)

❷ 디자인의 발상

㉠ 모방디자인 : 형태, 기능을 그대로 모방
㉡ 수정디자인 : 형태의 일부만 수정
㉢ 적응디자인 : 새로운 용도와 형태를 창조
㉣ 혁신디자인 : 새로운 용도, 형태, 기능을 창조

❸ 웹디자인(Web Design)

㉠ 웹디자인이란?
- 웹 페이지를 디자인하고 제작하는 것
- 웹 사이트를 설계하고 디자인하는 것
- 웹과 디자인이라는 두 가지 개념이 결합된 것
- 웹디자인은 개인용 홈페이지 외 기업용, 상업용 등 매우 다양함
- 정확한 정보 전달을 목표로, 그래픽 요소를 더해 효율적 웹 페이지를 제작
- 편리한 사용 환경을 제공하기 위한 효율적인 사용자 인터페이스를 구축함

㉡ 웹디자인을 위한 조건
- 일관성을 유지하며 현재 위치를 알 수 있도록 함
- 웹 사이트의 주제를 쉽게 파악할 수 있도록 구성
- 내비게이션 최적화

㉢ 웹디자인 기획 시 고려해야 할 사항
- 요구사항 분석을 가장 먼저 실시
- 요구사항을 수집하는 방법 : 포커스 그룹 인터뷰, 온라인 설문조사, 경쟁사 분석
- 사이트의 목적과 필요성을 충분히 인식하였는가?
- 벤치마킹 : 유사, 경쟁 사이트의 디자인 분석은 완료했는가?

벤치마킹
- 어느 특정 분야에서 우수한 상대를 표적 삼아 성과 차이를 비교하여 이를 극복하기 위해 상대의 뛰어난 점을 배우면서 자기혁신을 추구하는 기법
- 타사의 우수한 사이트를 타겟으로 하여 여러 항목에서 강점, 유사점, 단점 등을 비교하여 평가한 후 우수한 기능을 도입

- 통일성 확보를 위한 컬러, 톤, 폰트, 레이아웃의 원칙들은 수립되었는가?

㉣ 웹디자인 발상의 전개과정

발의 → 연구/조사 → 분석 → 평가 → 개발 → 전달

- 발의 : 어떤 사이트를 어떻게 만들 것인가에 대한 의견제시 과정
- 연구/조사 : 웹디자인 트렌드 및 유사 업종의 웹 사이트를 연구/조사함
- 분석 : 연구/조사한 결과를 가지고 웹디자인에 적용할 요소들과 차별화하여 추가될 내용을 분석하고 콘셉트(Concept) 확정
  - 디자인 스타일링 : 콘셉트에 맞추어 아이디어를 수집, 발전, 결정하는 것
- 평가 : 웹디자인의 방향성이 맞는지 평가
- 개발 : 본격적으로 디자인 작업이 진행되기 전 시각적으로 확인할 수 있는 시안 제작
  - 아이디어 스케치 : 웹 사이트의 콘셉트를 이끌어내기 위해 종이에 최대한 많이 그려봄으로써 여러 가지 구성을 만들어보는 디자인 실무의 초기 작업
  - 인력을 적재적소에 분배하여 주어진 시간에 맞춰 디자인을 함
- 전달 : 최종 결과물을 클라이언트에게 전달

콘셉트(Concept)
디자인에 있어서 구상 단계를 말하며 아이디어, 구상, 계획 등이 모두 포함됨

㉤ 웹디자인 과정에서 고려해야 할 사항
- 웹 페이지의 일관성 유지
- 레이아웃 설계
- 웹 페이지의 배색 조화
- 사용자 인터페이스(UI)를 고려해 편리한 구조로 디자인
- 사이트 맵을 통해 구조를 파악할 수 있도록 함
- 로딩 시간을 줄이기 위해 이미지 최적화
- 단순하고 간결하게 하며, 이미지나 동영상을 남용하지 않음. 이미지와 동영상이 너무 많다면 로딩 시간이 길고 웹 페이지의 가독성이 떨어짐

ⓑ 웹 페이지의 레이아웃 디자인 시 주의사항
- 콘텐츠의 연결이 일관성 있고 논리적이어야 함
- 중요한 콘텐츠부터 배치한 후 세부 콘텐츠 배치
- 텍스트와 그래픽 요소를 적절히 조화시킴
- 단순하고 간결하며, 사용자가 쉽게 콘텐츠를 찾을 수 있도록 구성

❹ 웹디자인 프로세스(Process)
ⓐ 웹디자인의 일반적인 제작 과정
주제 설정 → 콘텐츠 준비 → 레이아웃 설계 → 페이지 제작 → 테스트 및 수정 → 서버에 업로드 → 유지보수

ⓑ 웹디자인 프로세스 3단계

사전 제작 단계(Pre-Production)
프로젝트 기획, 웹 사이트 기획, 디자인 계획 수립, 콘셉트 구상, 디자인 구체화
제작 단계(Production)
• 웹 사이트 구축 • 콘텐츠 제작, 사이트 구축, 서버 구성
후반 제작 단계(Post-Production)
• 유지 및 관리 • 사이트 홍보, 홍보 콘텐츠 제작

ⓒ 웹디자인 프로세스 도입의 장점
- 효율적인 인력 분배
- 피드백 및 시행착오 최소화
- 각 팀 간의 원활한 의사소통

ⓓ 웹디자인 프로세스 4단계
콘셉트 정하기 → 사이트 맵 그리기 → 기본 디자인 구상하기 → 세부 디자인 구상하기

ⓔ 웹디자인 프로세스 5단계
프로젝트 기획(시장조사) → 웹 사이트 기획(스토리보드 제작) → 사이트 디자인(내비게이션 구축) → 사이트 구축(서버 세팅) → 유지 및 관리(테스트 및 디버깅)

❺ 트렌드(Trend)
경향이나 흐름을 나타내는 말로서 디자인에서 유행추세를 나타냄

❻ 저작권
사람의 생각이나 감정을 표현한 결과물에 대하여 그 표현한 사람에게 주는 권리

❼ 인터넷 저작권 침해나 저작자의 허가를 얻어야 하는 사항
ⓐ 다른 인터넷 웹 사이트의 저작권성이 있는 디자인을 그대로 사용하는 경우
ⓑ 본인이 직접 기존의 노래를 다른 악기를 사용해 녹음을 한 후 파일화해서 올릴 경우
ⓒ 웨이브 파일과 몇 종류의 그래픽 파일 등을 처리하여 정보 제공업을 하면서 영화, 애니메이션, TV화면 등을 인터넷에서 다운받아 사용할 경우

❽ 저작권이 발생하는 시점
창작과 동시에 자동으로 발생

❾ 프로젝트 작업물 수집 시 저작권 주의사항
ⓐ 공개된 이미지라도 상업적 저작권자의 허락을 받아야 함
ⓑ CCL(Creative Commons License) 조건을 확인하고 준수해야 함
ⓒ 유료 이미지의 경우 적절한 라이센스를 구매해야 함

❿ 웹 사이트에서 사용자의 참여를 높이는 방법
인터랙티브 요소를 추가하여 사용자 상호작용을 증진시킴

⓫ 모바일 퍼스트(Mobile First)
ⓐ 모바일 사용자가 PC 사용자보다 많으므로 모바일 우선 디자인 전략이 중요함
ⓑ 모바일 우선 접근법은 검색엔진 최적화(SEO)에 유리함

⓬ Fat Finger
ⓐ 모바일 기기에서 웹 페이지를 이용할 때 사용자의 손가락이 작은 터치 영역을 정확히 터치하기 어려운 현상을 의미
ⓑ 이를 해결하기 위해 터치 타겟 영역을 최소 44×44px로 설정

⑬ SMART 원칙

㉠ S – Specific(구체적) : 목표는 명확하고 구체적이어야 함

㉡ M – Measurable(측정 가능) : 목표의 진척 상태를 측정할 수 있어야 함

㉢ A – Achievable(달성 가능) : 목표는 현실적이고 달성 가능한 범위여야 함

㉣ R – Relevant(관련성 있는) : 목표는 현재의 상황이나 요구와 관련이 있어야 함

㉤ T – Time-bound(시간 제한) : 목표는 특정 기간 내에 달성할 수 있어야 함

기출유형 완성하기

정답 01 ④　02 ④　03 ①　04 ①

01 다음은 웹디자인 프로세스의 각 단계이다. 순서대로 옳게 나열한 것은?

> ⓐ 사이트 맵 그리기
> ⓑ 기본 디자인 구상하기
> ⓒ 콘셉트 정하기
> ⓓ 세부 디자인 구상하기

① ⓐ → ⓑ → ⓒ → ⓓ
② ⓐ → ⓑ → ⓓ → ⓒ
③ ⓒ → ⓑ → ⓐ → ⓓ
④ ⓒ → ⓐ → ⓑ → ⓓ

해설
웹디자인 프로세스는 먼저 웹 사이트의 콘셉트를 정한 후 사이트의 구조를 설계하고, 기본적인 디자인을 구상한 뒤 세부 디자인을 완성하는 순서로 진행된다.

02 다음 중 웹디자인 과정에서 고려해야 할 사항이 아닌 것은?

① 사용자 인터페이스(UI)를 고려해 편리한 구조로 디자인한다.
② 사이트 맵을 통해 구조를 파악할 수 있도록 한다.
③ 로딩 시간을 줄이기 위해서 이미지를 최적화한다.
④ 이미지나 동영상을 남용하여 사용한다.

해설
이미지나 동영상을 남용하면 로딩 시간이 길어지고 사용자가 찾는 정보를 쉽게 찾을 수 없으므로 적절하게 사용해야 한다.

03 다음 웹디자인 프로세스를 순서대로 바르게 나열한 것은?

> ⓐ 주제 설정　　　ⓑ 콘텐츠 준비
> ⓒ 레이아웃 설계　ⓓ 페이지 제작
> ⓔ 테스트 및 수정　ⓕ 서버에 업로드
> ⓖ 유지보수

① ⓐ - ⓑ - ⓒ - ⓓ - ⓔ - ⓕ - ⓖ
② ⓐ - ⓑ - ⓒ - ⓖ - ⓕ - ⓓ - ⓔ
③ ⓐ - ⓑ - ⓕ - ⓖ - ⓒ - ⓓ - ⓔ
④ ⓐ - ⓒ - ⓓ - ⓑ - ⓔ - ⓕ - ⓖ

해설
웹디자인 프로세스는 주제 설정, 콘텐츠 준비, 레이아웃 설계, 페이지 제작, 테스트 및 수정, 서버에 업로드, 유지보수 순서로 진행된다.

04 경향이나 흐름을 나타내는 말로서 디자인에서 유행추세를 나타내는 것은?

① 트렌드　　② 스타일
③ 브랜드　　④ 트레이드

해설
트렌드(Trend)는 특정 시점에서 사람들이 선호하거나 주목하는 경향과 흐름을 의미하며, 디자인에서는 사회적, 문화적, 기술적 변화에 따라 생겨나는 유행과 스타일의 방향성을 나타내는 용어이다.

기출유형 완성하기

정답 05 ②

05 인터넷 저작권 침해나 저작자의 허가를 얻어야 하는 사항이 아닌 것은?

① 다른 인터넷 웹 사이트의 저작권성이 있는 디자인을 그대로 사용하는 경우
② 인터넷 신문에 올라온 사실 전달의 의미를 갖는 시사 보도를 잘라내 서비스 하는 경우
③ 본인이 직접 기존의 노래를 다른 악기를 사용해 녹음을 한 후 파일화해서 올릴 경우
④ 웨이브 파일과 몇 종류의 그래픽 파일 등을 처리하여 정보 제공업을 하면서 영화, 애니메이션, TV화면 등을 인터넷에서 다운받아 사용할 경우

해설
저작권은 사람의 생각이나 감정을 표현한 결과물에 대하여 그 표현한 사람에게 주는 권리이다. 단순히 사실 전달의 의미를 갖는 시사 보도 내용은 저작권 보호 대상이 아닐 수 있다.

기출뮤염 26 ▶ 콘셉트의 시각화

유선배 강의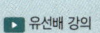

다음 ( ) 안에 공통으로 들어갈 알맞은 용어는?

> (   )은/는 형판, 보기 판이라는 뜻을 가진 단어로, (   ) 디자인이란 홈페이지 레이아웃의 형을 만드는 것을 말한다. 개략적인 디자인을 만들고, 그 이후에 세부적인 디자인 요소를 별도로 만드는 방법이다.

① 텍스트(Text)
② 템플릿(Template)
③ 컬러(Color)
④ 인터페이스(Interface)

해설
웹디자인에서 템플릿은 웹 페이지의 기본 구조와 디자인을 정의하는 미리 설계된 파일 또는 프레임워크이다.

| 정답 | ②

족집게 과외

❶ 웹 페이지 제작 및 관리 순서
주제 결정과 구성도 작성 → 자료수집과 정리 → 홈페이지 제작 → 웹 서버에 업로드 → 검색엔진 등록과 홍보 → 내용 업데이트 및 유지보수 관리

❷ 웹 페이지 제작 시 고려해야 할 사항
㉠ 아무리 좋은 내용을 담고 있는 웹 페이지라 해도 디자인이 산만하면 사용자가 보기 불편함
㉡ 배경색과 문자 색상을 고려하여 가독성을 높일 수 있도록 해야 함
㉢ 웹디자인의 일관성을 유지하면서 동시에 사용성을 높여야 함
㉣ 텍스트를 읽을 때 그래픽이 방해되지 않아야 함
㉤ 한 페이지에 너무 많은 것을 보여주기 위한 욕심은 버려야 함
㉥ 자신의 홈페이지 주소를 간단하고 기억하기 쉽게 구성
㉦ 웹 페이지에 찾아오거나 나가기 쉽게 함
㉧ 스크롤 화면은 되도록 사용하지 않도록 하여 로딩 시간도 줄이고 간단명료하게 디자인되어야 함

❸ 템플릿(Template)
㉠ 형판, 보기 판이라는 뜻을 가진 단어로, 템플릿 디자인이란 홈페이지 레이아웃의 형을 만드는 것을 의미함
㉡ 개략적인 디자인을 만들고, 그 이후에 세부적인 디자인 요소를 별도로 만드는 방법

❹ 배경 이미지와 메뉴(내비게이션)
㉠ 배경 이미지가 클 경우 용량 증가로 로딩이 늦어짐
㉡ 메뉴는 메타포를 이용하여 디자인함
㉢ 배경의 색상을 분할시켜 사용하면 프레임이 사용된 것처럼 보임

❺ 색상 선택 단계의 작업
㉠ 색 혼합이나 색상, 명도, 채도들을 원하는 대로 조절할 수 있으며, 색상을 다양하게 사용할 수 있음
㉡ 상식적인 수준을 따르는 것이 좋음
㉢ 보색 사용은 자제함
㉣ 배경색과 배경 무늬는 심플한 것이 좋음

❻ 웹 사이트 구축 시 고려사항

㉠ 명확하고 일관된 내비게이션 유지
㉡ 가급적 플러그인이 필요 없는 페이지를 만듦
㉢ 안정된 기술 사용

❼ 디자인 과정

욕구과정	새로운 것을 추구함
▼	
조형과정	욕구에 따라 시각화
▼	
재료과정	과학적 지식으로 재료와 특성을 파악
▼	
기술과정	실제로 구체화

❽ 빅터 파파넥(Victor Papanek)의 복합 기능 6가지

기존의 디자인에 대하여 형태와 기능을 따로 구분하는 전통적인 사고방식에서 벗어나 형태와 기능, 미적인 것과 기능적인 것에 대해 포괄적으로 정의한 개념

㉠ 방법(Method)
㉡ 용도(Use)
㉢ 필요성(Need)
㉣ 목적지향성(Telesis)
㉤ 연상(Association)
㉥ 미학(Aesthetics)

❾ 웹디자인 + 디자인 요소

재질감 (Texture)	• 시각적 깊이를 추가 • 사용자의 주의를 끎 • 상호작용을 유도
조화 (Harmony)	• 디자인이 전체적인 일관성을 이루어 시각적 안정감을 제공 • 반복적 요소로 자주 사용됨
균형 (Balance)	• 디자인의 시각적 안정감을 제공 • 색상 사용, 폰트 크기, 레이아웃 구조
비대칭 균형 (Asymmetrical Balance)	더 동적이고 흥미로운 레이아웃을 생성
율동 (Rhythm)	그리드 시스템의 일관된 사용으로 시각적 율동을 생성
강조 (Emphasis)	• 중요한 요소에 대한 컬러 대비 증가 • 특정 요소나 정보에 시각적 중요성을 부여하여 사용자의 주의를 집중시킴
시각 계층화 (Visual Hierarchy)	대비, 크기, 색상, 근접성, 반복을 다르게 하여 정보의 중요도를 구분
일관성 (Consistency)	사용자 경험을 개선하고 사용자가 사이트를 쉽게 탐색할 수 있도록 함
모양 상관성 (Shape Constancy)	다양한 디스플레이 장치에서 일관된 사용자 경험을 제공하기 위함
운동 (Motion)	사용자와의 상호작용을 증진
시공간 연속성 (Spacetime Continuity)	상호작용 요소(버튼, 링크 등)의 위치를 일관되게 유지
색상 (Color)	사용자의 감정과 행동에 영향을 줌
색명 (Name of Color)	디자인의 접근성(Accessibility)을 향상시키기 위해 사용
색의 조화 (Color Harmony)	아날로그 색상 조합 : 색상환을 기준으로 서로 인접해 있는 색상들을 조합하여 시각적으로 쾌적하고 조화롭게 디자인함
색상 대비 (Color Contrast)	• 배경과 텍스트 사이에 높은 대비를 사용하여 정보의 가독성을 향상시킴 • 명도 대비를 활용하여 요소 간의 구분을 명확히 하기 위함 • 사용자의 주의를 특정 요소에 집중시킴 • 중요하지 않은 요소는 낮은 대비로 처리하여 중요 요소를 부각시킴
색상 팔레트 (Color Palette)	• 브랜드 아이덴티티를 강화하고 사용자에게 감정적 반응을 유도하기 위해 사용됨 • 타겟 오디언스(사용자)의 선호 • 브랜드 인식을 높이고 일관된 이미지를 구축함
색온도 (Color Temperature)	색상이 주는 심리적 영향을 조절하기 위함
색상 휠 (Color Wheel)	최적의 색상 대비를 찾기 위해 사용됨
분할 보색 (Split Complementary)	색상환을 중심으로 기준색의 보색 양옆의 색상을 사용하는 기법

기출유형 완성하기

정답 01 ② 02 ① 03 ③ 04 ②

01 다음 중 웹 페이지 제작 및 관리 순서를 옳게 나열한 것은?

> ⓐ 홈페이지 제작
> ⓑ 웹 서버에 업로드
> ⓒ 자료수집과 정리
> ⓓ 내용 업데이트 및 유지보수 관리
> ⓔ 검색엔진 등록과 홍보
> ⓕ 주제 결정과 구성도 작성

① ⓓ → ⓐ → ⓑ → ⓔ → ⓒ → ⓕ
② ⓕ → ⓒ → ⓐ → ⓑ → ⓔ → ⓓ
③ ⓒ → ⓓ → ⓔ → ⓑ → ⓐ → ⓕ
④ ⓐ → ⓑ → ⓓ → ⓕ → ⓒ → ⓔ

해설
웹 페이지 제작 및 관리 순서 : 주제 결정과 구성도 작성 → 자료수집과 정리 → 홈페이지 제작 → 웹 서버에 업로드 → 검색엔진 등록과 홍보 → 내용 업데이트 및 유지보수 관리

02 웹 페이지를 작성할 때 배경 이미지와 메뉴에 관한 설명으로 옳지 않은 것은?

① 스타일 시트를 이용하여 배경 이미지의 반복 횟수를 증가시킨다.
② 배경 이미지가 클 경우 용량 증가로 로딩이 늦어진다.
③ 메뉴는 메타포를 이용하여 디자인한다.
④ 배경의 색상을 분할시켜 사용하면 프레임이 사용된 것처럼 보인다.

해설
스타일 시트(CSS)를 이용하여 배경 이미지의 반복 횟수를 제한할 수 있다.

03 웹 그래픽 제작 단계 중 색상(Color) 선택 단계의 작업에 해당하는 것은?

① 컴퓨터가 제공하는 여러 가지 기능의 효율적 사용에 대해 연구한다.
② 그려진 이미지를 계속적인 수정과정을 통하여 의도한 이미지로 형성한다.
③ 표현하고자 하는 색상들을 색 혼합이나 색상, 명도, 채도들을 원하는 대로 조절할 수 있고, 색상을 다양하게 사용할 수 있다.
④ 이미지가 선택되면 도구의 기능을 사용하여 축소나 확대 반복, 회전들을 화면상에 제공하여 이미지를 표현하기 위해 그래픽스 메뉴를 선택한다.

해설
웹 그래픽 색상 선택은 상식적인 수준을 따르는 것이 좋고, 보색 사용은 자제한다. 배경색과 배경 무늬는 심플한 것이 좋다.

04 웹 페이지 제작 시 고려해야 할 사항으로 거리가 먼 것은?

① 아무리 좋은 내용을 담고 있는 웹 페이지라 해도 디자인이 산만하면 사용자가 보기 불편하다.
② 텍스트 위주로만 웹 페이지를 제작하여 접속이 원활하도록 한다.
③ 배경색과 문자 색상을 고려하여 가독성을 높일 수 있도록 해야 한다.
④ 웹디자인의 일관성을 유지하면서 동시에 사용성을 높여야 한다.

해설
텍스트 위주로만 웹 페이지를 제작하면 접속은 빠르겠지만 사용자가 찾고자 하는 정보를 쉽게 찾을 수 없고 디자인 요소가 없으므로 흥미를 느끼지 못해 접속률이 저조할 것이다.

CHAPTER 03 | 아이디어 스케치

기출유형 완성하기

정답 05 ③

05 웹 사이트 구축 시 고려사항으로 가장 거리가 먼 것은?

① 명확하고 일관된 내비게이션을 유지한다.
② 가급적이면 플러그인이 필요 없는 페이지를 만든다.
③ 메뉴별로 사용한 모든 이미지는 유지보수를 위해 같은 폴더에 관리한다.
④ 안정된 기술을 사용한다.

해설
폴더의 활용 방법이 정해진 것은 아니지만 같은 폴더에 이미지를 모두 넣을 경우 찾기가 불편할 수 있다. 메뉴별로 별도의 폴더를 만들어서 나누어 관리하는 것이 더 효율적이다.

PART 3
컴퓨터 그래픽스 및 애니메이션 활용

CHAPTER 01 컴퓨터 그래픽스

CHAPTER 02 디자인 요소 · 애니메이션 준비

CHAPTER 01 컴퓨터 그래픽스

PART 3 컴퓨터 그래픽스 및 애니메이션 활용

기출유형 27 ▶ 컴퓨터 그래픽스의 역사와 특징

 유선배 강의

컴퓨터 그래픽의 역사는 컴퓨터의 탄생부터 오늘날 인터넷 시대까지 크게 다섯 단계로 나누어 분류한다. 시대별 발달 과정을 주요 소자별로 바르게 분류한 것은?

① 진공관 → 트랜지스터 → 집적회로 → 고밀도 집적회로 → SVLSI
② 트랜지스터 → 진공관 → 집적회로 → 고밀도 집적회로 → SVLSI
③ 트랜지스터 → 집적회로 → 진공관 → 고밀도 집적회로 → SVLSI
④ 진공관 → 집적회로 → 트랜지스터 → 고밀도 집적회로 → SVLSI

해설
- 진공관 > 트랜지스터(TR) > 집적회로(IC) > 고밀도 집적회로(LSI) > 초고밀도 집적회로(VLSI) > 슈퍼초고밀도 직접회로(SVLSI)
- 진공관 > TR > IC > LSI > VLSI > SVLSI로 출제되기도 한다.

| 정답 | ①

족집게 과외

컴퓨터 그래픽스(Computer Graphics)의 시대별 발달 과정

1세대 진공관 시대	1946년 ~ 1950년 말	• 에니악(ENIAC) 개발 : 미국의 '에커드'와 '모클리'에 의해 개발되고 진공관을 사용한 세계 최초의 컴퓨터 • 월윈드(Whirlwind)는 1949년 MIT에서 개발되었으며 수학적 데이터를 그래픽으로 표현한 컴퓨터로, CRT디스플레이 출력 기능을 가지고 있으며 오퍼레이터와 하드카피 생성용 카메라를 위해 사용됨 • XY 플로터 시대
2세대 트랜지스터 시대	1950년 말 ~ 1960년 중반	• 본격적인 진공관의 일종인 리플레시형 CRT 시대(Cathode Ray Tube) • 스케치 패드 시스템을 사용 • 컴퓨터 그래픽스의 기반을 구축
3세대 집적회로 시대	1960년 말 ~ 1970년 초	• 제조업 분야에 CAD와 CAM 도입 • TV와 영화에 컴퓨터 그래픽스가 이용되면서 사실적 생동감 있는 표현을 중요하게 생각함 • 만델브로(B.B.Mandelbrot)가 프랙탈 이론(Fractal Theory) 발표 • 마이크로소프트(Microsoft) 설립 • Tektronix사에서 개발한 것으로 DVST(Direct View Storage Tube)를 이용한 스토리지형 CRT 시대 • 벡터 스캔 CRT 보급 • 국제 컴퓨터 그래픽 협회인 SIGGRAPH가 결성되어 매년 컴퓨터 그래픽 애니메이션의 작품 발표

4세대 고밀도 집적회로 시대	1970년 ~ 1980년 말	• 고밀도 집적 회로(LSI) 개발로 컴퓨터가 소형화되면서 개인용 컴퓨터(PC) 등장 • 컴퓨터 그래픽스 전성기 • 래스터 스캔 CRT 시대 • 1980년대 고밀도 집적회로(LSI), 초고밀도 집적회로(VLSI) 시대
5세대 초고밀도 집적회로 시대	1980년 말 ~ 현재	• 1990년대를 시작으로 슈퍼초고밀도 집적회로(SVLSI), ULSI, GUI 시대 • 컴퓨터를 통해 영상, 음성, 매체 등의 정보를 각 개인이 자유로이 이용할 수 있는 종합적인 컴퓨터 기술인 멀티미디어(Multimedia)가 발전 • GUI(Graphic User Interface)가 본격적으로 시작됨 • 3D 그래픽스 발전 • CG를 이용한 영화와 광고 산업이 발전함 • 가상현실(VR)을 활용하여 다양한 산업에 적용하고 있음 • 플라즈마 기술을 이용한 PDP 기술이 개발되었음 • 인공지능 시대

기출유형 완성하기

01 컴퓨터 그래픽스의 역사에 대한 설명으로 옳지 않은 것은?

① 1950년대 : CRT에 의한 영상시대 개막
② 1960년대 : 스토리지형 CRT 시대
③ 1970년대 : 래스터 스캔 CRT 시대
④ 1980년대 : 플라즈마 디스플레이 패널 시대

해설
1980년대는 컴퓨터를 통해 영상, 음성, 매체 등의 정보를 각 개인이 자유롭게 이용할 수 있는 종합적인 컴퓨터 기술인 멀티미디어(Multimedia)가 발전하면서 플라즈마 디스플레이 판매가 감소하기 시작했다.

02 컴퓨터 그래픽스의 발달 과정 중 세대별 발전단계가 바르게 연결된 것은?

① 제1세대 : 진공관, 리플레시형 CRT
② 제2세대 : 집적회로, 벡터 스캔 CRT
③ 제3세대 : 고밀도 집적회로, XY 플로터
④ 제4세대 : 고밀도 집적회로, 래스터 스캔 CRT

해설
- 제1세대 : 진공관, XY 플로터 시대
- 제2세대 : 트랜지스터, 리플레시형 CRT 시대
- 제3세대 : 집적회로, 스토리지형 CRT 시대

03 컴퓨터 그래픽스의 역사 중 1960년대에 등장한 출력장치는?

① 래스터 스캔형 CRT
② 리플레시형 CRT
③ XY 플로터
④ 스토리지형 CRT

해설
리플레시형 CRT는 음극선관, 브라운관에 사용되었고 2세대인 1950년 말~1960년대 중반에 등장하였다.

04 다음 설명은 컴퓨터 그래픽스의 역사 중 몇 세대를 의미하는가?

- TV와 영화에 컴퓨터 그래픽스가 이용되면서 사실적 생동감 있는 표현을 중요하게 생각했다.
- 제조업 분야에 CAD와 CAM을 도입하였다.
- 만델브로(B.B.Mandelbrot)가 프랙탈 이론(Fractal Theory)을 발표했다.
- 마이크로소프트(Microsoft)가 설립되었다.

① 제2세대
② 제3세대
③ 제4세대
④ 제5세대

해설
컴퓨터 그래픽스 역사는 시험에 자주 출제되는 문제이다. 컴퓨터 그래픽스 발달 과정표를 보고 관련 내용을 모두 학습해야 한다.

정답 01 ④ 02 ④ 03 ② 04 ② 05 ②

05 컴퓨터 그래픽스(Computer Graphics)의 발달 과정 중 제5세대에 관한 설명으로 옳은 것은?

① 약 18,000개의 진공관으로 이루어진 컴퓨터인 에니악(ENIAC)이 개발되었다.
② 컴퓨터를 통해 영상, 음성, 매체 등의 정보를 각 개인이 자유로이 이용할 수 있는 종합적인 컴퓨터 기술인 멀티미디어(Multimedia)가 발전하였다.
③ 프랙탈 기법으로 간단한 형태에서 복잡한 형태로 표현이 가능하여 자연경관이나 혹성 표면을 실제와 같이 표현할 수 있게 되었다.
④ 국제 컴퓨터 그래픽 협회인 SIGGRAPH가 결성되어 매년마다 컴퓨터 그래픽 애니메이션의 작품을 발표하였다.

해설
5세대는 현재까지 진행되고 있는 초고밀도 집적회로 시대로 멀티미디어뿐만 아니라 3D 그래픽스도 발전하였다. 또, GUI 사용자 중심 환경, 전자출판(DTP) 시대, 인공지능 시대이기도 하다.

기출유형 28 ▶ 컴퓨터 그래픽스 개념 및 정의

유선배 강의

다음 중 컴퓨터 그래픽스의 특징이 아닌 것은?

① 색상을 마음대로 표현하거나 변경할 수 있다.
② 실제로 나타낼 수 없는 부분까지 표현이 가능하다.
③ 시간과 공간에 제약이 있다.
④ 디자인 의도대로 명도나 질감을 표현할 수 있다.

해설
컴퓨터 그래픽스 작업은 시간과 공간에 제약이 없다.

| 정답 | ③

족집게 과외

❶ 컴퓨터 그래픽스(Computer Graphics)의 개념
- ㉠ 넓은 의미로 컴퓨터를 이용한 모든 이미지와 영상을 의미함
- ㉡ 컴퓨터를 이용한 도형이나 화상을 작성하는 기술
- ㉢ 유망한 첨단 분야가 되고 있음
- ㉣ 인간의 상상력을 무한히 표현 가능하게 하는 방법 중 하나
- ㉤ 컴퓨터의 하드웨어와 소프트웨어를 이용하여 도형, 그림, 사진 이미지 등의 시각적 이미지를 만들어 내고 디지털화(Disitalize)시키는 것
- ㉥ 컴퓨터 그래픽스는 크게 2D 그래픽스와 3D 그래픽스로 나눌 수 있음
- ㉦ 영화나 영상물 등의 멀티미디어 분야에서 가장 효과적으로 활용되고 있음
- ㉧ 디자인과 순수예술, 영상산업 등 광범위한 활용영역을 가짐
- ㉨ 단순·반복 작업을 편리하게 할 수 있음
- ㉩ 사용자가 그래픽 프로그램을 이용하여 작업을 함
- ㉪ 아이디어의 표현도구로 가장 많이 이용되는 디자인 도구

❷ 컴퓨터 그래픽스의 특징
- ㉠ 색상을 마음대로 표현하거나 변경할 수 있음
- ㉡ 실제로 나타낼 수 없는 부분까지 표현 가능
- ㉢ 디자인 의도대로 명도나 질감 표현 가능
- ㉣ 시간과 공간에 제약이 없음
- ㉤ 제작물 수정 가능
- ㉥ 아주 미세한 부분까지 표현 가능
- ㉦ 작업 데이터의 이동 및 보관이 간편함
- ㉧ 색상 및 재질의 수정이 자유로워 비용이 절감됨
- ㉨ 시간과 경비 절감이 가능하고 정확한 색상을 활용할 수 있음
- ㉩ 컴퓨터 알고리즘으로 정확하게 작업할 수 있음

❸ 좌표계
컴퓨터 그래픽에서 객체의 위치를 정확히 표현하기 위해 사용

❹ 극 좌표계
좌표 위에 있는 점과 원점으로 규정하는 기준점과의 거리와 각도의 크기에 따라 좌표를 정의하는 좌표계

❺ 그라데이션(Gradation)
2차원 컴퓨터 그래픽스에서 한 색상에서 다른 색상으로 점차적으로 색을 변화시켜가며 특정 구역 안에 색을 칠해주는 기법

❻ 크로마키(Chroma-Key)
- ㉠ 두 가지의 다른 화면을 합성하기 위한 그래픽스 기술
- ㉡ 전경 화면은 울트라마린 블루나 녹색 배경에서 촬영한 후 필요한 전경 오브젝트 부분만 얻은 후, 배경이 되는 화면을 합성시킴

정답 01 ③ 02 ④ 03 ④ 04 ②

01 컴퓨터 그래픽스(Graphics)의 장점으로 옳지 않은 것은?

① 인간의 상상력을 기반으로 자유롭게 표현할 수 있다.
② 제작물을 수정하는 것이 가능하다.
③ 미세한 부분은 전혀 표현할 수 없다.
④ 명암이나 컬러, 질감을 자유롭게 바꿀 수 있다.

해설
컴퓨터 그래픽스는 확대 작업이 가능하므로 미세한 부분까지 표현할 수 있다.

02 컴퓨터 그래픽스(Computer Graphics)의 정의로 옳지 않은 것은?

① 컴퓨터의 하드웨어와 소프트웨어를 이용하여 도형, 그림, 사진 이미지 등의 시각적 이미지를 만들어내고 디지털화(Disitalize)시키는 것이다.
② 컴퓨터 그래픽스는 크게 2D 그래픽스와 3D 그래픽스로 나눌 수 있다.
③ 활용 범위가 매우 넓으며, 특히 영화나 영상물 등의 멀티미디어 분야에서 가장 효과적으로 활용되고 있다.
④ 전통적인 회화 방식을 응용하여 결과물을 디지털화시킨 것은 제외한다.

해설
전통적인 회화 방식을 응용하여 결과물을 디지털화시킨 것도 컴퓨터 그래픽스에 포함된다.

03 다음 중 컴퓨터 그래픽스에 대한 개념으로 옳지 않은 것은?

① 컴퓨터 그래픽스는 디자인과 순수예술, 영상산업 등 광범위한 활용영역을 가진다.
② 컴퓨터 그래픽스는 단순·반복 작업을 편리하게 할 수 있다.
③ 컴퓨터 그래픽스는 현재 가장 많이 이용되는 디자인 도구이다.
④ 컴퓨터 그래픽스는 디자이너에게 아이디어를 제공한다.

해설
컴퓨터 그래픽스는 디자이너의 아이디어를 디자인 결과물로 만들어 낼 수 있는 디자인 도구이다.

04 컴퓨터 그래픽스의 개념에 대한 설명으로 옳지 않은 것은?

① 넓은 의미로 컴퓨터를 이용한 모든 이미지와 영상을 말한다.
② 컴퓨터에서 도구나 아이디어를 얻는 기술을 말한다.
③ 아이디어의 표현 도구로써 최대한 활용된다.
④ 사용자가 그래픽 프로그램을 이용하여 작업을 한다.

해설
순서를 바꿔서 자주 출제되는 문제이다. 컴퓨터 그래픽스는 컴퓨터에서 아이디어를 얻는 것이 아니라, 컴퓨터에서 도구나 프로그램을 활용하여 아이디어를 구현하는 것을 말한다.

기출유형 완성하기

정답 05 ②

05 다음 중 컴퓨터 그래픽스에 대한 설명으로 가장 거리가 먼 것은?

① 컴퓨터를 이용한 도형이나 화상을 작성하는 기술을 말한다.
② 2D, 3D의 의미를 포함하고 있지만 애니메이션은 제외한다.
③ 활용 범위는 매우 폭넓으며 유망한 첨단 분야가 되고 있다.
④ 인간의 상상력을 무한히 가능하게 하는 방법 중 하나이다.

해설
컴퓨터 그래픽스에 애니메이션도 포함된다.

기출유형 29 ▶ 컴퓨터 그래픽스 시스템

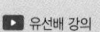

인간의 두뇌에 해당하는 것으로 대부분의 계산과 판단을 수행하는 컴퓨터 그래픽스 시스템 하드웨어는?

① RAM
② LAN
③ CPU
④ ROM

[해설]
CPU는 중앙 처리 장치로 컴퓨터에서 기억, 해석, 연산, 제어라는 4대 주요 기능을 관할하는 장치를 말한다.

| 정답 | ③

족집게 과외

❶ 컴퓨터 그래픽스
컴퓨터의 하드웨어나 소프트웨어를 이용하여, 입력장치를 통해 입력된 정보를 도형이나 그림, 화상 등으로 재가공하여 변환한 후, 출력 기기로 출력해 내는 일련의 작업과 기술

❷ 컴퓨터 그래픽스 시스템
컴퓨터 그래픽스에 사용되는 입력, 처리, 출력, 저장 장치 등

❸ 운영체제(Operating-System)
하드웨어와 응용 프로그램 사이에 위치하여 전체적인 시스템 자원을 관리

❹ 컴퓨터 그래픽스 시스템 하드웨어

㉠ CPU
  인간의 두뇌에 해당하는 것으로 대부분의 계산과 판단을 수행하는 컴퓨터 그래픽스 시스템 하드웨어

㉡ 자기 테이프
  - 많은 양의 정보를 기록하기 위한 테이프 형식의 외부기억 장치
  - 접근 속도는 느리지만 용량에 비해 가격이 저렴하여 대형 컴퓨터의 보조기억 장치에 이용됨
  - 순차접근만 되면 데이터 백업용으로 적합

㉢ 정보의 기억 용량 단위
  - 비트(Bit) : 정보의 단위 중 최소 연상 단위, 컴퓨터는 비트 형태로 데이터를 표현하며 비트는 2진수 최소 단위로 0과 1로 값을 나타냄
  - 기가바이트(GB)
  - 킬로바이트(KB)

㉣ 주로 쓰이는 저장 용량 단위 순서(적은 용량부터)
  Bit(비트) - Byte(바이트) - KB(킬로바이트) - MB(메가바이트) - GB(기가바이트) - TB(테라바이트) - PB(페타바이트) - EB(엑사바이트) - ZB(제타바이트) - YB(요타바이트)

❺ 입력장치

ⓐ 사용자가 원하는 문자, 기호, 그림 등의 데이터 또는 명령(프로그램)을 컴퓨터 내부의 메모리에 전달하는 장치

ⓑ 입력장치의 종류 : 키보드, 마우스, 스캐너(Scanner), 터치스크린, 태블릿, 라이트펜, 디지타이저(Digitizer), 조이스틱(Joy Stick) 등

ⓒ 모션 캡처
- 3차원 입력장치에 해당
- 실제 생명체의 움직임을 추적해 얻은 데이터를 모델링된 캐릭터에 적용하는 기술

> **Tip**
> - 터치스크린 : 사용자가 모니터 위에 표시된 메뉴를 손가락으로 누르면 입력이 되어 컴퓨터에 익숙하지 않은 초보자들도 간단하고 편리하게 사용할 수 있는 입력장치
> - 태블릿(Tablet) : 전자적인 장치가 되어 있는 보드 위에 마우스 형태의 도구나 전자펜을 이용하여 위치 값을 입력하거나 응용 프로그램에서 각종 도구의 선택과 기능을 수행
> - 디지타이저(Digitizer) : 입력 원본의 아날로그 데이터인 좌표를 판독하여 컴퓨터에 디지털 형식으로 설계도면이나 도형을 입력하는 데 사용하는 입력장치. X, Y 위치를 입력할 수 있음

❻ 출력장치

ⓐ 그래픽 정보를 외부로 출력하는 것으로 처리장치를 통해 처리된 결과는 출력장치를 통해 나타냄

ⓑ 출력장치의 종류 : 모니터, 빔 프로젝트, 프린터, 플로터(Plotter) 등

> **Tip**
> - 빔 프로젝트 : 인쇄된 사진이나 문자, 혹은 영상을 확대 투영해주는 광학장치
> - 플로터 : 건축용 설계 도면 등을 출력하기 용이함

❼ 연산장치

제어장치의 명령에 따라 실제로 연산을 수행하는 장치로 가산기, 보수기, 누산기, 상태 레지스터, 데이터 레지스터 등이 있음

❽ 인터페이스(Interface)

ⓐ 사람과 컴퓨터 간의 관계

ⓑ 2가지 이상 컴퓨터 시스템 구성 요소들을 공통으로 사용하는 장치

ⓒ 접속기 또는 접속이라고 함

ⓓ 인터페이스의 기능은 원활하고 효율적으로 데이터를 전송하는 것

❾ 사용자 인터페이스

컴퓨터를 사용하는 사람이 컴퓨터에서 여러 작업을 원활히 수행할 수 있도록 하는 작업 환경

❿ 입 · 출력 인터페이스

입 · 출력장치뿐 아니라 입력과 출력과 관련된 사용 환경을 의미

⓫ 주기억 장치

DRAM, MASK ROM, EPROM

기출유형 완성하기

정답 01 ③ 02 ① 03 ④ 04 ② 05 ①

01 인터페이스(Interface)에 대한 설명으로 옳지 않은 것은?

① 2가지 이상 컴퓨터 시스템 구성 요소들을 공통으로 사용하는 장치이다.
② 접속기 또는 접속이라고 한다.
③ 입·출력 인터페이스는 컴퓨터 시스템의 입·출력장치만을 지칭한다.
④ 인터페이스의 기능은 원활하고 효율적으로 데이터를 전송하는 것이다.

해설
입·출력장치뿐 아니라 입력과 출력과 관련된 사용 환경을 의미한다.

02 다음 중 도표, 그림, 설계 도면 등의 좌표 데이터를 컴퓨터 내로 정확하게 입력할 수 있는 장치로 주로 설계나 공학용 제도에 사용되는 컴퓨터의 입력장치는?

① 디지타이저
② 키노트
③ 광펜
④ 접촉 감지 스크린

해설
디지타이저(Digitizer)는 스마트폰, 태블릿 PC 등 IT 장치에서 도구의 움직임을 디지털 신호로 변환하여 주는 입력장치이다.

03 컴퓨터 그래픽스 시스템의 입력장치로 옳지 않은 것은?

① 디지타이저(Digitizer)
② 태블릿(Tablet)
③ 스캐너(Scanner)
④ 플로터(Plotter)

해설
플로터(Plotter)는 출력 결과를 종이나 필름 따위의 평면에 표나 그림으로 나타내는 출력장치이며, 주로 대형 인쇄에 쓰인다.

04 컴퓨터 그래픽스 시스템의 출력장치에 대한 설명으로 옳지 않은 것은?

① 그래픽 정보를 외부로 출력하는 것을 말한다.
② 대표적인 출력장치로 프린터, 모니터, 디지타이저 등이 있다.
③ 빔 프로젝터는 인쇄된 사진이나 문자, 혹은 영상을 확대 투영해주는 광학장치이다.
④ 처리장치를 통해 처리된 결과는 출력장치를 통해 나타낸다.

해설
프린터·모니터는 출력장치가 맞지만, 디지타이저는 태블릿과 비슷한 용도로 쓰이는 입력장치이다.

05 다음 설명에 알맞은 보조기억 장치는?

- 접근 속도는 느리지만 용량에 비해 가격이 저렴하여 대형 컴퓨터의 보조기억 장치에 이용된다.
- 순차접근만 되면 데이터 백업용으로 적합하다.

① 자기 테이프
② 자기 디스크
③ 플로피 디스크
④ 광 디스크

해설
자기 테이프는 많은 양의 정보를 기록하기 위한 테이프 형식의 외부기억 장치이다.

기출유형 30 ▶ 컴퓨터 그래픽스의 원리와 활용

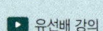

다음 중 컴퓨터 그래픽스의 기본적인 컬러 시스템이 아닌 것은?

① RGB ② CMYK
③ CRT ④ HSB

해설
기본적인 컬러 시스템은 RGB, CMYK, HSB, HSV, Grayscale 등이 있다.

| 정답 | ③

족집게 과외

❶ 해상도(Resolution)

이미지를 표현하는 데 몇 개의 픽셀(Pixel) 또는 도트를 나타내었는지 그 정도를 의미함

> **Tip**
> 해상도의 단위 – 픽셀(Pixel)
> • Picture와 Element의 합성어
> • 이미지의 최소 단위
> • PPI는 Pixel Per Inch의 약자(1인치당 몇 개의 픽셀이 들어가는지를 표현하는 단위를 말하는 약자)
> • 이미지에서 한 픽셀의 위치 정보는 직교 좌표계의 X, Y 좌푯값으로 표시

❷ 컬러 시스템

RGB	• Red, Green, Blue • 빛(색광)의 혼합 방식인 가산혼합으로 색상을 표현 • 웹(Web)에서 주로 사용하는 컬러 방식 • 빛의 3원색으로 표현하는 컬러 시스템 • R = 0, G = 0, B = 0로 설정할 때 모니터 색상은 블랙(Black) • R = 255, G= 255, B = 255로 설정할 때 모니터 색상은 화이트(White)
CMYK	• Cyan, Magenta, Yellow, Black • 감산혼합 • 인쇄물을 위한 프린터의 방식
HSB 컬러	Hue(색상)와 Saturation(채도), Brightness(밝기)로 색을 표현
HSV 컬러	Hue(색상), Saturation(채도), Value(명도)의 좌표를 써서 특정한 색을 지정
그레이 스케일 (Grayscale)	• 흑백(흑색조)으로만 표현 • 최대 비트 심도(Bit Depth)는 8비트

❸ 비트 심도

㉠ 비트 심도가 높을수록 나타낼 수 있는 색상의 가짓수는 더 많아지게 됨
㉡ 픽셀 해상도라고 불리기도 하고, 한 픽셀의 색상을 표현하기 위해 사용되는 컴퓨터의 비트 수
㉢ 픽셀의 색상 정보를 이진수로 표현
㉣ 컴퓨터 그래픽스의 해상도는 비트맵 체계에서 이미지의 질을 결정하는 요소

❹ 컴퓨터 그래픽스 활용 분야

㉠ VR(Virtual Reality)
㉡ 애니메이션(Animation)
㉢ 시뮬레이션(Simulation)

기출유형 완성하기

정답 01 ④　02 ③　03 ①　04 ④　05 ③

01 화면을 표현하기 위한 최소 단위이며, 화소라고 불리는 것은?

① 비트맵(Bitmap)
② 벡터(Vector)
③ 해상도(Resolution)
④ 픽셀(Pixel)

해설
픽셀(Pixel)은 Picture와 Element의 합성어이며, 화면을 표현하는 이미지의 최소 단위이다.

02 컴퓨터 그래픽스 활용 분야로 가장 거리가 먼 것은?

① VR(Virtual Reality)
② Animation
③ CAM
④ Simulation

해설
컴퓨터 그래픽스는 컴퓨터로 표현할 수 있는 그래픽 요소들을 의미하며 VR, 애니메이션, 시뮬레이션 등이 포함된다. CAM(Computer Aided Manufacture)은 컴퓨터를 이용한 제조 과정의 지원을 말한다.

03 화면 해상도에 대한 설명으로 적절한 것은?

① 픽셀의 수를 의미한다.
② 화면 해상도는 모니터 화면의 크기에 의해 결정된다.
③ 화면 해상도가 높을수록 적은 양의 메모리가 필요하다.
④ 화면 해상도가 낮으면 똑같은 이미지라도 작게 보인다.

해설
화면 해상도는 모니터 화면 크기에 몇 개의 픽셀이 들어 있는지에 따라 달라지며, 화면 해상도가 높을수록 용량이 커지고 화면 해상도가 낮을수록 똑같은 이미지라도 선명해 보이지 않는다.

04 픽셀(Pixel)에 대한 설명 중 잘못된 것은?

① Picture와 Element의 합성어이다.
② 디지털 이미지의 최소 단위이다.
③ 이미지에서 한 픽셀의 위치 정보는 직교 좌표계의 X, Y 좌표 값으로 표시한다.
④ 각 픽셀은 색심도(Color Depth)가 클수록 적은 색상을 표현하게 된다.

해설
각 픽셀은 색심도가 클수록 많은 색상을 표현하게 된다.

05 색의 성질이나 작용을 논리적으로 체계화시킨 방법인 컬러 모델(Color Model)에 해당하지 않는 것은?

① RGB
② CMYK
③ CRT
④ HSV

해설
• HSV 컬러는 Hue(색상), Saturation(채도), Value(명도)의 좌표를 써서 특정한 색을 지정한다.
• CRT(Cathode Ray Tube)는 브라운관 방식의 디스플레이 장치를 의미한다.

CHAPTER 01 | 컴퓨터 그래픽스

CHAPTER 02 디자인 요소 · 애니메이션 준비

PART 3 컴퓨터 그래픽스 및 애니메이션 활용

기출유형 31 ▶ 아이콘, 서체, 폰트, 타이포그래피

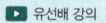
유선배 강의

다음 중 아이콘(Icon)에 대한 설명으로 옳지 않은 것은?

① 컴퓨터 디스플레이에서 그림기호 또는 작은 픽토그램을 의미한다.
② 사용자가 명령어를 직접 입력하지 않고, 아이콘을 선택하여 프로그램을 실행할 수 있도록 돕는다.
③ 1970년대 제록스 팰러앨토 연구소에서 최초로 개발되었다.
④ 기본적으로 텍스트 기반 인터페이스에서만 사용되며, 그래픽 사용자 인터페이스(GUI)에서는 사용되지 않는다.

해설
아이콘은 그래픽 사용자 인터페이스(GUI)의 필수적인 요소로 텍스트 기반 인터페이스가 아닌 GUI 환경에서 주로 사용되며, 사용자가 포인팅, 클릭킹, 더블 클릭킹 등의 조작을 통해 프로그램을 실행할 수 있도록 돕는다.

| 정답 | ④

족집게 과외

❶ 서체(Typeface)
㉠ 일종의 글자 디자인 스타일
㉡ 하나의 서체는 다양한 굵기(볼드), 스타일(이탤릭), 크기 등을 포함할 수 있음
　[예] 나눔고딕, 바탕체, Arial, Times New Roman 등

❷ 폰트(Font)
서체의 특정한 스타일과 크기, 즉 폰트는 서체의 구체적인 표현 형태
[예] 'Arial'이라는 서체의 '12포인트, 굵은 글씨(Bold)'는 하나의 폰트

❸ 타이포그래피(Typography)
㉠ 글자를 디자인하고 배치하는 예술과 기술
㉡ 서체와 폰트를 사용해 효과적으로 글을 배치하고 시각적으로 표현
　[예] 책, 잡지, 포스터, 웹디자인 등에서 글자가 어떻게 보이고 읽히는지를 다루는 전체적인 과정
㉢ 고정적인 타이포그래피와 움직이는 동적인 타이포그래피가 있음
㉣ 넓은 의미로 인쇄술을 의미하며, 인쇄를 전제로 한 문자 표현이나 작품을 지칭
㉤ 웹 폰트로도 사용되며, 주어진 면적 안에서 시각화할 수 있는 정보량을 명료도, 가독성 정도를 고려하여 결정하면서 동시에 그 서체의 아름다움이나 내용 표현의 적절성, 표현성 등을 갖추어야 하는 것으로 발전

❹ 타이포그래피 구성요소
㉠ 세리프(Serif)
　• 글자의 끝부분에 돌기가 있음
　• 본문 기본서체, 여성적이고 섬세, 우아함
　　[예] 대표 글꼴(폰트, 서체) : 명조체(바탕체, 로만체)
㉡ 산세리프(Sans Serif)
　• 글자의 끝부분에 돌기가 없음
　• 남성적이고 힘참
　　[예] 대표 글꼴(폰트, 서체) : 고딕체(돋움체, 굴림체)
㉢ 베이스라인(Baseline)
　글자의 기본 정렬선(중심선)

ⓓ 높이(Height)
　　　글자의 높이(세로 길이), 글자의 크기를 결정
　　ⓔ 행간(Line-spacing)
　　　글자와 글자 사이의 행 간격, 줄과 줄 사이의 간격
　　ⓕ 자간(Letter-spacing)
　　　글자와 글자 사이의 간격
　　ⓖ 어간(Word Spacing)
　　　단어와 단어 사이의 간격

❺ 동적(움직이는) 타이포그래피
　㉠ 키네틱 타이포그래피(Kinetic Typography)는 기존의 정적인 타이포그래피와는 달리 움직이는 동적인 타이포그래피를 나타내는 것으로 빛의 속성을 가지고 있고, 소리가 첨가되며, 무빙 타이포그래피 또는 모션 타이포그래피라고도 함
　㉡ 그 외 다이내믹 타이포그래피, 스타일리시 타이포그래피 등이 있음

❻ 정적(고정적인) 타이포그래피
　스테이틱 타이포그래피(Static Typography)

❼ 웹 타이포그래피 디자인(Web Typographic Design)
　시각 디자인의 한 영역이며 글자체, 글자 크기, 행간, 여백, 간격, 단락, 그리드 등을 통해 전달됨

❽ 웹 폰트(MWF)의 특징
　㉠ 웹에서 사용되는 타이포그래피
　㉡ 벡터 그래픽 파일 포맷
　㉢ 타이포그래피는 문자의 모양과 배열을 의미하는 것으로 웹과 접목되면 다양한 표현이 가능해짐
　㉣ 웹의 타이포그래피를 이용하여 동적이고 인터랙티브한 구성이 가능해짐
　㉤ 웹 폰트는 작은 사이즈의 글자를 사용한 경우에는 깨끗하게 보여 가독성이 높음
　㉥ 문법에 맞지 않는 한글이나 한자의 경우에는 표현이 불가능한 경우도 있음
　㉦ 웹 폰트를 사용해서 사이트를 만든 경우 해당 폰트가 컴퓨터에 설치되어 있지 않아도 적용된 폰트를 볼 수 있음

❾ 웹에서 타이포그래피 적용 시 고려할 사항
　㉠ 가독성과 판독성을 고려한 서체 사용
　㉡ 웹 페이지의 여백과 문장의 정렬 고려
　㉢ 사이트의 내용과 콘셉트(Concept)에 어울리는 서체 사용
　㉣ 포토샵 같은 그래픽 프로그램을 이용하여 디자인할 경우 안티-엘리어싱 옵션을 조정

❿ 웹에서 타이포를 이용한 애니메이션을 구현할 수 있는 프로그램
　플래시(Flash), 스위시(Swish), 플랙스(Flax)

⓫ 서체(폰트)

영문	
세리프체(Serif)	산세리프체(Sans Serif)
글자의 끝부분에 돌기가 있는 서체	글자의 끝부분에 돌기가 없는 서체
국문	
명조체	고딕체
가로 선이 세로 선보다 가늘며 세리프(Serif)가 있는 서체	서체의 가독성은 떨어지지만 눈에 쉽게 띄는 특징이 있어 제목용으로 많이 쓰임

⓬ 아이콘(Icon)
　㉠ 1970년대에 최초로 초보자들이 컴퓨터 인터페이스를 좀 더 쉽게 다룰 수 있는 도구로서 제록스 팰러앨토 연구소가 개발
　㉡ 컴퓨터 디스플레이에서 그림기호 또는 작은 픽토그램
　㉢ 명령어를 일일이 입력하는 번거로움을 없애주며, 사용자들로 하여금 아이콘을 선택하여 원하는 프로그램을 실행할 수 있게 사용되는 컴퓨터 조작기법의 종류 : 포인팅, 클릭킹, 더블 클릭킹

⓭ 픽토그램(Pictogram)

　㉠ 문자를 대신하여 의사소통이 가능한 그림문자
　㉡ 정보의 직관적 전달과 이해

기출유형 완성하기

정답 01 ② 02 ② 03 ④ 04 ② 05 ①

01 다음 설명은 무엇에 대한 활용인가?

> 시각 디자인 영역의 한 영역이며 글자체, 글자 크기, 행간, 여백, 간격, 단락, 그리드 등을 통해 전달된다.

① 내비게이션 디자인(Navigation Design)
② 웹 타이포그래피 디자인(Web Typographic Design)
③ 웹 컬러 디자인(Web Color Design)
④ 웹 인터페이스 디자인(Web Interface Design)

해설
타이포그래피는 인쇄를 전제로 한 문자 표현이나 작품을 지칭하는 말로 쓰였지만, 웹이 발전하면서 웹 타이포그래피 디자인으로 확대되어 명료도·가독성 정도를 고려하여 결정하면서 동시에 그 서체의 아름다움이나 내용 표현의 적절성·표현성 등을 갖추어야 하는 것을 말한다.

02 다음 중 웹 폰트(MWF)에 대한 설명으로 옳지 않은 것은?

① 웹 폰트는 작은 사이즈의 글자를 사용한 경우에는 깨끗하게 보여 가독성이 높다.
② 웹 폰트를 사용해서 사이트를 만든 경우 해당 폰트가 컴퓨터에 설치되어 있지 않으면 굴림체로 대체되어 보인다.
③ 문법에 맞지 않는 한글이나 한자의 경우에는 표현이 불가능한 경우도 있다.
④ 방문자의 컴퓨터에 해당 폰트가 설치되어 있지 않아도 작업된 웹 폰트를 볼 수 있다.

해설
웹 폰트는 컴퓨터에 설치되어 있지 않아도 적용된 폰트 그대로 볼 수 있다.

03 타이포그래피의 구성요소에 해당하지 않는 것은?

① Serif
② Line-spacing
③ Letter-spacing
④ Texturing

해설
텍스처링(Texturing)은 감촉 또는 질감을 말한다.

04 타이포그래피에 대한 설명으로 옳지 않은 것은?

① 글자를 재료로 하는 디자인을 말한다.
② 글자의 의미 전달만을 목적으로 하고 있다.
③ 커뮤니케이션 시각 디자인의 요체로서 다양한 디자인 행위를 모두 포괄하는 개념으로 확대되었다.
④ 무빙 타입인 움직이는 타이포그래피로 의미가 확대되었다.

해설
글자의 의미 전달뿐만 아니라 사용자 편의성 및 가독성과 심미적 요소 등을 고려해야 한다.

05 가독성은 많은 양의 텍스트를 접할 때 읽기 쉬운 정도를 말하는데, 인쇄물과 영상물에 각각 적용되는 가장 효율적인 글자체 설정은?

① 세리프체, 산세리프체
② 굴림체, 고딕체
③ 바탕체, 명조체
④ 궁서체, 돋움체

해설
세리프체는 가독성이 높아 본문용으로 많이 쓰이고, 산세리프체는 가독성은 떨어지지만 눈에 쉽게 띄는 특징이 있어 제목용으로 많이 쓰이는 서체이다.

기출유형 32 ▶ 애니메이션의 정의

움직임이 없는 무생물적인 존재를 여러 번에 걸쳐 변형을 시키고, 이를 연속 촬영 또는 기타 영상적 기법을 이용하여 마치 움직이는 것처럼 눈의 착각을 일으키도록 하는 기술은?

① 렌더링
② 모델링
③ 크로마키
④ 애니메이션

해설
애니메이션은 라틴어의 아니마투스(Animatus, 생명을 불어넣다)에서 유래했다.

| 정답 | ④

족집게 과외

❶ 컴퓨터 애니메이션
㉠ 움직임이 없는 무생물이나 상상의 물체에 인위적인 조작을 가해 움직임을 주는 것
㉡ 일련의 정지된 그림을 빠르게 연속시켜서 보여줌으로써 움직이는 것처럼 착각 유도
㉢ 애니메이션은 라틴어의 아니마투스(Animatus, 생명을 불어넣다)에서 유래
㉣ NTSC 방식의 애니메이션에서 1초당 최소 30프레임 필요
㉤ 애니메이션은 영상 및 디지털 미디어를 활용하는 디자인 분야로, 멀티스크린, 컴퓨터 그래픽스, 홀로그래피 등과 함께 영상 디자인에 속함

❷ 애니메이션의 단계별 제작 순서

기획 → 시나리오 → 스토리보드 → 레이아웃 → 원화 → 스캐닝 → 디지털 드로잉 → 디지털 채색 → 편집 → 녹음

㉠ 원화 작업을 통해 애니메이션을 실제로 제작
㉡ 음향 합성에서 배경 음악이나 테마 음악 등을 고려하여 제작
㉢ 제작 콘셉트를 수립하고 시나리오를 기획/시나리오 단계에서 작성

Tip

스토리보드(Story Board)
애니메이션 제작 과정 중 초기 단계로 중요 장면들을 열거해 놓은 그림

❸ 컴퓨터 애니메이션 제작 과정

스토리보드 제작 → 모델링 → 애니메이션(모션 캡처, 키 프레임 등) → 셰이딩 및 페인팅 → 특수효과 → 조명 → 렌더링 → 레코딩

기출유형 완성하기

정답 01 ① 02 ③ 03 ③ 04 ③ 05 ③

01 디자인 분야 중 애니메이션, 멀티스크린, 컴퓨터 그래픽스, 홀로그래피 등은 어디에 속하는가?

① 영상 디자인
② 포장 디자인
③ 제품 디자인
④ 금속 디자인

해설
애니메이션은 영상 및 디지털 미디어를 활용하는 디자인 분야로, 멀티스크린, 컴퓨터 그래픽스, 홀로그래피 등과 함께 영상 디자인에 속한다.

02 NTSC 방식의 애니메이션에서 1초당 필요한 최소 프레임 개수로 옳은 것은?

① 10
② 20
③ 30
④ 40

해설
NTSC는 한국 및 미국, 캐나다, 일본 등에서 공식 비디오 표준으로 지정되어 사용되고 있으며 고화질 비디오 이미지 전송 및 표시를 위해 픽셀 및 프레임 수를 지정해 놓은 것이다.

03 다음은 컴퓨터 애니메이션의 단계별 제작 순서이다. ( ) 안에 들어갈 제작 과정이 A부터 D의 순서대로 맞게 나열된 것은?

기획 → (A) → 스토리보드 → 레이아웃 → 원화 → (B) → 디지털 드로잉 → (C) → 편집 → (D)

① 시나리오, 디지털 채색, 녹음, 스캐닝
② 스캐닝, 시나리오, 디지털 채색, 녹음
③ 시나리오, 스캐닝, 디지털 채색, 녹음
④ 디지털 채색, 시나리오, 스캐닝, 녹음

해설
애니메이션 제작 순서 : 기획 → 시나리오 → 스토리보드 → 레이아웃 → 원화 → 스캐닝 → 디지털 드로잉 → 디지털 채색 → 편집 → 녹음

04 컴퓨터 애니메이션에 대한 설명으로 옳지 않은 것은?

① 움직임이 없는 무생물이나 상상의 물체에 인위적인 조작을 가해 움직임을 주는 것을 말한다.
② 애니메이션은 라틴어의 아니마투스(Animatus, 생명을 불어넣다)에서 유래된 말이다.
③ 인쇄용 광고 디자인 결과물을 만들어 낸다.
④ 일련의 정지된 그림을 빠르게 연속시켜서 보여줌으로써 움직이는 것처럼 착각을 유도한다.

해설
애니메이션은 움직이는 영상 결과물을 만들어 낸다.

05 애니메이션 제작 과정 중 최초 단계로 중요 장면들을 열거해 놓은 그림을 무엇이라 하는가?

① Recoding
② Planning
③ Story Board
④ Effect Sound

해설
스토리보드는 웹 페이지 제작 및 애니메이션 제작뿐만 아니라 다양한 분야에서 많이 사용된다. 스토리보드에는 필요한 전체적인 정보가 담겨 있으므로 제작에 들어가기 전 점검하는 데 유용하게 쓰이며, 일종의 가이드라인이 되어 좀 더 효율적으로 일을 할 수 있게 도와준다.

기출유형 33 ▶ 애니메이션의 특징

다음 중 스프라이트에 대한 설명으로 옳지 않은 것은?

① 자연스러운 애니메이션을 구사한다.
② 원래의 의미는 화면 겹치기라는 뜻이다.
③ 배경과는 독립되어 있다.
④ 컴퓨터 그래픽에서 벡터 이미지만으로 이루어진 작은 이미지이다.

해설
스프라이트는 벡터 이미지뿐만 아니라 비트맵 이미지를 포함하여 다양한 방식으로 구성될 수 있다.

| 정답 | ④

족집게 과외

❶ 스프라이트(Sprite)
㉠ 자연스러운 애니메이션 구사
㉡ 원래는 화면 겹치기라는 의미
㉢ 배경과 독립되어 있음
㉣ 벡터 이미지뿐만 아니라 비트맵 이미지를 포함하여 다양한 방식으로 구성될 수 있음

❷ 프레임(Frame)
㉠ 애니메이션에서 한 장의 영상을 의미하며, 정지된 화면 하나하나를 프레임이라고 함
㉡ FPS : 매 초당 보이는 프레임의 수를 뜻하는 단위

❸ 키 프레임(Key Frame)
㉠ 중요한 장면이 들어가는 프레임이라는 의미로, 트위닝을 삽입할 수 있음
㉡ 대상물의 시작과 끝만 지정하고 중간 단계는 계산으로 생성하는 애니메이션 방식
㉢ 중간 단계는 보통 보간법을 이용해 자동으로 생성
㉣ 중간 단계를 자동으로 생성하는 기법을 트위닝이라고 함

❹ 트위닝 기법
'사이에 있는 것(In Betweening)'이라는 뜻에서 유래한 용어로 각각의 프레임을 그리는 과정에서 중요한 장면만을 사람이 그려주면, 사이의 중간 모습들을 컴퓨터에서 만들어 주는 기능

기출유형 완성하기

정답 01 ② 02 ② 03 ② 04 ③ 05 ③

01 키 프레임 방식의 애니메이션에 대한 설명으로 옳은 것은?

① 정해진 시간에 한 컷, 한 컷을 보여주는 방식이다.
② 움직임의 시작과 끝을 지정하고, 중간 단계는 시스템에서 계산되어 자동으로 생성된다.
③ 정지화면을 연속적으로 빠르게 보여주어 움직임을 부여할 수 있다.
④ 보통 만화는 1초에 2~24컷, 영화나 광고는 1초에 80컷을 사용한다.

해설
키 프레임 애니메이션은 움직임의 시작과 끝을 지정하고, 중간 단계는 시스템에서 계산되어 자동으로 생성된다.

02 플래시에서 맨 앞과 맨 끝 키 프레임에만 변화를 주면 중간 과정을 만들어 주는 것을 무엇이라고 하는가?

① 프레임
② 트위닝
③ 어니언스킨
④ 플레이헤드

해설
애니메이션의 트위닝은 '동화 작업(In Betweening)'의 약자로 키 프레임들의 사이를 이동하는 이미지들을 형성해 내는 과정이다.

03 중요한 장면이 들어가는 프레임이라는 의미로 트위닝을 삽입할 수 있는 것은?

① 플립북
② 키 프레임
③ 레이어
④ 셀

해설
키 프레임이란 영상 클립이나 미디어에 시간차가 나도록 2개 이상의 시점을 설정하고 회전, 스케일, 위치, 불투명 옵션 등을 사용하여 다양한 애니메이션 효과를 적용하는 방법이다.

04 다음 중 한 장의 영상을 의미하는 단위는?

① 픽셀(Pixel)
② 씬(Scene)
③ 프레임(Frame)
④ 테이크(Take)

해설
애니메이션에서 한 장의 영상을 의미하며, 정지된 화면 하나하나를 프레임이라고 한다.

05 매 초당 보여지는 프레임의 수를 뜻하는 단위는?

① RPM
② LPI
③ FPS
④ DPI

해설
초당 프레임 수(Frames Per Second), 줄여서 FPS는 프레임이라고 하는 연속된 이미지가 디스플레이에 순서대로 표시되면서 움직이는 상을 만들어내는 속도를 말한다.

기출유형 34 ▶ 애니메이션의 효과 및 활용

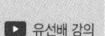

애니메이션 제작의 특수 효과 중 하나로 축소형으로 입체 모델을 만들고 여기에 다른 기법을 병합하여 장면을 만드는 것은?

① 모핑 효과
② 로토스코핑 효과
③ 미니어처 효과
④ 페인팅 효과

해설
미니어처 효과는 축소된 입체 모델을 제작하여 실제 크기의 장면처럼 보이도록 촬영하며, 이를 다른 애니메이션 기법과 결합해 현실감을 높이는 특수 효과 기술이다.

| 정답 | ③

족집게 과외

❶ 셀 애니메이션(Cell Animation)
- ㉠ 1914년 '얼 허드(Earl Hurd)'가 고안함
- ㉡ 배경 그림은 그대로 두고 캐릭터만 움직이게 하는 기법
- ㉢ 종이에 그린 그림을 셀룰로이드에 옮긴 뒤, 그 뒷면에 채색을 한 다음 배경 위에 놓고 촬영하는 기법
- ㉣ 투명한 필름 위에 수작업으로 촬영 및 편집함

❷ 컷 아웃 애니메이션(Cut Out Animation)
- ㉠ 오려낸 그림을 2차원 평면상에서 한 프레임씩 움직이면서 촬영하는 스톱 애니메이션
- ㉡ 클레이 애니메이션이나 인형 애니메이션과 비슷하지만 3차원이 아닌 2차원이라는 점에서 구분됨
- ㉢ 특정한 형태를 그린 종이를 잘라낸 후 각 종이들을 화면에 붙이거나 떼면서 원하는 이미지를 만들고, 그것들을 연결해서 움직임을 만들어 내는 애니메이션

❸ 모핑(Morphing) 기법
- ㉠ 2개의 서로 다른 이미지나 3차원 모델 간에 점진적으로 변화해 가는 모습을 보여주는 기법
- ㉡ 처음 프레임과 마지막 프레임만 지정해 주고 나머지는 자동으로 생성하며, 현재 뮤직비디오나 영화에서 많이 사용되고 있음

❹ 모션 캡처(Motion Capture)
- ㉠ 캐릭터를 애니메이션화 할 경우 가장 쉬운 방법은 실제 데이터를 사용하는 것
- ㉡ 비디오 및 기타 장비를 통해 사람과 동물 등의 움직임이나 운동을 받아들여 그 실제 값을 해당 캐릭터에 적용하면 움직임이 자연스러워 애니메이션의 효과를 극대화시킬 수 있음
- ㉢ 사람, 동물, 기계 등 물체의 움직임에 대한 정보를 추출하여 디지털화시키는 것
- ㉣ 추출 정보를 영화, 게임, 3D 애니메이션 등에 응용
- ㉤ 인간공학적 디자인, 자동차 안전사고 실험 등의 동작 분석에 사용

❺ 스톱모션 애니메이션(Stop Motion Animation)
점성이 있는 소재를 이용해 한 프레임씩 촬영한 후 각 프레임을 연결하는 애니메이션 기법

❻ 미니어처(Miniature) 효과
애니메이션 제작의 특수 효과 중 하나로 축소형으로 입체 모델을 만들고 여기에 다른 기법을 병합하여 장면을 만드는 것

❼ 핀 스크린 애니메이션(Pin Screen Animation)
스크린 위에 수천 개의 핀을 꽂고 조명에 의해 나타나는 그림자를 영상으로 담아내는 애니메이션

❽ **실루엣 애니메이션(Silhouette Animation)**
  ㉠ 검은 종이를 접거나 오려서 캐릭터와 배경의 형태를 만든 후 이것을 변화에 따라 순서대로 배열해 놓고 촬영하는 기법
  ㉡ 캐릭터와 배경을 두꺼운 종이로 오려 제작하고, 그 뒤에서 조명을 비추어 그림자를 만든 후 촬영함
  ㉢ 흑백의 강한 콘트라스트로 구성

❾ **로토스코핑(Rotoscoping)**
  ㉠ 실사와 애니메이션을 합성하는 기법으로 많이 사용됨
  ㉡ 먼저 촬영한 실제 필름 위에 애니메이션을 위한 셀을 올려 놓고 실사 안에 추가하고자 하는 애니메이션을 삽입
  ㉢ 실사에 있는 특정 인물이나 사물을 배경으로 이용하여 애니메이션으로 그림

  웹 애니메이션 제작 시 시각적인 깜빡임(Flicker) 현상을 줄이기 위한 방법
  초당 프레임 수를 최대한 높여서 제작함

❿ **고 모션 애니메이션(Go Motion Animation)**
  기계 장치가 된 인형이나 제작물들을 움직이게 하고 이것을 촬영하는 기법

⓫ **투광 애니메이션(Backlighting Animation)**
  실루엣 애니메이션에 포함되는 애니메이션으로 커머셜 필름에서 흔히 볼 수 있는 상품이나 로고타입, 심벌 등의 외곽선 또는 배경에서 빛나는 빛의 처리는 대개 투광 애니메이션에 의한 것임

⓬ **플립 북(Flip Book)**
  가장 간단한 애니메이션 효과로 조금씩 변해가는 동작을 그려 넣고 종이들을 일정한 속도록 넘기면 애니메이션 효과를 느낄 수 있음

기출유형 완성하기

정답 01 ④ 02 ② 03 ① 04 ①

01 스크린 위에 수천 개의 핀을 꽂고 조명에 의해 나타나는 그림자를 영상으로 담아내는 애니메이션을 무엇이라고 하는가?

① 셀 애니메이션
② 조명 애니메이션
③ 그림자 애니메이션
④ 핀 스크린 애니메이션

해설
핀 스크린 애니메이션은 스크린 위에 수천 개의 핀을 꽂고 조명에 의해 나타나는 그림자를 영상으로 담아내는 애니메이션이다.

02 웹 애니메이션의 시각적인 깜빡임(Flicker) 현상을 줄이기 위한 방법으로 옳은 것은?

① 모니터의 크기를 최대한 큰 것을 사용한다.
② 초당 프레임 수를 최대한 높여서 제작한다.
③ 화려한 배색보다는 유사색을 이용하여 제작한다.
④ 고해상도의 원본 이미지를 사용한다.

해설
웹 애니메이션 제작 시 시각적인 깜빡임(Flicker) 현상을 줄이기 위해서는 초당 프레임 수를 최대한 높여서 자연스럽게 연결되도록 보완한다.

03 2개의 서로 다른 이미지나 3차원 모델 사이의 변화하는 과정을 서서히 나타내는 것은?

① 모핑
② 로토스코핑
③ 미립자 시스템
④ 중첩 액션

해설
모핑(Morphing) 기법은 2개의 서로 다른 이미지나 3차원 모델 사이의 변화하는 과정을 서서히 나타내는 기법이다. 제작방식은 처음 프레임과 마지막 프레임만 지정해 주고 나머지는 자동으로 생성하는 것으로 현재 뮤직비디오나 영화에서 많이 사용되고 있다.

04 다음 설명에 해당하는 것은?

- 사람, 동물, 기계 등의 물체의 움직임에 대한 정보를 추출하여 디지털화시키는 것
- 추출 정보들은 영화, 게임, 3D 애니메이션 등에 응용
- 인간공학적 디자인, 자동차 안정사고 실험 등의 동작 분석에 사용

① 모션 캡처(Motion Capture)
② 디지타이저(Digitizer)
③ CAVE(Cave Automatic Virtual Environment)
④ 모델링(Modeling)

해설
모션 캡처(Motion Capture)에 대한 설명으로 캐릭터를 애니메이션화 할 경우 가장 쉬운 방법은 실제 데이터를 사용하는 것이다. 비디오 및 기타 장비를 통해 사람과 동물 등의 움직임이나 운동을 받아들여 그 실제 값을 해당 캐릭터에 적용하면 움직임이 자연스러워 애니메이션의 효과를 극대화할 수 있다.

CHAPTER 02 | 디자인 요소 · 애니메이션 준비

기출유형 완성하기

정답 05 ③

05 애니메이션 종류 중 배경은 그대로 두고 캐릭터만 움직이도록 하는 기법으로 투명 필름 위에 수작업으로 캐릭터를 채색한 후 배경 위에 놓고 촬영 및 편집하는 기법은?

① 클레이 애니메이션
② 투광 애니메이션
③ 셀 애니메이션
④ 컷 아웃 애니메이션

해설

셀 애니메이션(Cell Animation)은 애니메이션을 만드는 제작 기법으로 셀룰로이드라는 투명한 플라스틱 및 필름 위에 수작업으로 채색하여 배경 위에 놓고 촬영하는 기법을 말한다.

PART 4
디자인 구성요소 설계 제작

CHAPTER 01 스토리보드 설계 · 제작

CHAPTER 02 심미성 · 사용성 구성요소 설계 · 제작

CHAPTER 01 스토리보드 설계 · 제작

PART 4 디자인 구성요소 설계 제작

기출뮤형 35 ▶ 사용자 경험(UX, User Experience)

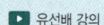 유선배 강의

사용자가 그래픽을 통해 컴퓨터와 정보를 교환하는 작업 환경을 의미하는 것은?

① AVI(Audio Video Interface)
② PUI(Process User Interface)
③ GUI(Graphic User Interface)
④ MUI(Multi User Interface)

해설
GUI는 그래픽 사용자 중심의 환경으로 아이콘, 내비게이션 툴바 등으로 컴퓨터 사용을 손쉽게 해준다.

| 정답 | ③

족집게 과외

❶ 웹 사용성(Web Usability)
- ㉠ 사용자 개개인의 선호도나 사용 수준에 맞춰 누구라도 쉽게 사용할 수 있도록 디자인함
- ㉡ 사용자가 우연한 또는 의도하지 않은 선택의 결과로 어려움에 빠지는 경우를 최소화하도록 디자인함
- ㉢ 사용자에게 필요한 정보를 효과적으로 전달하도록 디자인함
- ㉣ 사용자가 사용하기 편리한 환경을 제공하기 위해 내용과 기능을 단순화
- ㉤ 일관성 있는 디자인 유지, 일관성 있는 레이아웃으로 배치
- ㉥ 웹 사이트의 주제를 쉽게 파악할 수 있도록 정보의 우선순위 고려
- ㉦ 내용과 기능을 단순화

❷ 사용자 경험(UX, User Experience) 디자인
- ㉠ 사용자들의 사용 패턴을 분석하고, 그 결과를 바탕으로 창의적으로 디자인하는 모든 과정을 뜻하는 것
- ㉡ UX는 사용자들이 가지게 되는 생각, 감정, 행동들이 복합되어져 만들어지는 총체적인 가치인 만큼 사용자의 니즈에 초점을 맞춰야 만족도가 높아짐
- ㉢ UX를 개선하기 위한 데이터 수집 방법 : 사용자 인터뷰, 웹 로그 분석, A/B 테스팅
- ㉣ 페르소나(Persona) : 실제 사용자의 행동과 목표를 반영한 가상의 인물 프로필로 나이와 직업, 행동 패턴과 목표, 선호하는 브랜드가 포함되어야 함
- ㉤ 히트맵(Heatmap) : 사용자의 마우스 움직임과 클릭 위치 추적
- ㉥ 어포던스(Affordance) : 객체가 어떻게 사용되어야 하는지 암시하는 특성

❸ GUI(Graphic User Interface) 방식
  ㉠ 사용자가 컴퓨터와 정보를 교환할 때 그래픽을 통해 작업할 수 있는 환경
  ㉡ 그래픽 사용자 중심의 환경으로 아이콘, 내비게이션 툴바 등으로 컴퓨터 사용을 손쉽게 해줌
  ㉢ 사용자와 컴퓨터와 정보 교환할 때, 화면에 표시되는 바탕에서 아이콘, 메뉴 등 시각적인 효과를 보여주며 작업을 수행하는 환경
  ㉣ 그래픽을 통해 작업할 수 있는 환경을 말하며, 마우스를 통해 화면에 있는 메뉴를 선택하여 작업할 수 있는 인터페이스 방식
  ㉤ 제5세대인 1990년도 이후부터 본격적으로 사용됨
  ㉥ 모자이크(Mosaic) : 최초의 GUI 환경의 웹 브라우저

❹ 메타포(Metaphor)
  ㉠ 그래픽으로 정보를 제공해 주는 것으로 사용자들이 쉽게 콘텐츠를 찾게 해주며 친근감을 부여하는 역할
  ㉡ 웹디자인 프로세스에서 PC 휴지통 아이콘은 '버린다'는 행위 객체를 표현하는 것을 활용하여 홈페이지에도 휴지통 아이콘도 비슷하게 휴지통을 디자인하여 사용자의 이해도를 높이고 직관적으로 그 기능과 사용 방법을 알 수 있도록 하는 것

기출유형 완성하기

정답 01 ② 02 ④ 03 ③ 04 ② 05 ③

01 다음이 설명하고 있는 인터페이스 방식은?

> 사용자가 컴퓨터와 정보를 교환할 때 그래픽을 통해 작업할 수 있는 환경을 말하며, 마우스 등을 이용하여 화면에 있는 메뉴를 선택하여 작업할 수 있는 방식

① CRT
② GUI
③ PDA
④ GPU

해설

그래픽 사용자 인터페이스(GUI ; Graphic User Interface)는 사용자가 편리하게 사용할 수 있도록 입출력 등의 기능을 알기 쉬운 아이콘 따위의 그래픽으로 나타낸 것이다.

02 GUI에 대한 설명으로 옳지 않은 것은?

① GUI는 Graphic User Interface의 약자이다.
② 그래픽 사용자 중심의 환경으로 아이콘, 내비게이션 툴바 등으로 컴퓨터 사용을 손쉽게 해준다.
③ 제5세대인 1990년도 이후부터 본격적으로 출발하였다.
④ 현재 Windows 계열의 OS만이 사용하고 있다.

해설

GUI는 Windows뿐만 아니라 macOS, Android, iOS 등에서도 사용하고 있다.

03 다음 중 최초의 GUI 환경의 웹 브라우저는?

① 익스플로러
② 네스케이프
③ 모자이크
④ 랜드스케이프

해설

1993년 최초의 GUI 환경의 웹 브라우저인 모자이크(Mosaic)가 개발되었다.

04 그래픽으로 정보를 제공해 주는 것으로 사용자들이 쉽게 콘텐츠를 찾게 해주며 친근감을 부여해주는 역할을 하는 것을 무엇이라고 하는가?

① Sign
② Metaphor
③ Tag
④ Interaction

해설

메타포(Metaphor)는 은유·비유를 뜻한다. CGI에서의 메타포란 휴지통이 '문서 삭제', 폴더가 '문서보관'을 의미하는 것처럼 시스템에서 표현하고자 하는 대상을 사용자의 경험과 지식에 기대어 표현하는 유추적 모형을 의미한다. 따라서 CGI 디자인에 있어서 적절한 메타포를 적용하는 것은 사용자가 시스템이 어떻게 작동하는지 빠르게 파악하는 데 도움이 된다.

05 웹 사용성(Web Usability)에 대한 원칙으로 거리가 먼 것은?

① 내용과 기능을 단순화
② 일관성 있는 디자인 유지
③ 사용자를 위한 다양한 동영상, 인트로 구성
④ 정보의 우선순위 고려

해설

다양한 동영상과 인트로를 구성하면 로딩 시간이 길어질 수 있고 사용자가 정보를 찾는 데 오래 걸릴 수 있으므로 단순화하는 것이 좋다.

기출유형 36 ▶ 사용자 인터페이스(UI, User Interface)

웹 인터페이스 디자인에서 강조되는 특징이 아닌 것은?

① 사용자 편의성　　　　　　　　② 일관성
③ 독창성　　　　　　　　　　　④ 강제성

[해설]
강제성은 사용자 경험을 저해할 수 있다.

|정답| ④

족집게 과외

❶ 인터페이스(Interface)
　㉠ GUI 방식으로 이루어져, 시각적인 효과를 통해 작업을 수행할 수 있음
　㉡ 전체 페이지에 적용되는 시각적 계층구조와 효율적인 내비게이션을 위해 버튼 및 아이콘 시스템에 대한 설계를 하는 것
　㉢ 장치를 통한 데이터를 주고받는 상호교환을 하며, 2개의 컴퓨터 시스템 장치를 기능적으로 연결

❷ 사용자 인터페이스(UI, User Interface) 디자인
　㉠ 전체 페이지에 적용되는 시각적 계층구조와 효율적인 내비게이션을 위해 버튼 및 아이콘 시스템에 대한 설계를 하는 것
　㉡ UI는 사용자가 제품이나 서비스를 사용할 때 직접 상호작용하는 화면과 요소들의 디자인과 구성으로, 주로 시각적이고 기능적인 부분에 중점을 둠

❸ 웹 인터페이스 디자인에서 강조되는 특성
　㉠ 사용자 편의성 : 정보접근이 용이하고 기억하기 쉬워야 함
　㉡ 일관성 : 전체 구조 및 그래픽적 요소를 일관성 있게 디자인해야 함
　㉢ 심미적 구성 : 시각적인 커뮤니케이션을 통해 사용자의 정보흡수와 작업수행을 도와야 함
　㉣ 독창성 : 능력과 개성에 의거하여 새로운 것을 만들어 내는 성질

❹ 웹디자인에서 사용자 인터페이스를 설정할 때 고려해야 할 사항
　㉠ 최단 시간에 사이트를 방문한 목적을 이해할 수 있도록 함
　㉡ 화면을 스크롤 했을 때 링크 버튼이 보이지 않는 일이 없도록 함
　㉢ 누가 보더라도 쉽게 사용법을 알 수 있도록 사용자 편의성 제공

❺ UI 디자인이 중요한 이유
　㉠ 사용자의 경험을 향상시킴
　㉡ 웹 사이트의 접근성을 높임
　㉢ 시각적으로 매력적인 환경을 제공

❻ **모바일 애플리케이션에서 고려할 UI**
  ㉠ 손가락으로 쉽게 탭할 수 있는 버튼 크기
  ㉡ 화면 해상도와 크기에 맞는 레이아웃
  ㉢ 색상대비를 통한 가독성 확보

❼ **웹 접근성 고려 사항**
  키보드만 사용하여 모든 웹 페이지 기능을 이용할 수 있어야 하는 이유는 일부 사용자가 마우스를 사용할 수 없거나 제한적으로 사용할 수 있기 때문

❽ **직접 조작**
  사용자가 실제 물체를 조작하는 것처럼 인터페이스를 조작할 수 있어야 함

❾ **피드백(Feedback)**
  시스템의 상태나 사용자 행동의 결과를 즉각적으로 알려주는 것

❿ **마이크로인터랙션(Microinteraction)**
  ㉠ 사용자 행동에 대한 즉각적인 피드백 제공
  ㉡ 시스템 상태의 명확한 표시
  ㉢ 일관된 인터랙션 패턴 유지

기출유형 완성하기

정답 01 ④ 02 ① 03 ② 04 ③

---

01 다음이 설명하고 있는 것은?

> 장치를 통한 데이터를 주고받는 상호교환을 하며 2개의 컴퓨터 시스템 장치를 기능적으로 연결한다.

① 오토캐드
② 포토샵
③ 레이아웃
④ 인터페이스

해설
인터페이스는 컴퓨터와 사용자 사이를 연결하는 상호소통 매개체(프로그램, 툴)의 모양과 동작의 흐름을 다룬다. 프로그램에서 사용자가 얻어갈 정보들의 요소를 빠르고 정확하게 찾을 수 있어야 하므로 효과적인 인터페이스 디자인은 시각적인 결과물에서 시작하는 것이 아니라 사람들을 이해하는 것에서부터 시작한다.

---

02 전체 페이지에 적용되는 시각적 계층구조와 효율적인 내비게이션을 위해 버튼 및 아이콘 시스템에 대한 설계를 하는 것은?

① 인터페이스 디자인
② 정보 디자인
③ 콘텐츠 기획
④ 구조설계

해설
인터페이스 디자인이란, 사용자 인터페이스를 사용하기 쉽고 효율적이게 하면서 기계를 작동함에 있어서 즐거움(사용자 친화적 디자인)을 줄 수 있게 하는 것을 목적에 둔 디자인을 말한다. 사용자가 가장 적은 동작으로 원하는 결과를 얻을 수 있어야 하며, 동시에 기계(시스템)는 사용자가 원하지 않는 결과를 내놓는 것을 최소화해야 한다.

---

03 웹 사이트 제작에서 사용자 인터페이스 설계 시 고려사항으로 옳지 않은 것은?

① 최단 시간에 사이트를 방문한 목적을 이해할 수 있도록 인터페이스를 설계한다.
② 웹 페이지에서 다른 곳으로 이동할 수 있는 링크를 한 곳으로만 지정될 수 있도록 설계한다.
③ 화면을 스크롤 했을 때 링크 버튼이 보이지 않는 일이 없도록 설계한다.
④ 누가 보더라도 쉽게 사용법을 알 수 있도록 사용자 편의성을 제공하도록 설계한다.

해설
웹 페이지에서 링크는 사용자가 원하는 페이지로 쉽고 빠르게 이동할 수 있도록 설계하기 때문에 필요에 따라 링크 개수에 상관없이 사용할 수 있다.

---

04 사용자 인터페이스(UI)를 디자인할 때 일반적으로 고려해야 할 사항에 대한 설명으로 옳지 않은 것은?

① 사용 편리성 : 정보접근이 용이하고 기억하기 쉬워야 한다.
② 심미적 구성 : 시각적인 커뮤니케이션을 통해 사용자의 정보흡수와 작업수행을 도와야 한다.
③ 개인성 : 사용자의 경험이나 개인 선호도, 능력의 차이를 두고 개인의 특성에 맞도록 한다.
④ 일관성 : 전체 구조 및 그래픽적 요소를 일관성 있게 디자인해야 한다.

해설
모든 사용자가 쉽고 편리하게 사용할 수 있도록 디자인해야 한다.

정답 05 ①

05 다음 중 내비게이션 디자인의 원칙으로 가장 옳은 것은?

① 일관성을 유지하며 현재 위치를 알 수 있도록 한다.
② 정보를 효율적으로 전달할 수 있도록 컬러를 선택한다.
③ 콘텐츠가 서로 시각적 계층구조와 형태로 구성되도록 한다.
④ 많은 내비게이션 요소를 배치하여 사용자의 환경을 구축한다.

해설

인터페이스 디자인은 전체 페이지에 적용되는 시각적 계층구조와 효율적인 내비게이션을 위해 버튼 및 아이콘 시스템에 대한 설계를 하는 것이다. 이 중에서 내비게이션 디자인은 일관성을 유지하며 현재 위치를 알 수 있도록 디자인하는 것이 중요하다.

기출유형 37 ▶ 웹 페이지 기획 및 와이어프레임(Wireframe)

웹 사이트 제작 단계 중 사이트의 목적과 사용자 분석에 따라 사이트의 디자인 방향을 설정하는 단계는?
① 스케줄 작성 ② 콘셉트 도출
③ 스타일링 ④ 평가

해설
웹 사이트 콘셉트 도출은 웹 사이트의 목적, 대상, 주요 기능 및 디자인 방향성을 종합적으로 정의하여 사용자 경험과 브랜드 가치를 효과적으로 전달할 수 있는 핵심 아이디어를 설정하는 과정이다.

| 정답 | ②

족집게 과외

❶ 웹 페이지 제작 시 제안서에 포함될 내용
  ㉠ 프로젝트의 개요 및 목적
  ㉡ 차별화 전략 및 제작 일정
  ㉢ 팀 구성 및 예산

❷ 기획 단계에 설정될 내용
  ㉠ 전체 사이트 구조
  ㉡ 색상의 전반적인 분위기
  ㉢ 메뉴 구성

❸ 경쟁사의 웹 사이트 분석
  ㉠ 해당 분야의 인터넷 시장 파악
  ㉡ 경쟁 사이트들을 분석하여 자신의 사이트 경쟁력 제고
  ㉢ 인터넷 시장의 흐름 이해

❹ 웹 페이지 제작 시 고려사항
  ㉠ 조직성(Organization)
  ㉡ 결제성(Economy)
  ㉢ 일관성(Consistency)

❺ 웹 사이트 분석 요소
  ㉠ 메뉴 구성
  ㉡ 디자인 구성
  ㉢ 사이트 제작 기술 수준

❻ 콘셉트 도출
  사이트의 목적과 사용자 분석에 따라 사이트의 디자인 방향을 설정하는 단계

❼ 정보 체계화(Contents Branch) 과정
  ㉠ 콘텐츠를 분류, 분석, 그룹핑 하는 등의 작업이 이루어짐
  ㉡ 콘텐츠 수집 → 콘텐츠 그룹화 → 콘텐츠 구조화 → 계층구조의 설계 → 콘텐츠 구조설계 테스트

❽ 좋은 정보구조 설계(정보 체계화)를 위해 고려해야 할 사항
  ㉠ 정보의 양
  ㉡ 정보의 상하관계
  ㉢ 정보의 일관성

❾ 스토리보드(Story Board)
  ㉠ 웹 사이트의 전체구조, 화면 구성, 콘텐츠 정보 등을 작성해 보는 것
  ㉡ 화면 단위로 삽입될 구성요소 및 구체적 내용을 정리해 놓는 것
  ㉢ 웹 사이트의 가상 경로를 예상하여 기획하는 것으로 웹 사이트의 설계도이며 구체적인 작업 지침서 역할을 하는 것
  ㉣ 웹 페이지에 들어갈 그림, 사진, 글자, 음악 등을 종이 위에 표현하여 줄거리가 전개되듯이 표현하는 기법
  ㉤ 웹 사이트를 구성할 때, 작업 중의 시행착오를 줄일 수 있도록 함
  ㉥ 화면에 대한 계획을 그림과 설명을 이용해 시각화
  ㉦ 웹 사이트를 구축하는 개발자들 간의 의사소통의 도구가 됨

🔟 **시나리오(Scenario)**

현실이나 상상 속에서 제안되거나 계획된 일련의 사건들의 개략적인 줄거리를 말하며 스토리보드를 작성하는 토대가 됨

⑪ **인간(사용자) 중심으로 한 디자인 작업 시 고려해야 할 기능성**

㉠ 물리적 기능
㉡ 생리적 기능
㉢ 심리적 기능

⑫ **와이어프레임(Wireframe)**

㉠ 실제 세부 디자인을 진행하기 전에 선으로 스케치해 보는 것
㉡ 웹 사이트나 애플리케이션의 기본적인 레이아웃과 구조를 시각적으로 표현한 설계도
㉢ 시간을 절약하며 전체 흐름을 파악할 수 있음
㉣ 페이지의 구조와 핵심 요소의 배치를 계획하는 것

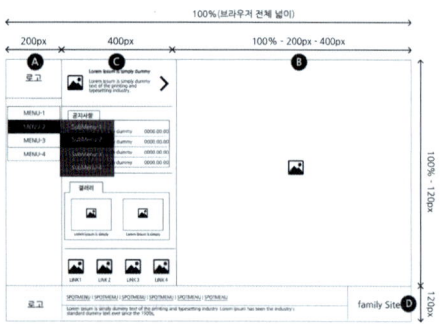

⑬ **프로토타입/프로토타이핑(Prototype/Prototyping)**

㉠ 프로토타입은 웹 사이트나 애플리케이션의 최종 제품을 제작하기 전에 만들어지는 모형
㉡ 설계 아이디어를 시각적으로 표현하여 구조, 기능, 인터페이스를 확인할 수 있음
㉢ 와이어프레임보다 구체적이며 화면 전환과 상호작용 등을 포함
㉣ 사용자 경험(UX)을 검증하고 테스트하기 위해 사용
㉤ 개발 전에 문제점을 발견하고 수정할 수 있도록 돕는 중요한 과정

 Tip

와이어프레임과 프로토타이핑
- 와이어프레임은 단순한 레이아웃이며 상호작용이 없음
- 프로토타이핑은 실제와 비슷한 느낌으로 페이지를 이동시킴
- 테스트를 하는 동안 사용자들은 시스템과 상호작용하고 최종 결과물과 비슷한 사용 경험을 얻을 수 있음
- 최근에는 피그마(Figma)와 같은 프로그램을 사용

⑭ **사용성 테스트의 목적**

㉠ 웹 사이트나 애플리케이션이 사용자 중심으로 설계되었는지 확인
㉡ 사용자가 직관적으로 인터페이스를 이용하고 목표를 효과적으로 달성할 수 있는지를 평가

⑮ **사용성 테스트(Usability Testing)의 주요 과정**

테스트 계획 수립	테스트 목표, 대상 사용자 그룹, 시나리오를 설정(적절한 참가자 수(5~8명))
테스트 실행	사용자가 실제로 사이트를 사용하며 문제점이나 불편한 점을 탐지
결과 분석	수집된 데이터를 바탕으로 사용성 문제를 식별하고 개선 방안을 도출

⑯ **수정사항 반영**

우선순위 결정	발견된 문제를 심각도에 따라 분류하고 우선순위를 정함
디자인 수정	테스트 결과를 바탕으로 UI/UX 디자인을 개선
반복 테스트	수정된 디자인이 효과적인지 확인하기 위해 추가 테스트를 실행

⑰ **사용성 테스트의 효과**
  ㉠ 사용자 만족도와 신뢰도를 향상시킴
  ㉡ 웹 사이트의 접근성과 효율성을 높이고, 이탈률을 줄임
  ㉢ 출시 전에 치명적인 오류를 방지하여 시간과 비용을 절감

⑱ **테스팅과 최종 런칭 단계**
웹디자인 프로세스의 마지막 단계로, 사용자 경험을 최적화하기 위해 방문자 분석, 피드백 수집, 그리고 사용성 테스트를 통해 웹 사이트의 기능적·미적 완성도를 검증하고 개선하는 과정을 포함

사용성을 평가하는 기준
학습용이성, 효율성, 기억용이성 등

Time to Complete
웹 사이트의 사용성을 평가하는 지표 중 '방문자가 웹 사이트에서 원하는 정보를 찾는 데 걸리는 시간'을 의미

A/B 테스트를 진행할 때 고려할 사항
하나의 변수만 테스트하기

기출유형 완성하기

정답 01 ③ 02 ④ 03 ④ 04 ④ 05 ②

01 다음은 무엇에 관한 설명인가?

> - 웹 사이트의 전체 구조, 화면 구성, 콘텐츠 정보 등을 작성해 보는 것이다.
> - 화면 단위로 삽입될 구성요소 및 구체적 내용을 정리해 놓는다.

① 레이아웃
② 내비게이션
③ 스토리보드
④ 동영상

해설

스토리보드(Story Board)는 웹 사이트에 사용된 주제와 각 페이지 간 연결 사항, 사용될 이미지의 선택이나 편집, 화면 구성법 등을 정리해 놓는 것을 말한다.

02 웹 페이지 제작 시 제안서에 포함될 내용으로 거리가 가장 먼 것은?

① 프로젝트의 개요 및 목적
② 차별화 전략 및 제작 일정
③ 팀 구성 및 예산
④ 구조설계 및 내비게이션 디자인

해설

구조설계 및 내비게이션 디자인은 제안서가 채택된 후 웹 페이지 디자인 단계에서 진행되는 사항이다.

03 웹 사이트를 제작하기 위해 타사의 웹 사이트를 분석하는 이유로 가장 부적합한 것은?

① 해당 분야의 인터넷 시장을 파악한다.
② 경쟁 사이트들을 분석하여 자신의 사이트 경쟁력을 제고한다.
③ 인터넷 시장의 흐름을 이해한다.
④ 웹 사이트에 사용할 이미지를 얻는다.

해설

웹 사이트에 사용할 이미지는 다른 사이트에서 함부로 도용해서는 안 되며 저작권법에 따라 합당한 이미지를 사용해야 한다.

04 웹 사이트 제작 과정 중 기획 단계에 설정될 내용이 아닌 것은?

① 전체 사이트 구조
② 메인 색상 분위기
③ 메뉴 구성
④ 이미지 편집

해설

기획 단계는 웹 사이트를 어떻게 제작할지 방향성을 논의하는 단계이므로 이미지 편집 같은 세부 디자인 작업은 해당하지 않는다.

05 웹 페이지 제작 시 고려사항으로 거리가 먼 것은?

① 조직성(Organization)
② 획일성(Uniformity)
③ 결제성(Economy)
④ 일관성(Consistency)

해설

획일성은 개성이 없이 한결같아서 다름이 없는 성질을 말한다. 웹 페이지의 제작 목적에 맞게 차별화하고 조직성, 결제성, 일관성을 고려하여 제작해야 한다.

기출유형 38 ▶ 웹 페이지 저작 및 제작

웹 페이지 저작 시 데이터베이스가 필요한 작업은?

① 프레임 셋   ② 심벌
③ 게시판   ④ 레이어

해설
웹 페이지에서 데이터베이스(DB)와 연동하는 것은 관리자 페이지에서 별도로 관리할 수 있으며 게시판, 방명록, 카운터 등이 있다.

| 정답 | ③

족집게 과외

Tip
- 웹 페이지 저작 : 웹 페이지의 내용을 작성하는 과정
- 웹 페이지 제작 : 웹 페이지를 실제 개발하고 디자인하는 과정

❶ 웹 페이지 저작 도구
㉠ 텍스트를 읽을 때 그래픽이 방해되지 않아야 함
㉡ 한 페이지에 너무 많은 것을 보여주기 위한 욕심은 버려야 함
㉢ 웹디자인의 일관성 유지
㉣ 웹 페이지를 제작할 때 코딩이 필요하긴 하지만 사용자가 쉽고 편하게 사용할 수 있도록 디자인하는 것이 가장 중요함
㉤ 웹 페이지에서 사운드, 애니메이션, 이미지, 텍스트 등을 통하여 질서 있게 각 요소를 편집하는 것을 의미함

❷ 웹 페이지 제작 시 주의할 사항
㉠ 자신의 홈페이지 주소를 간단하고 기억하기 쉽도록 구성
㉡ 웹 페이지에 찾아오기도 나가기도 쉽도록 함
㉢ 스크롤 화면은 되도록 사용하지 않도록 하여 로딩 시간을 줄이고 간단명료하게 디자인
㉣ 많은 정보로 복잡하게 제작하면 사용자가 원하는 정보를 쉽고 빠르게 찾을 수 없어 불편하다고 느낌

❸ 웹 페이지 제작 시 고려할 사항
㉠ 웹 페이지의 일관성 유지
㉡ 레이아웃 설계
㉢ 구조설계

❹ 구조설계
웹 사이트에 삽입할 콘텐츠를 구성한 후 이것을 웹이라고 하는 하이퍼링크 구조 안에서 어떻게 조직화할 것인가를 결정하는 것

❺ 웹 서버의 일반적인 동작 과정
연결설정 → 클라이언트의 정보요청 → 서버의 응답 → 연결 종료

❻ 웹 페이지 게시판
㉠ 웹 페이지 저작 시 데이터베이스(DB)가 필요한 작업
㉡ 웹 페이지에서 데이터베이스(DB)와 연동하는 것은 관리자 페이지에서 별도로 관리할 수 있으며 게시판, 방명록, 카운터 등이 있음

❼ 웹 페이지 버튼
㉠ 문자 버튼의 색상과 배경이 변함
㉡ 애니메이션 효과로 움직이는 버튼 제작
㉢ 흔들리는 이미지가 메뉴로 바뀜

❽ 웹 페이지의 속도 향상을 위한 이미지 관리
섬네일(Thumbnail) 활용

기출유형 완성하기

01 웹 페이지 저작 도구에 대한 설명으로 가장 적절한 것은?

① 웹 페이지에서 사운드 및 음악 CD 개발을 위하여 주로 쓰이는 것을 말한다.
② 웹 페이지에서 비디오 캡처와 동영상 편집을 위한 것을 말한다.
③ 웹 페이지에서 고급 예술적 효과로 영상을 디자인하는 것을 말한다.
④ 웹 페이지에서 사운드, 애니메이션, 이미지, 텍스트 등을 통하여 질서 있게 각 요소를 편집하는 것을 말한다.

해설
① · ② · ③은 특정 미디어에 중점을 둔 설명이다.

02 다음 중 웹 페이지 저작 도구로 알맞지 않은 것은?

① 텍스트를 읽을 때 그래픽이 방해되지 않아야 한다.
② 웹 페이지에서 가장 중요한 것은 코딩이다.
③ 한 페이지에 너무 많은 것을 보여주기 위한 욕심은 버려야 한다.
④ 웹디자인의 일관성을 유지해야 한다.

해설
웹 페이지를 제작할 때 코딩이 필요하긴 하지만 사용자가 쉽고 편하게 사용할 수 있도록 디자인하는 것이 가장 중요하다.

03 웹 페이지 제작 시 주의하여야 할 사항으로 적합하지 않은 것은?

① 자신의 홈페이지 주소를 간단하고 기억하기 쉽도록 구성한다.
② 웹 페이지에 찾아오기도 나가기도 쉽도록 하여야 한다.
③ 복잡한 애니메이션이나 프레임의 구성을 다양하게 하여 가능하면 많은 정보를 다양하게 제공한다.
④ 스크롤 화면은 되도록 사용하지 않도록 하여 로딩 시간도 줄이고 간단명료하게 디자인되어야 한다.

해설
많은 정보로 복잡하게 제작하면 사용자가 원하는 정보를 쉽고 빠르게 찾을 수 없어서 불편하다고 느낀다.

04 웹 페이지의 속도 향상을 위한 이미지 관리로 올바른 것은?

① 이미지 크기를 최대화한다.
② 섬네일(Thumbnail)을 활용한다.
③ 캐시 메모리를 이용하지 않는다.
④ 여러 가지의 배경 이미지를 사용한다.

해설
섬네일(Thumbnail)은 엄지손톱을 비유하며 인터넷에서 작은 크기의 견본 이미지를 말한다. 용량이 적기 때문에 웹 페이지의 속도를 향상시킬 수 있다.

정답 01 ④ 02 ② 03 ③ 04 ② 05 ③

05 웹 사이트에 삽입할 콘텐츠를 구성한 후 이것을 웹이라고 하는 하이퍼링크 구조 안에서 어떻게 조직화할 것인가를 결정하는 것을 무엇이라 하는가?

① 콘셉트 개발
② 콘텐츠 기획
③ 구조설계
④ 인터페이스 디자인

해설
웹 사이트의 모든 페이지의 연결이 사용자들이 찾기 편하게 조직화되어야 한다.

기출유형 39 ▶ 웹 페이지 구성요소

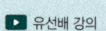

다음 중 웹 사이트의 내비게이션 요소가 아닌 것은?

① 메뉴 ② 사이트 맵
③ 디렉터리 ④ 템플릿

해설
웹 사이트의 내비게이션 요소는 사이트 메뉴 바, 사이트 맵, 디렉터리, 내비게이션 바 등이 있다.

| 정답 | ④

족집게 과외

❶ 웹 레이아웃(Layout) 디자인
- ㉠ 콘텐츠가 서로 조화를 이루며 논리적으로 보일 수 있도록 시각적으로 계층구조를 만드는 것
- ㉡ 단순하고 간결하며, 사용자가 쉽게 콘텐츠를 찾을 수 있도록 구성
- ㉢ 콘텐츠의 연결이 일관성 있고 논리적이어야 함
- ㉣ 텍스트와 그래픽 요소를 적절히 조화시킴
- ㉤ 화면의 사이즈는 현재 가장 많은 사용자가 사용하는 그래픽 카드의 해상도를 기준으로 함
- ㉥ 안전영역(Safe Zone) 안에 중요한 메뉴가 위치하도록 작업
- ㉦ 일관성 있는 메뉴 바나 내비게이션 바의 페이지 간 연속성을 통하여 사용의 익숙함을 가지도록 함

❷ 그리드 시스템(Grid System)
디자이너는 각 해상도마다 사이트가 어떻게 보이게 할 것인지를 결정하고, 일관적인 작업이 이루어지도록 구성요소들이 배치되는 크기를 비례감 있게 잡아야 함

❸ 내비게이션(Navigation) 디자인
- ㉠ 페이지 수가 많고, 담고 있는 정보가 복잡할수록 그 구성과 형태를 얼마나 잘 체계화하고, 적절한 장소에 위치시키느냐에 따라 쉬운 정보 검색을 해주는 디자인 작업
- ㉡ 정보의 구조가 완성되면 이러한 정보들 사이를 자유롭게 돌아다닐 수 있어야 함
- ㉢ 하나의 최종 정보에 도달하는 방법이 반드시 하나일 필요는 없고, 위계적인 구조 이외에도 검색 창, 사이트 맵, 퀵 링크 등 다양한 경로와 방법을 통해 빠르고 쉽게 접근해서 원하는 정보를 찾아낼 수 있어야 함
- ㉣ 페이지를 연계하여 이동하고 연결하는 하이퍼미디어 시스템의 링크 구조
- ㉤ 일관성 있는 내비게이션을 만들어야 함
- ㉥ 로딩 속도를 고려해야 함
- ㉦ 링크가 끊어진 페이지가 없어야 함
- ㉧ 사용자의 환경을 고려해야 함

❹ 내비게이션 구조의 요소
- ㉠ 사이트 메뉴 바 : 웹 사이트의 좌측이나 우측에 메뉴, 링크 등을 모아둔 것
- ㉡ 사이트 맵(Site Map)
  - 웹 사이트의 전체 구조를 한눈에 알아볼 수 있도록 트리 구조 형태로 만든 것
  - 이미지 파일을 제외한 모든 파일의 리스트 및 디렉터리 구조를 작성해 보여주는 것
- ㉢ 디렉터리 : 주제나 항목을 카테고리별로 계층적으로 표현하는 방식
- ㉣ 내비게이션 바 : 메뉴를 한 곳에 모아놓은 그래픽이나 문자열 모음
- ㉤ 링크 : 하이퍼링크를 말하며, 원하는 페이지로 이동
- ㉥ 라인 맵 : 이동 경로를 한 번에 보여주는 방식

❺ 내비게이션 구조의 종류

순차적 구조(선형적 구조, Sequential)

하나의 홈페이지에서 다음 홈페이지로 또 다음 홈페이지로 연결된 구조로 주제별 검색에 많이 사용됨

계층적 구조(Hierarchical)

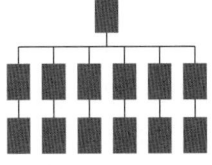

- 하나의 홈페이지가 있고 그 홈페이지의 메인 페이지는 단순한 메뉴로만 보여주고 하위 페이지들로 계층적으로 연결되는 구조
- 정보의 양이 많고 정보의 우선순위에 따라 사이트를 제작할 때 유용한 웹 사이트 탐색구조

그리드 구조(Grid)

많은 양의 데이터를 카테고리로 나누어 분류할 때 사용

네트워크 구조(그물형 연결 구조, Network)

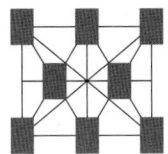

개별 정보가 있는 웹 페이지의 정보를 순서 없이 나열한 형태로 수많은 페이지가 나열된 복잡한 구조

❻ 브레드크럼(Breadcrumb)

내비게이션 현재 위치 경로 표시

❼ 배너

텍스트, 이미지, 동영상 등의 조합으로 광고나 홍보용으로 사용되는 이미지

❽ 컬러(색상)

㉠ 웹 사이트의 성격, 주 타켓층, 표현하고자 하는 콘텐츠에 따라 달라짐
㉡ 웹 사이트 또는 브랜드의 인지도를 형성하고 강화하는 데 중요한 역할을 하며, 사용자가 브랜드를 인식하고 기억하는 데 도움을 줌

❾ 맥킨지사(McKinsey & Company)에서 개발한 3C 전략

㉠ Customers(고객)
고객의 요구와 시장의 트렌드를 이해하고 충족하는 것을 목표로 하며, 고객 중심의 전략 수립이 핵심임
㉡ Company, Corporate(회사)
회사의 강점, 자원, 역량을 분석하여 경쟁에서 차별화될 수 있는 영역을 파악
㉢ Competitors(경쟁자)
경쟁사의 전략과 시장 내 위치를 분석하여 경쟁 우위를 확보하기 위한 차별화 전략을 수립

❿ 디자인 작업을 위한 컴퓨터 그래픽스 과정

아이디어 스케치 → 드로잉 작업 → 페인팅 작업 → 최종 이미지 표현

⓫ 단순화(Simple) 디자인의 장점

㉠ 접근 용이성
㉡ 인식성
㉢ 사용성

기출유형 완성하기

01 정보의 양이 많고 정보의 우선순위에 따라 사이트를 제작할 때 유용한 웹 사이트 탐색구조는?

① 링 구조
② 망형 구조
③ 계층 구조
④ 선형 구조

해설
계층적 구조라고도 하며, 하나의 홈페이지가 있고 그 홈페이지의 메인 페이지에는 단순한 메뉴로만 보여주고 하위 페이지들로 계층적으로 연결되는 구조이다.

02 웹디자인에서 내비게이션에 대한 설명으로 옳지 않은 것은?

① 웹 콘텐츠를 분류하고 체계화시킨 후 이들을 연결시켜 방문자로 하여금 웹 사이트를 이용할 수 있게 하는 체계를 말한다.
② 일관성 있는 아이콘과 그래픽을 사용하여 사용자가 웹 페이지 어디서라도 길을 잃지 않고 필요한 정보를 쉽게 얻을 수 있도록 하는 것이다.
③ 웹 사이트의 전체적인 분위기를 결정하고 개인의 홍보나 회사의 홍보, 또 사용자 간의 자발적 참여와 커뮤니티를 형성한다.
④ 사이트의 이동 경로나 이동방법, 이동을 돕는 구조와 인터페이스를 모두 포함하는 개념이다.

해설
내비게이션은 페이지 수가 많고, 담고 있는 정보가 복잡한 웹 페이지일수록 그 구성과 형태를 얼마나 잘 체계화하고, 적절한 장소에 위치시키느냐에 따라 쉬운 정보 검색을 해주는 디자인 작업이다. 내비게이션 안에서는 홍보나 커뮤니티 형성이 불가능하다.

03 웹 그래픽 작업 시 레이아웃 방식으로 적절치 않은 것은?

① 화면의 사이즈는 현재 가장 많은 사용자가 사용하는 그래픽 카드의 해상도를 기준으로 한다.
② 일관성 있는 메뉴 바의 고정을 위해 꼭 프레임 구조로 작업해야 한다.
③ 안전영역(Safe Zone) 안에 중요한 메뉴가 위치하게 작업한다.
④ 일관성 있는 메뉴 바나 내비게이션 바의 페이지 간 연속성을 통하여 사용의 익숙함을 가지도록 한다.

해설
메뉴 바를 고정시킬 때는 프레임 구조 외에도 스타일 시트(CSS)의 속성을 적용하는 방법이 있다. 또한, 표현 방법에 따라 메뉴 바를 유동적으로 작업할 수도 있다.

04 디자인 기획은 앞으로 일어나게 될 미래의 상황을 예측하고, 이에 대응할 수 있는 실천적인 계획을 수립하는 미래지향적인 활동이다. 상황의 올바른 이해와 분석을 위해 맥킨지사(MaKinsey &Company)에서 개발된 전략적 3C에 해당하지 않는 것은?

① Corporate
② Customers
③ Competitors
④ Community

해설
맥킨지사(McKinsey & Company)에서 개발한 3C 전략
Customers(고객), Company or Corporate(회사), Competitors(경쟁자)

정답 01 ③ 02 ③ 03 ② 04 ④ 05 ③

05 다음 중 디자인 작업을 위한 컴퓨터 그래픽스 과정을 순서대로 올바르게 나열한 것은?

① 아이디어 스케치 > 모델링 작업 > 드로잉 작업 > 최종 이미지 표현
② 드로잉 작업 > 아이디어 스케치 > 페인팅 작업 > 최종 이미지 표현
③ 아이디어 스케치 > 드로잉 작업 > 페인팅 작업 > 최종 이미지 표현
④ 드로잉 작업 > 페인팅 작업 > 아이디어 스케치 > 최종 이미지 표현

해설
디자인 작업의 일반적인 컴퓨터 그래픽스 과정은 창의적 발상을 위한 아이디어 스케치부터 시작해, 구체화를 위한 드로잉 작업, 색상 및 텍스처를 더하는 페인팅 작업, 그리고 최종 이미지 표현으로 마무리된다.

CHAPTER 02 심미성 · 사용성 구성요소 설계 · 제작

PART 4 디자인 구성요소 설계 제작

> **기출뮤형 40** ▶ 웹 그래픽 제작 기법의 정의 및 사진·영상 자료 준비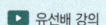
>
> 웹 그래픽 디자인은 효과적으로 웹 사용자에게 정보 전달을 돕는 도구라고 할 수 있다. 다음 중 정보 전달 역할로서의 웹디자인과 가장 거리가 먼 것은?
> ① 정보 접근의 편의성 제공
> ② 정보에 대한 빠른 이해력 증대
> ③ 시각적 · 청각적인 친근감 확대
> ④ 개성적인 표현의 다양성
>
> **해설**
> 웹 그래픽 디자인의 본질적 목적은 정보의 명확성과 사용자의 이해를 증진시키는 데 있다.
>
> |정답| ④

족집게 과외

❶ 웹 그래픽 제작 기법의 정의
- ㉠ 웹 그래픽 디자인은 효과적으로 웹 사용자에게 정보 전달을 돕는 도구
- ㉡ 정보 전달 역할 : 정보 접근의 편의성 제공, 정보에 대한 빠른 이해력 증대, 시각적 · 청각적인 친근감을 확대함

❷ 웹 그래픽 편집 프로그램
- ㉠ 컴퓨터상에 그림이나 문자, 도형 등을 편집할 수 있는 프로그램
- ㉡ 도안, 작업, 페인팅, 리터칭을 가하여 합성을 하는 프로그램
- 예 포토샵, 페인터, 일러스트레이터, 코렐드로우 등

❸ 이미지를 표현하는 단계
이미지 구상 단계 → 도구 선택 단계 → 색상 선택 단계 → 이미지 표현 단계

❹ 웹 그래픽 이미지 디자인 시 고려할 사항
- ㉠ 파일 크기
- ㉡ 이미지의 색상
- ㉢ 파일 포맷 형식

❺ 웹 사이트에서 사용할 이미지 소스를 얻는 방법
- ㉠ 사이트의 콘셉트에 맞추어 디지털카메라로 사진 촬영
- ㉡ 이미지 편집 프로그램을 사용하여 직접 이미지 제작
- ㉢ 적절한 이미지가 없을 경우 이미지 판매 사이트에서 구입 가능

❻ 웹 컬러 디자인의 목적
- ㉠ 연상적인 목적
- ㉡ 심미적인 목적
- ㉢ 상징적인 목적

❼ 화이트 스페이스(White Space)
- ㉠ 네거티브 스페이스(Negative Space)라고도 함
- ㉡ 웹디자인에서 콘텐츠 주변의 빈 공간을 의미
- ㉢ 글자, 이미지, 버튼 등 디자인 요소 사이에 의도적으로 남겨진 공간을 말함
- ㉣ 콘텐츠 간의 구분을 명확하게 함

❽ F패턴
사용자의 시선이 F자 형태로 움직이는 읽기 패턴

❾ 무드보드(Mood Board)
디자인 방향성 시각화

기출유형 완성하기

정답 01 ④ 02 ② 03 ③ 04 ② 05 ④

01 그래픽 편집 프로그램에 대한 설명으로 옳지 않은 것은?

① 컴퓨터상에 그림이나 문자, 도형 등을 편집할 수 있는 프로그램이다.
② 도안, 작업, 페인팅, 리터칭을 가하여 합성을 하는 프로그램이 해당된다.
③ 대표적인 프로그램으로는 포토샵, 페인터, 일러스트레이터, 코렐드로우가 있다.
④ 건축, 인테리어의 3D 이미지와 방송용 영상만을 제작하는 프로그램이다.

해설
2D 그래픽 편집 프로그램이 가장 많이 사용되며 필요에 따라 3D와 영상도 제작할 수 있다.

02 웹 사이트를 제작하기 위한 이미지 소스를 얻는 방법으로 적절하지 않은 것은?

① 사이트의 콘셉트에 맞추어 디지털카메라로 사진을 찍는다.
② 포털 사이트에서 검색하여 나오는 이미지를 복사하여 활용한다.
③ 적절한 이미지가 없으면 이미지 판매 사이트에서 구입할 수 있다.
④ 이미지 편집 프로그램을 사용하여 직접 이미지를 제작한다.

해설
포털 사이트에서 검색하여 나오는 이미지는 저작권에 따라 사용할 수 없는 이미지도 있고 유료로 구매해야 하는 이미지도 있으므로 함부로 사용해서는 안 된다.

03 다음 중 화이트 스페이스(White Space)에 대한 설명으로 옳지 않은 것은?

① 네거티브 스페이스(Negative Space)라고도 불린다.
② 웹디자인에서 콘텐츠 주변의 빈 공간을 의미한다.
③ 불필요한 공간이므로 디자인에서 제거하는 것이 좋다.
④ 글자, 이미지, 버튼 등 디자인 요소 사이에 의도적으로 남겨진 공간이며, 콘텐츠 간의 구분을 명확하게 한다.

해설
화이트 스페이스는 단순한 빈 공간이 아니라 가독성을 높이고 디자인의 균형을 맞추며, 콘텐츠 간의 구분을 명확히 하는 중요한 요소이다. 불필요한 공간이 아니라 의도적으로 배치되는 디자인 기법이다.

04 다음 중 웹 컬러 디자인의 목적과 맞지 않는 것은?

① 연상적인 목적
② 레이아웃의 목적
③ 심미적인 목적
④ 상징적인 목적

해설
레이아웃은 웹 페이지 제작 단계의 목적이다.

05 웹용으로 이미지를 디자인할 때 고려해야 할 사항으로 거리가 먼 것은?

① 파일 크기
② 이미지의 색상
③ 파일 포맷 형식
④ 인쇄 설정

해설
웹 그래픽에서 사용할 이미지는 RGB로 작업한다. CMYK로 작업하는 인쇄는 고려하지 않아도 된다.

기출유형 41 ▶ 웹 그래픽 제작 기법의 종류

다음과 같은 특징을 가지고 있는 그래픽 툴은?

- 벡터 방식으로 정확한 도형을 제작한다.
- 그래프나 문자 등의 드로잉 작업, 심벌 마크 디자인 등의 작업에 사용된다.
- 벡터 방식이기 때문에 확대, 변형해도 이미지의 손상이 없다.

① Paint Shop 　　② Illustrator
③ CAM 　　　　④ Maya

해설
① 비트맵(Raster) 방식의 그래픽 편집 프로그램으로, 픽셀 단위의 이미지 편집에 사용된다.
③ CAM(Computer-Aided Manufacturing)은 제품 제조를 위한 소프트웨어로, 그래픽 디자인보다는 기계 가공 및 생산 과정에 활용된다.
④ 3D 그래픽 및 애니메이션 제작을 위한 프로그램으로, 2D 벡터 기반의 심벌 마크 디자인에는 적합하지 않다.

| 정답 | ②

족집게 과외

❶ 웹 그래픽 제작 프로그램

㉠ 포토샵(Photoshop)
- 비트맵 기반의 이미지를 합성하기에 적합한 소프트웨어
- 웹 사이트에 등재할 이미지의 크기가 클 경우 크기를 조정하기 위해서는 포토샵의 이미지 사이즈에서 픽셀 수를 줄임

포토샵의 대표적인 기능
- 레이어(Layer) : 여러 층으로 나누어진 이미지를 겹쳐 새로운 이미지를 만드는 방법이며, 단계별로 별도의 작업이 가능해지므로 효율적인 작업수행을 할 수 있음
- 알파 채널(Alpha Channel) : R, G, B 이외 보조 채널로 검정색과 흰색의 이미지로 구성되어 선택된 영역이 합성되지 않도록 마스크 역할을 하는 메뉴
- 마술 봉 툴(Magic Wand Tool) : 픽셀의 색상 정보에 따라 일정 범위를 적용해 비슷한 색상 정보의 픽셀들을 한 번에 선택해 주는 툴

㉡ 일러스트레이터(Illustrator)
- 벡터 방식이기 때문에 확대 · 축소 시 이미지의 손상이 없어 로고(Logo)나 심벌(Symbol) 제작 시 적합
- 그래프나 문자 등의 드로잉 작업, 심벌 마크 디자인 등의 작업에 사용

일러스트레이터의 대표적인 기능
- 패스파인더(Pathfinder) 패널 : 여러 개의 객체를 하나로 합치거나 겹치는 부분을 제거할 때 사용
- 빼기(Minus Front) 기능 : 앞쪽 객체 모양대로 뒤쪽 객체가 잘려 나감

㉢ 그 외 페인트샵(Paintshop), 페인터(Painter) 등이 있음

❷ **애니메이션 제작(움직임 표현 위주) 프로그램**
  ㉠ 플래시(Flash)
    - 1997년 미국 매크로 미디어사가 웹에서 애니메이션을 실현해줄 수 있는 쇽웨이브 기술 개발
    - 스트리밍 방식을 지원하므로 인터넷 홈페이지용으로 적합
    - 웹용 쇽웨이브 파일뿐만 아니라 애니메이션(GIF), 무비파일(MOV), 자체 실행 파일(EXE) 및 연속(Sequence) 파일 등으로 만들 수 있음
    - 멀티미디어와 애니메이션 제작을 위한 드로잉 전문 프로그램
    - 벡터 방식의 그래픽 처리를 통해 그래픽 파일의 크기를 최적화할 수 있고 웹상에서 실시간 전송 및 스트리밍 기법을 통한 빠른 속도를 제공
    - 다른 멀티미디어 저작 도구와 달리 Plug-In 없이도 ActiveX, Java 기술을 이용하여 실행 가능한 특징을 가지고 있음
    - 단순하고 정적인 홈페이지를 탈피하여 역동적인 홈페이지를 구축할 수 있음
    - 사업적 용도로 가치 있는 배너를 제작할 수 있음
    - CGI와 연동하면 여러 가지 기능을 가진 카운터, 방명록, 게시판 등을 만들 수 있음
    - 웹 사이트 내에 움직이는 배너광고를 제작하고자 할 때 사용
  ㉡ 플래시(Flash)와 관련된 파일 확장자
    - *.fla
    - *.swf
    - *.spa
  ㉢ 플래시 기법 - 트위닝(Tweening)
    - 플래시에서 맨 앞과 맨 끝 키 프레임에만 변화를 주면 중간 과정을 만들어 주는 기법
    - '사이에 있는 것(In Betweening)'을 의미
  ㉣ 플래시 심벌 종류
    - 버튼 심벌
    - 그래픽 심벌
    - 무비클립 심벌
  ㉤ 플래시 외 애니메이션 제작 프로그램
    이미지 레디(Image Ready), 스위시(Swish), 플렉스(Flax), 디렉터(Director), 애니메이트(Animate), 애프터 이펙트(After Effects) 등

> **Tip**
> - 플래시(Flash), 이미지 레디(Image Ready), 스위시(Swish), 플렉스(Flax), 디렉터(Director)는 과거에 많이 사용되었지만, 현재는 대부분 사용되지 않거나 지원이 종료된 애니메이션 제작 프로그램이다. 현재는 Adobe 애니메이트(Animate)나 애프터 이펙트(After Effects) 등을 활용하고 있다.
> - 하지만 플래시는 여전히 필기 시험 문제로 출제되고 있다.

❸ **동영상 편집 프로그램**
캠코더에서 얻은 동영상클립을 편집하여 결과물을 얻기에 적합한 소프트웨어
  예) 프리미어(Premiere), 무비메이커(Movie Maker), 베가스 프로(Vegas Pro) 등

❹ **사운드 편집 프로그램**
케이크워크(Cakewalk) : 사운드 편집 및 변환에 사용

기출유형 완성하기

정답 01 ③ 02 ① 03 ③ 04 ④ 05 ③

01 포토샵 프로그램에서 픽셀의 색상 정보에 따라 일정 범위를 적용해 비슷한 색상 정보의 픽셀들을 한 번에 선택하게 해주는 툴은?

① 도장 툴(Stamp Tool)
② 이미지 분할 툴(Slice Tool)
③ 마술 봉 툴(Magic Wand Tool)
④ 자석 올가미 툴(Magnetic Lasso Tool)

해설
포토샵 기능 중에 마술 봉 툴은 같은 색상을 한 번에 선택할 수 있는 편리한 툴로, 배경이 단색일 때 많이 사용한다.

02 다음이 설명하고 있는 웹 그래픽 제작 소프트웨어의 기능으로 옳은 것은?

> 여러 층으로 나누어진 이미지를 겹쳐 새로운 이미지를 만드는 방법이며, 단계별로 별도의 작업이 가능해지므로 효율적인 작업수행을 할 수 있다.

① 레이어
② 레벨
③ 오브젝트
④ 심벌

해설
보기에서 설명하는 웹 그래픽 제작 소프트웨어는 포토샵이며, 포토샵은 레이어 기능을 통해 효율적인 이미지 합성 및 디자인 작업을 수행할 수 있다.

03 웹 사이트에 등재할 이미지의 크기가 클 경우 크기를 조정하기 위한 가장 올바른 방법은?

① 웹에서 소스 수정으로 사이즈를 조정한다.
② 드림위버에서 이미지 크기를 줄인다.
③ 포토샵의 이미지 사이즈에서 픽셀 수를 줄인다.
④ 나모 웹에디터에서 웹용으로 저장할 때 Quality를 낮춘다.

해설
포토샵은 웹 사이트를 제작할 때 기본이 되는 프로그램으로 이미지 크기 조정뿐만 아니라 컴퓨터 그래픽스에서 활용되는 이미지를 수정·보완하는 작업이 가능하다.

04 다음 중 동영상 편집에 가장 적당한 프로그램은?

① 쿼크 익스프레스(Quark Express)
② 일러스트레이터(Illustrator)
③ 포토샵(Photoshop)
④ 프리미어(Premere)

해설
그 외에 동영상 편집 프로그램은 무비메이커(Movie Maker), 베가스 프로(Vegas Pro) 등이 있다.

05 디자인 구체화 단계에서 구상된 디자인을 구현하기 위해서 사용되는 프로그램과 그 역할이 잘못 설명된 것은?

① 드림위버 : HTML 코딩할 때 사용
② 포토샵 : 이미지의 변형 및 아이콘 제작에 사용
③ 플래시 : 동영상 및 사운드 편집에만 사용
④ 케이크워크 : 사운드 편집 및 변환에 사용

해설
플래시는 멀티미디어와 애니메이션 제작을 위한 드로잉 전문 프로그램이다.

기출유형 42 ▶ 웹 그래픽 제작 기법의 특징 및 활용

다음이 설명하고 있는 것은?

> 디자이너는 각 해상도마다 사이트가 어떻게 보이게 할 것인지를 결정하고, 일관적인 작업이 이루어지도록 구성 요소들이 배치되는 크기를 비례감 있게 잡아야 한다.

① Programming
② Grid System
③ GUI
④ Margin

해설
그리드 시스템(Grid System)은 콘텐츠를 체계적으로 배치하기 위해 페이지나 화면을 일정한 행과 열로 나누어 구성하는 방식이다.

| 정답 | ②

족집게 과외

❶ 웹 그래픽 제작 기법의 종류

㉠ 디더링(Dithering)
- 요구된 색상의 사용이 불가능할 때, 컴퓨터 프로그램에 의해 다른 색상들을 섞어서 비슷한 색상을 내는 방법
- 제한된 컬러를 사용하여 본래의 높은 비트로 된 컬러의 효과를 최대한으로 내는 처리 기법
- 점묘와 같이 제한된 수의 색상들을 섞어서 시각적으로 다양한 색상을 만들어 내는 것
- 적은 수의 색상 반복으로 그래픽 파일의 용량을 줄이는 장점이 있음
- 이미지에 포함되지 않은 색상을 마치 이미지에 포함된 색상처럼 비슷하게 구상해 주는 기법
  - 예 노란색과 빨간색을 섞어서 기술적으로 잘 배치하면 주황색과 같이 보이도록 할 수 있음

㉡ 포토 콜라주(Photo Collage)
- 연관성 있는 여러 가지 이미지를 조합하여 하나의 새로운 이미지를 제작하는 방법
- 인쇄된 사진과 그림을 조합하여 화면을 구성하는 기법
- 웹에서는 여러 장의 사진을 하나로 만들어 주는 기법

❷ 3차원 모델링 방법

㉠ 렌더링(Rendering)
- 3차원적 이미지를 최종적으로 이미지화하는 것으로 사실감을 부여하기 위해서 색상과 질감을 입히고 빛과 카메라의 위치를 조작하는 과정
- 은면 처리, 그림자 표현, 텍스처 매핑 등의 표현 방법이 있음
- 은면 처리 : 오브젝트의 보이는 부분과 보이지 않는 부분을 처리하는 것
- 투영 : 3차원 오브젝트를 2차원 스크린에 비추는 작업
- 셰이딩 : 음영, 빛의 비춤 등 처리
- 매핑 : 오브젝트의 표면 질감과 풍경처리

㉡ 와이어 프레임 모델(Wire-frame Model)
- 3차원 컴퓨터 그래픽의 모델링 방식 중 물체의 면과 면이 만나서 구성되는 모서리 선을 사용하여 물체의 형상을 표현하는 방식으로 점, 꼭짓점을 연결하는 선(Line) 또는 곡선만으로 표현하는 방식
- 선(Line)만으로 입체 생성
- 처리속도가 빠르지만 무게감, 부피, 실제감을 느낄 수 없음
- 오브젝트 골격만을 표현하고 싶을 때 사용

ⓒ 프랙탈(Fractal)
- 선(Line) 표시에서 면으로 변화하는 상태를 자연스럽게 조작할 수 있는 질감 묘사 모델링으로 복잡한 자연경관이나 불규칙한 성질을 가진 것들을 표현할 수 있음
- 산맥이나 구름과 같이 불규칙적이고 균열된 물체를 표현하기 위해 그래픽 이론을 토대로 실물과 유사하게 표현하는 기법
- 3차원 물체를 만드는 기본과정 중 단순한 형태에서 점차 복잡한 기하학적 형상으로 구성하는 모델링
- 구름이나 바다 물결, 소용돌이, 담배 연기, 산, 강 등을 표현하는 기법

ⓓ 매핑(Mapping)
- 모델링된 각 물체의 표면에 고유한 재질감 부여
- 범프 매핑(Bump Mapping)
  - 오브젝트에 요철이나 엠보싱 효과를 표현하는 방법
  - 벽돌이나 자갈처럼 울퉁불퉁한 표현을 할 때 사용
  - 3차원 컴퓨터 그래픽스에서 다각형으로 표현된 물체표면에 요철정보를 첨부하는 기법
  - 흰색 부분은 돌출되어 보이고, 검은색에 가까울수록 들어가 보임
- 오패시티 매핑(Opacity Mapping)
  모델에 투명한 부분과 불투명한 부분을 정하는 것
- 텍스처 매핑(Texture Mapping)
  - 1974년 개발되었으며, 물체의 표면에 색과 패턴 부여
  - 2차원 이미지를 3차원 이미지로 대응시키는 작업
  - 솔리드 텍스처 매핑이라고도 함
- 리플렉션 매핑(Reflection Mapping)
  물체에 반사된 것처럼 보이게 표현하는 방법
  예 그릇, 금속, 유리

ⓔ 표면 모델링(Surface Modeling)
- 물체를 구성하는 모든 면에 대한 정점과 연결선의 좌표로 입체를 표현하는 방법
- 면의 구분이 가능하고 은폐선과 은폐면을 제거하여 물체의 사실감을 높이거나 자유 곡면을 표현하는 데 적합함
- 모든 면에 데이터를 입력하므로 용량이 커짐

ⓕ 솔리드 모델(고체, Solid Model)
내부까지 채워진 입체를 이용한 모델링

ⓖ 서페이스 모델(표면, Surface Model)
삼각형이나 사각형 같은 면을 기본 단위로 한 표면 처리

ⓗ 파라메트릭 모델링(Parametric Modeling)
매개변수 모델링이라고도 하며, 점과 점 사이의 선분이 곡선으로 되어 있어 가장 많은 계산 시간을 필요로 함

ⓘ Z-버퍼(Z-buffer)
3D 장면에서 객체들의 깊이 정보를 저장하기 위한 목적으로 사용됨

❸ 광원과 조명

㉠ 간접조명
부드러운 빛을 내어 침실이나 병실 등 휴식 공간에 사용되는 조명 방법

㉡ 퐁 세이딩(Phong Shading)
- 음영 처리 기법
- 정규 벡터 보간법(Normal Vector Interpolation)이라고도 함
- 오브젝트의 각 점에 전달되는 빛의 양이 계산되어 부드러운 곡선 표현에 적합
- 렌더링 계산 시간이 많이 걸림
- 고려되는 요소 : 확산 반사, 주변광, 광원의 위치

㉢ 고러드 세이딩(Gouraud Shading)
컴퓨터 그래픽스의 렌더링 중 물체의 각 꼭짓점(Vertex)에서 빛의 양을 계산한 후 그 값들을 보관하여 각 점에 색 값을 할당하는 세이딩 기법

㉣ 플랫 세이딩(Flat Shading)
3차원 컴퓨터 그래픽스에 쓰이는 광원 기술

ⓜ 레이 트레이싱(Ray Tracing)
  광원, 반사, 굴절 등의 현실적인 빛의 효과를 시뮬레이션하기 위한 목적으로 사용되는 기법
ⓑ 버텍스 셰이딩(Vertex Shading)
  3D 모델의 정점에 대한 조명 계산과 색상 처리를 수행하기 위한 기능

❹ **웹 그래픽에서 나타나는 현상**
  ㉠ 안티 앨리어싱/안티 앨리어스(Anti-aliasing/Anti-alias)
   - 해상도가 낮은 상태에서 이미지를 확대해보면 계단 모양 또는 지그재그 모양으로 나타나게 되는데, 이때 나타나는 부자연스러움을 없애기 위해 픽셀의 그리드에 단계별 회색을 넣어 계단 현상을 없애주는 기능으로 비트맵 이미지에서 나타남
   - 비트맵 이미지의 픽셀이 정사각형 모양이므로 확대하면 이미지 경계가 계단 형식으로 표현되는 것을 부드럽게 만듦
  ㉡ 무아레(Moire) 무늬
   '물결무늬'라는 의미의 프랑스어로 무아레는 간섭무늬, 물결무늬, 격자무늬라고도 하며, 규칙적으로 되풀이되는 모양을 여러 번 거듭하여 합쳐졌을 때, 이러한 주기의 차이에 따라 시각적으로 만들어지는 줄무늬

❺ **그리드 시스템(Grid System)**
  ㉠ 콘텐츠를 체계적으로 배치하기 위해 페이지나 화면을 일정한 행과 열로 나누어 구성하는 방식
  ㉡ 일관성 있고 균형 잡힌 디자인을 만드는 데 도움을 주며, 특히 웹디자인에서 레이아웃의 효율성과 가독성을 높이는 데 사용
  ㉢ 디자이너는 각 해상도마다 사이트가 어떻게 보이게 할 것인지를 결정하고, 일관적인 작업이 이루어지도록 구성 요소들이 배치되는 크기를 비례감 있게 잡아야 함

❻ **보간법(Bicubic)**
  ㉠ 이미지 확대나 축소 시 픽셀 간의 색상과 밝기를 부드럽게 처리하는 리샘플링 알고리즘
  ㉡ 가장 사실적인 세부 묘사를 얻을 수 있음
  ㉢ 사진처럼 복잡한 음영과 색의 변화가 심한 이미지에 적합
  ㉣ 새로 생성해야 할 픽셀의 색채 값을 추출하기 위해 방사형의 주변으로부터 픽셀들의 평균적인 색채 값을 찾는 것

기출유형 완성하기

정답 01 ③ 02 ③ 03 ① 04 ① 05 ④

---

01 웹디자인에 사용하기 위하여 사진이나 그림 등을 스캔 받을 때 나타나는 현상으로 스캔 받은 이미지에 물결무늬가 격자처럼 교차되어 보이는 것을 무엇이라고 하는가?

① Dithering
② Scanning
③ Moire
④ Water Mark

해설
프랑스어 무아레(Moire)를 직역하면 물결무늬가 있는 비단을 말한다.

---

02 3차원 대상물 표면에 2차원의 이미지를 입히는 과정을 무엇이라고 하는가?

① 셰이딩(Shading)
② 안티 앨리어싱(Anti-aliasing)
③ 텍스처 매핑(Texture Mapping)
④ 필터링(Filtering)

해설
솔리드 텍스처 매핑이라고도 하며 물체의 표면에 색과 패턴을 부여하는 것을 말한다.

---

03 물체 경계면의 픽셀을 물체의 색상과 배경의 색상을 혼합해서 표현하여 경계면이 부드럽게 보이도록 하는 기법은?

① Anti-aliasing
② Dithering
③ Blending
④ Compositing

해설
안티 앨리어싱(Anti-aliasing) / 안티 앨리어스(Anti-alias)로 표기된다. 해상도가 낮은 상태에서 이미지를 확대해 보면 계단 모양 또는 지그재그 모양으로 나타나게 되는데, 이때 나타나는 부자연스러움을 없애기 위해 픽셀의 그리드에 단계별 회색을 넣어 계단 현상을 없애주는 기능으로 비트맵 이미지에서 나타난다.

---

04 다음 설명과 같은 모델링 기법은?

- 단순한 모양에서 점차적으로 복잡한 형상을 구축해 나가는 기법
- 구름이나 바다 물결, 소용돌이, 담배 연기, 산, 강 등을 표현하는 기법

① 프랙탈(Fractal)
② 파티클(Particle)
③ 파라메트릭(Parametric)
④ 와이어 프레임(Wire Frame)

해설
프랙탈은 선(Line) 표시에서 면으로 변화하는 상태를 자연스럽게 조작할 수 있는 질감 묘사 모델링으로 복잡한 자연경관이나 불규칙한 성질을 가진 것들을 표현할 수 있는 모델링 기법이다.

---

05 다음이 설명하고 있는 것은?

- 점묘법과 같이 제한된 수의 색상들을 사용하여 다양한 색상을 시각적으로 섞어서 만드는 것이다.
- 예를 들어 노란색과 빨간색을 섞어서 기술적으로 잘 배치하면 주황색을 만들 수 있다.

① 해상도
② 픽셀
③ 패턴
④ 디더링

해설
디더링은 요구된 색상의 사용이 불가능할 때, 컴퓨터 프로그램에 의해 다른 색상들을 섞어서 비슷한 색상을 내는 방법으로 사용되거나 제한된 컬러를 사용하여 본래의 높은 비트로 된 컬러의 효과를 내는 처리 기법이다.

기출유형 43 ▶ 파일 포맷의 정의

다음 중 수학적 연산을 이용하여 명확한 선과 면으로 그래픽 데이터를 표현하는 방식은?

① 벡터 방식
② 비트맵 방식
③ 래스터 방식
④ 포스트스크립트

해설
벡터 방식은 이미지를 확대하거나 축소해도 손상이 없다.

| 정답 | ①

족집게 과외

❶ 벡터(Vector) 방식
- ㉠ 수학적 연상을 이용하여 명확한 선과 면으로 그래픽 데이터를 표현하는 방식
- ㉡ 이미지를 확대하거나 축소해도 손상이 없음
- ㉢ 선과 도형으로 그린 이미지를 저장하는 방식
- ㉣ 베지어(Bezier)라는 곡선으로 이루어져 있음
- ㉤ 단순한 도형 및 캐릭터를 그리는 작업에 적합
- ㉥ 주로 로고나 심벌과 같이 정교한 작업에 적합
- ㉦ 좌푯값에 의해서 표현함
- ㉧ 미세한 그림이나 점진적인 색의 변이를 표현하기 어려움
- ㉨ 점과 선의 개수로 파일의 용량이 결정되므로 같은 크기에 간단한 이미지라면 비트맵 파일보다 상대적으로 파일 용량이 작음
- ㉩ 벡터 방식의 드로잉 프로그램 : 일러스트레이터, 코렐드로우, 프리핸드
- ㉪ 벡터 저장 방식 : EPS, WMF, AI

❷ 비트맵(Bitmap) 방식
- ㉠ 화면 확대 시 이미지가 손상됨
- ㉡ 비트맵 이미지를 래스터 이미지(Raster Image)라고 함
- ㉢ 디지털카메라로 촬영한 이미지는 래스터 이미지임
- ㉣ 직사각형 화면의 화소 또는 픽셀들을 0과 1로 표현
- ㉤ 비트맵 방식 프로그램 : 포토샵
- ㉥ 비트맵 저장 방식 : GIF, JPEG, PCX

Tip

WMF 저장 방식
벡터와 비트맵 정보를 함께 표현할 수 있음

래스터 그래픽스(Raster Graphics)
- 이미지를 선분의 집합이 아니라 픽셀들의 배열 형태로 처리하는 방식
- 비트맵 방식과 같이 이미지의 구성이 사각형의 요소인 픽셀에 의해 이루어지는 방식

래스터라이징(Rasterizing)
- 벡터 방식의 이미지를 비트맵 방식의 이미지로 변환시키는 것
- 포토샵과 일러스트레이터를 함께 사용할 때 많이 활용됨

기출유형 완성하기

정답 01 ③ 02 ③ 03 ② 04 ② 05 ②

01 래스터 이미지(Raster Image)에 대한 설명으로 옳지 않은 것은?

① 화면 확대 시 이미지가 손상된다.
② 비트맵 이미지를 래스터 이미지라고 한다.
③ 일러스트레이터에서 주로 사용되는 이미지 형식이다.
④ 디지털카메라로 찍은 이미지는 래스터 이미지이다.

해설
래스터 이미지, 즉 비트맵은 포토샵에서 주로 사용되는 이미지 형식이다.

02 직사각형 화면의 화소 또는 픽셀들을 0과 1로 표현한 것은?

① 벡터　　② 주사선
③ 비트맵　④ 객체

해설
컴퓨터는 화면을 2차원 형식의 데이터로 관리한다. 예를 들어, 흑백 영상의 경우 0이면 검은색, 1이면 흰색으로 데이터를 구분한다. 우리가 사용하는 이미지는 이런 이진법으로 표현할 수 있으며 비트(Bit)가 지도(Map)와 같이 표현되기 때문에 메모리 비트 패턴을 비트맵(Bitmap)이라고 한다.

03 벡터(Vector) 방식의 이미지를 비트맵(Bitmap) 방식의 이미지로 변환시키는 것을 나타내는 용어는?

① Vectorizing　② Rasterizing
③ Anti-aliasing　④ Synchronizing

해설
래스터라이징(Rasterizing)은 일러스트레이터의 벡터 파일을 포토샵에서 비트맵 파일로 바꿀 때 많이 활용되는 방식이다.

04 다음 중 그래픽 표현방식에서 벡터 방식에 대한 설명이 아닌 것은?

① 베지어(Bezier)라는 곡선으로 이루어져 있다.
② 비트맵 이미지에 비해 상대적으로 파일 용량이 크다.
③ 이미지를 확대/축소하여도 그림이 거칠어지지 않는다.
④ 미세한 그림이나 점진적인 색의 변이를 표현하기 어렵다.

해설
벡터 파일은 점과 선의 개수로 파일의 용량이 결정되므로 같은 크기에 간단한 이미지라면 비트맵 파일보다 상대적으로 파일 용량이 작다.

05 다음 그래픽 파일 포맷 중 벡터 그래픽 파일 포맷이 아닌 것은?

① EPS　　② PCX
③ WMF　④ AI

해설
PCX는 Z소프트가 개발한 페인트브러시 프로그램에서 사용하기 위하여 만들어졌으나, PNG, GIF, JPEG와 같은 더 나은 성능의 포맷에 밀려 최근에는 거의 사용되지 않는다.

기출유형 44 ▶ 파일 포맷의 종류

웹 브라우저를 통하여 볼 수 있는 이미지 포맷이 아닌 것은?

① jpg
② gif
③ png
④ psd

해설
psd는 포토샵(Photoshop) 원본 파일이며 웹 브라우저에서 볼 수 없다.

| 정답 | ④

족집게 과외

❶ 그래픽 파일 포맷의 종류

㉠ JPEG(*.jpg)
- 연합 사진 영상 전문가 그룹에서 개발한 파일 포맷
- 24bit 풀컬러(트루컬러)를 사용하여 1,600만여 가지의 색상을 표현할 수 있음
- 주로 멀티미디어 분야 및 인터넷상에서 사진 등을 압축할 때 사용
- GIF보다 다양한 색상을 나타낼 수 있음
- 웹 브라우저에서 이미지를 점차적으로 미리 보여주는 프로그레시브 방식을 지원
- 이미지를 압축하기 때문에 전송 속도가 빠른 편임

㉡ GIF(*.gif)
- 저속모뎀(Low Speed Modem)의 통신을 목적으로 개발한 파일 포맷
- 이미지 파일 크기를 최소화하기 위해 사용
- LZW를 이용하여 이미지가 손상되지 않음
- 전송이 빨라서 웹용 이미지로 많이 사용됨
- 통신을 위한 그래픽 파일 포맷으로 자체 압축과 해독 효율이 높고 8bit의 최대 256가지 색상을 표현할 수 있음
- 256색 이하의 이미지를 압축하여 저장하는 데 효과적이며, 색상 수가 적은 단색 이미지에 적합
- 이미지 파일 형식으로 가장 사용 빈도가 높은 파일 포맷
- 투명한 이미지와 애니메이션 표현 가능
- 기업의 로고나 문자가 있는 일러스트레이션과 같이 선명한 단색 이미지를 포함하고, 동일 색상이 수평으로 나열되어 있을 경우 높은 압축률을 보임
- 인터레이스 방식 지원
- 무손실 압축 기법 사용

㉢ PNG(*.png)
- GIF와 JPEG의 장점을 합친 포맷으로 무손실 압축을 사용
- 8bit의 256컬러나, 24bit의 트루컬러를 선택하여 저장할 수 있어 효율적
- 인터레이스 로딩 기법과 디더링 옵션을 지정할 수 있음
- GIF처럼 이미지 일부를 투명하게 하며 고해상도를 지원
- 원하는 색상 밝기의 형태로 이미지 보정 가능

㉣ PSD(*.psd)
- 포토샵(Photoshop) 원본 파일이며, 레이어 수정 가능
- 웹 브라우저에서 볼 수 없음
- 32bit를 사용하는 이미지 포맷은 PSD와 TIFF가 있음
- 16만 7천 컬러 이상의 색상과 256단계의 알파 채널을 사용하기 위해서는 최소 32bit 필요

ⓓ EPS(*.eps)
　　　• 전문 그래픽 출력장치 등을 위해 최적화된 포맷
　　　• 1200dpi 이상의 고해상도 출력물을 프린팅할 경우 필수적
　　　• CMYK의 4도 분판이 자유로우므로 전문 그래픽 작업을 요구하는 프로그램에서는 대부분 이 포맷을 지원함
　　ⓔ BMP(*.bmp)
　　　• 비트맵 디지털 그림을 저장하는 데 쓰이는 그림 파일
　　　• 압축하지 않은 상태의 파일로서 크기가 매우 커서 인터넷 화면에서 나타나는 시간이 느리므로 자주 사용하지 않음
　　　• 인쇄, 출력의 용도로 많이 사용되는 파일 포맷

❷ 웹에 사용되는 이미지 포맷

　JPG, GIF, PNG

❸ 파일 용량 크기 비교

　똑같은 이미지 파일을 각각 BMP, JPG, PNG로 저장했을 경우 파일 용량의 크기 비교
　BMP > PNG > JPG

❹ 동영상 파일 포맷

MPG, SWF, AVI, ASF, RM, WMV, MP4, MOV

SWF (*.swf)	• 웹 페이지에서 애니메이션 기능의 배너를 삽입할 때 가장 적절한 파일 형태 • 사용자와 상호 작용이 가능하며, 확장성과 호환성이 뛰어남 • 다운로드와 동시에 실시간 플레이 가능 • 확대나 축소 시 이미지 손상 없이 재생 가능
ASF (*.asf)	스트리밍 방식으로 인터넷 방송에 사용하는 동영상 파일 포맷
MOV (*.mov)	애플(Apple)사에서 개발한 미디어 재생기인 Quick Time Player에서 지원하는 동영상 파일 포맷

웹 사이트에서 사용할 동영상 포맷 선택 시 고려사항
파일의 압축률과 화질, 브라우저 호환성, 스트리밍 지원 여부

❺ 웹에 사용되는 사운드 파일 포맷

RA, AIFF, AU, WAV, MP3

기출유형 완성하기

정답 01 ① 02 ④ 03 ③ 04 ① 05 ③

01 다음 중 동영상 관련 포맷 방식이 아닌 것은?

① wav
② asf
③ avi
④ mp4

해설
wav는 사운드 파일 포맷이다.

02 다음 중 GIF 포맷의 특징이 아닌 것은?

① 최대 256가지의 색상을 표현할 수 있다.
② 빠른 전송 속도 때문에 웹용 이미지로 사용된다.
③ 투명한 이미지와 애니메이션 표현이 가능하다.
④ 24bit 풀컬러(트루컬러)를 사용한다.

해설
GIF는 8bit의 256가지 색상을 표현할 수 있다.

03 큰 이미지 또는 사진과 같이 컬러 수가 많은 웹 이미지에 적합한 파일 포맷은?

① EPS
② PSD
③ JPEG
④ BMP

해설
JPEG는 24bit의 1,600만여 가지의 색상을 표현할 수 있고 주로 멀티미디어 분야 및 인터넷상에서 사진 등을 압축할 때 사용한다.

04 PNG 파일 포맷의 설명으로 올바른 것은?

① Interlaced 옵션이 가능하다.
② 이미지 정보를 손실 압축한다.
③ 인터넷 익스플로러 6.0에서는 사용할 수 없는 이미지 파일 포맷이다.
④ 하나의 파일로 애니메이션 효과를 만들 수 있다.

해설
PNG 파일은 무손실 압축 방식을 이용하며 모든 브라우저에서 사용할 수 있는 웹 전용 이미지 파일 포맷이다. 또한, 인터레이스(Interlaced) 로딩 기법과 디더링(Dithering) 옵션을 지정할 수 있다. 단, PNG 파일 하나로는 애니메이션 효과를 만들 수 없다.

05 기업의 로고나 문자가 있는 일러스트레이션 같이 선명한 단색 이미지를 포함하고, 동일 색상이 수평으로 나열되어 있을 경우에 높은 압축률을 보이는 파일 포맷은?

① PNG-8
② JPEG
③ GIF
④ PSD

해설
GIF 파일은 통신을 위한 그래픽 파일 포맷으로 자체 압축과 해독 효율이 높고 8bit의 256가지의 색상을 표현할 수 있다. 또한, 이미지 파일 형식으로 가장 사용 빈도가 높은 파일 포맷이다.

기출뮤형 45 ▶ 파일 포맷의 특징 및 활용

TIFF, PDF, GIF 및 포스트스크립트 언어 파일 포맷에서 지원하는 무손실 압축 알고리즘은?

① LZW(Lempel-Ziv-Welch)
② RLE(Run Length Encoding)
③ FRM(Filmstrip)
④ JPEG(Joint Photographic Experts Group)

해설
LZW 압축 알고리즘은 Lempel, Ziv, Welch라는 세 사람이 고안한 압축 알고리즘의 변형이다.

| 정답 | ①

족집게 과외

❶ 스트리밍(Streaming)
㉠ 이 기술은 '리얼네트워크'사가 개발한 '리얼오디오'에서 처음으로 선보임
㉡ 웹상에서 영상이나 음향 등의 멀티미디어 데이터를 다운로드 없이 실시간으로 재생할 수 있음

❷ LZW(Lempel-Ziv-Welch)
TIFF, PDF, GIF 및 포스트스크립트 언어 파일 포맷에서 지원하는 무손실 압축 알고리즘

❸ PDF(Portable Document Format) 파일
㉠ PDF는 어도비 시스템즈에서 개발한 전자문서 형식으로, 컴퓨터 환경에 관계없이 같은 표현을 하기 위한 목적으로 개발되어 활용되고 있음
㉡ PDF 파일 포맷을 웹 브라우저에서 구현하기 위해 플러그인 프로그램(Acrobat Reader)을 설치해야 함

❹ 해상도
㉠ 선명도 또는 화질이라고도 하며, 종이나 스크린 등에 표현된 그림이나 글씨 따위가 표현된 섬세함의 정도를 나타내는 말
㉡ 이미지/영상 등을 표현하는 데 몇 개의 픽셀(Pixel)로 이루어졌는지를 나타냄
㉢ 해상도는 비트맵 체계에서 이미지의 질을 결정하는 요소임
㉣ 출력 해상도는 기존 이미지 해상도의 2배 이상으로 작업하는 것이 좋은 품질의 결과물을 얻을 수 있음
㉤ 출력 해상도의 단위 : LPI(Line Per Inch) 출력기가 인쇄할 때 해당 단위당 인쇄하는 선의 수를 의미함
㉥ 화면의 해상도는 72dpi 이상이면 확대되어 보이고, 이하면 축소되어 보임

❺ 일반적으로 '해상도가 높다'라는 말의 의미
㉠ 이미지가 선명함
㉡ 이미지 질(Quality)이 좋음
㉢ 일정 단위의 크기에 많은 픽셀 포함
㉣ 이미지의 용량이 큼

❻ 이미지에 투명효과를 지원하는 파일 포맷
PNG, GIF

❼ 인덱스 컬러 모드(Indexed Color Mode)
㉠ 인덱스 색상은 기본적으로 저장 공간을 절약하고 파일 전송 속도를 높일 목적으로 만들어진 디지털 이미지의 색상 표현 방식
㉡ 최고 256컬러를 사용하여 이미지를 표현

기출유형 완성하기

정답 01 ③ 02 ① 03 ③ 04 ② 05 ①

01 아래 보기에서 설명하고 있는 기술은 무엇인가?

> '리얼네트워크'사가 개발한 '리얼오디오'에서 처음으로 선보인 기술로 웹상에서 영상이나 음향 등의 파일을 다운로드 없이 실시간으로 재생할 수 있는 기술

① GIF 애니메이션
② 퀵타임(Quick-time)
③ 스트리밍(Streaming)
④ Flash 애니메이션

해설
스트리밍(Streaming)은 주로 소리(음악)나 동영상 등의 멀티미디어 파일을 전송하고 재생하는 방식의 하나이다.

02 PDF(Portable Document Format)의 파일 포맷을 웹 브라우저에서 구현하기 위해 설치하는 플러그인 프로그램은?

① Acrobat Reader
② Windows Media Player
③ Shockwave Flash Player
④ Quick Time player

해설
PDF는 어도비 시스템즈에서 개발한 전자문서 형식으로, 컴퓨터 환경에 관계없이 같은 표현을 하기 위한 목적으로 개발되어 활용되고 있다.

03 일반적으로 '해상도가 높다'라는 말의 의미로 옳지 않은 것은?

① 이미지가 선명하다.
② 이미지 질(Quality)이 좋다.
③ 이미지의 용량이 적다.
④ 일정 단위의 크기에 많은 픽셀을 포함한다.

해설
일정 단위의 크기에 많은 픽셀을 포함하면 이미지의 용량이 커진다. 또한, 파일 포맷에 따라서도 해상도의 차이가 발생한다.

04 이미지에 투명효과를 지원하는 파일 포맷으로 올바른 것은?

① JPG, PNG
② PNG, GIF
③ GIF, BMP
④ PBG, TIFF

해설
이미지에 투명효과를 줄 수 있는 파일 포맷은 PNG와 GIF이다.

05 Indexed Color Mode의 특징으로 옳은 것은?

① 최고 256컬러를 사용하여 이미지를 표현한다.
② 색상이 없이 256가지의 명암만으로 이미지를 표현한다.
③ 광원으로 이미지의 색상을 표현하며 최고 1,670만 색상으로 이미지를 표현한다.
④ 인쇄를 하기 위한 이미지를 표현할 때 가장 적합하다.

해설
인덱스 색상은 기본적으로 저장 공간을 절약하고 파일 전송 속도를 높일 목적으로 만들어진 디지털 이미지의 색상 표현 방식이며 최고 256컬러를 사용하여 이미지를 표현한다.

인생이란 폭풍우가 지나가기를
기다리는 것이 아니라
빗속에서 춤추는 법을 배우는 것이다.

– 비비안 그린

PART 5
구현 및 응용

CHAPTER 01 개발 요소 구현 및 협업

CHAPTER 01 개발 요소 구현 및 협업

PART 5 구현 및 응용

기출유형 46 ▶ DHTML, CSS, XML

다음 중 웹 페이지 제작에 따른 외부 스타일 시트 확장자는?

① *.stc
② *.ssc
③ *.xls
④ *.css

해설
스타일 시트는 외부와 내부 모두 연결이 가능하며 내부 스타일 시트 적용 시에는 〈HEAD〉 〈/HEAD〉 태그 내에서 자유롭게 정의할 수 있다.

| 정답 | ④

족집게 과외

❶ **SGML(Standard Generalized Markup Language) – 1960년대**
  ㉠ 문서용 마크업 언어를 정의하기 위한 메타언어
  ㉡ IBM에서 1960년대에 개발한 GML(Generalized Markup Language)의 후속이며, ISO 표준

❷ **XML(eXtensible Markup Language) – 1990년대 말**
  별도의 Plug-in 프로그램이 없어도 웹 브라우저에서 재생 가능

❸ **동적 HTML(DHTML ; Dynamic HTML) – 2014년 이후**
  ㉠ 기존 HTML의 단점을 개선하여 동적인 웹 페이지를 만들 수 있도록 하기 위한 것으로 브라우저에서 실행되어 서버의 부담이 적고, 이벤트에 대한 즉각적 반응이 가능함
  ㉡ 웹 페이지를 다이내믹하게 구성하기 위한 기법
  ㉢ 기존의 HTML 문서에 문서객체모델(DOM) 기능 첨가
  ㉣ HTML 문서에 있는 객체의 내용을 자유롭게 변경할 수 있음
  ㉤ CGI로 처리해야 할 작업들을 각 클라이언트에서 처리하므로 서버의 부하를 줄일 수 있음
  ㉥ 원하는 정보를 얻기 위해 웹 서버를 찾을 필요 없는 인터랙티브(Interactive)한 페이지
  ㉦ DHTML의 구성요소
    HTML, CSS(스타일 시트), JavaScript(자바스크립트)
  ㉧ 자바스크립트를 기반으로 함

❹ **XHTML(eXtensible Hyper Text Markup Language) – 2000년대**
  ㉠ 웹 문서를 기술하기 위한 국제 표준 언어
  ㉡ 마크업 언어 중 가장 나중에 만들어짐

❺ CSS(Cascading Style Sheet) – 캐스케이딩 스타일 시트
- ㉠ HTML 문서 형태를 위한 언어로 '스타일 시트'라고 함
- ㉡ 기존의 HTML은 웹 문서를 다양하게 설계하고 수시로 변경하는 데 많은 제약이 따르므로 이를 보완하기 위해 만들어짐
- ㉢ CSS의 종류
  - HTML 본문 안에 사용되는 내부(Inline) CSS : 〈STYLE〉〈/STYLE〉
  - HTML 본문과는 별도로 작성하여 문서로 저장하는 외부(Internal) CSS : *.css
- ㉣ 내부 스타일 시트 적용 시 〈HEAD〉〈/HEAD〉 태그 내에서 자유롭게 정의할 수 있음
- ㉤ Inline CSS와 Internal CSS가 부분적으로 충돌할 경우, 충돌하지 않는 Internal CSS는 그대로 상속 적용됨
- ㉥ 스타일 시트에서 글꼴, 색상, 크기, 정렬 방식, 그림자 등을 미리 지정하여 필요한 곳에 적용할 수 있음
- ㉦ OS나 프로그램에 관계없이 누구나 동일한 문서 내용을 볼 수 있도록 함
- ㉧ 하나의 문서만 수정해도 한꺼번에 여러 페이지의 외형과 형식을 수정할 수 있음
- ㉨ 같은 스타일 시트를 사용하는 문서에는 문서들의 일관성을 쉽게 유지할 수 있음
- ㉩ 웹 문서 내에 특정 영역에만 영향을 주기 위해 〈SPAN〉, 〈DIV〉 태그 사용
- ㉪ Cascading은 스타일이 특정 순서대로 웹 페이지에 적용된다는 것을 의미
- ㉫ 스타일 시트(CSS) 적용 시 우선순위

우선순위가 높은 것 ▲ ▼ 우선순위가 낮은 것	Inline
	#id로 지정한 ID 선택자
	.class로 지정한 Class 선택자
	태그 이름으로 지정한 Type 선택자

- ㉬ 밑줄 없는 하이퍼링크를 만들 때 사용됨
- ㉭ HTML 요소의 기능을 확장함
- ㉮ 통일된 문서 양식을 디자인할 수 있음
  - 예 A:link {color:#FF0000} 방문하지 않은 링크의 색상을 빨강으로 표시함

❻ 유니코드(Unicode)
컴퓨터에서 세계 각국의 언어를 통일된 방법으로 표현할 수 있게 제안된 국제적인 문자 코드 규약

❼ 반응형 웹디자인 RWD(Responsive Web Design)
- ㉠ 웹 사이트가 다양한 디바이스(PC, 태블릿, 모바일 등)에서 동일하게 보이도록 하는 디자인
- ㉡ 다양한 디바이스에서 호환성 보장
- ㉢ 사용자의 화면 해상도와 관계없이 콘텐츠가 잘 보이도록 하는 것
- ㉣ 웹 페이지가 다양한 장치 및 화면 크기에 맞춰 동적으로 조정되어야 함
- ㉤ 다양한 장치에서 동일한 사용자 경험을 제공
- ㉥ 미디어 쿼리(Media Queries)는 다양한 화면 크기와 해상도에 따라 스타일을 적용할 수 있게 해주는 CSS의 핵심기능
- ㉦ CSS에서 사용되는 media 규칙 : 다양한 화면 크기와 장치에 따라 다른 스타일을 적용할 수 있음
- ㉧ 웹 브라우저의 가로 폭에 따라 다른 스타일 시트를 적용함
- ㉨ 브레이크포인트(Breakpoint)는 레이아웃이 변경되는 화면 너비의 분기점
- ㉩ 고려할 사항 : 주요 디바이스의 화면 해상도, 콘텐츠의 가독성과 사용성, 레이아웃의 변화 지점
- ㉪ 이미지 최적화를 위해 srcset 속성을 활용한 해상도별 이미지를 제공

❽ 크로스 브라우징(Cross-Browsing)
다양한 웹 브라우저에서 웹 페이지가 일관되게 동작하고 표시되도록 만드는 기술

❾ 점진적 웹 애플리케이션(Progressive Web Apps)
- ㉠ 웹 기술을 사용하여 네이티브 앱처럼 작동
- ㉡ 오프라인 작동 가능
- ㉢ 홈 화면에 설치 가능
- ㉣ 실시간 업데이트

기출유형 완성하기

정답 01 ④ 02 ④ 03 ③ 04 ④ 05 ①

01 다음 마크업 언어 중 가장 나중에 만들어진 것은?

① SGML   ② HTML
③ XML   ④ XHTML

해설
- SGML : 1960년대
- HTML : 1980~1990년대
- XML : 1990년대 말
- XHTML : 2000년대

02 웹 페이지의 외형을 제어하기 위한 언어인 스타일 시트(Style Sheet)에 대한 설명 중 적합하지 않은 것은?

① 하나의 문서만 수정해도 한꺼번에 여러 페이지의 외형과 형식을 수정할 수 있다.
② 스타일 시트에서 글꼴, 색상, 크기, 정렬 방식 등을 미리 지정하여 필요한 곳에 적용할 수 있다.
③ 같은 스타일 시트를 사용하는 문서에는 문서들의 일관성을 쉽게 유지할 수 있다.
④ 웹 페이지의 레이아웃 편집을 강화하여 브라우저나 플랫폼의 종류에 많은 제한이 따른다.

해설
기존의 HTML은 웹 문서를 다양하게 설계하고 수시로 변경하는 데 많은 제약이 따르므로 이를 보완하기 위해 스타일 시트가 만들어졌다.

03 다음이 설명하고 있는 것은?

- 기존의 HTML의 단점을 개선하여 동적인 웹 페이지를 만들 수 있도록 하기 위한 기술
- 문서의 각 요소를 하나의 객체로서 위치와 스타일을 지정할 수 있고, 또한 사용자와의 상호작용을 첨가하거나 움직임이 가능함
- 자바스크립트를 기반으로 함

① CSS   ② CGI
③ DHTML   ④ XML

해설
DHTML은 HTML 문서에 있는 객체의 내용을 자유롭게 변경할 수 있다. 또한, 원하는 정보를 얻기 위해 웹 서버를 찾을 필요가 없게 만들어 주는 인터랙티브(Interactive)한 페이지이다.

04 별도의 Plug-In 프로그램이 없어도 웹 브라우저에서 재생 가능한 것은?

① MOV 파일   ② RDF 문서
③ VRML 파일   ④ XML 문서

해설
XML은 HTML을 확장한 언어로 별도의 플러그인 프로그램이 없어도 웹 브라우저에서 재생 가능한 파일이다.

05 웹 페이지 제작 시 사용되는 스타일 시트(CSS)에 대한 설명으로 옳지 않은 것은?

① 내부 스타일 시트 적용 시 〈HTML〉와 〈/HTML〉 내에서 자유롭게 정의할 수 있다.
② Inline CSS와 Internal CSS가 부분적으로 충돌할 경우, 충돌하지 않는 Internal CSS는 그대로 상속 적용한다.
③ 외부 스타일 시트의 파일 타입(확장자)은 .css 이다.
④ 웹 문서 내에 특정 영역에만 영향을 주기 위해 〈SPAN〉, 〈DIV〉 태그를 사용한다.

해설
내부 스타일 시트 적용 시 〈HEAD〉〈/HEAD〉 태그 내에서 자유롭게 정의할 수 있다.

기출유형 47 ▶ 웹 에디터 프로그램

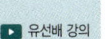

HTML을 자동으로 생성해 주는 웹 에디터 프로그램으로 거리가 먼 것은?

① 나모(Namo)
② 드림위버(Dreamweaver)
③ 프리미어(Premiere)
④ 프론트페이지(FrontPage)

해설
프리미어는 Adobe사에서 제작한 동영상 편집 프로그램이다.

| 정답 | ③

족집게 과외

❶ HTML을 이용한 웹 페이지 제작
  ㉠ Markup 태그를 이용하여 제작
  ㉡ 다양한 멀티미디어 포맷의 파일을 연결시킬 수 있음
  ㉢ 위지위그(WYSIWYG) 방식은 직접 코드를 입력하지 않아도 웹 페이지 구성 가능

❷ HTML을 이용한 웹 페이지 제작 도구 종류
  ㉠ 위지위그(WYSIWYG) 방식
    • What you see is what you get(보이는 대로 얻는다)의 줄임말
    • 위지위그 또는 위지웍으로 불리는데, 위지위그가 맞는 외래어 표기
    • 웹 페이지 제작 시 작업환경에서 보이는 그대로 결과물을 도출해 내는 방식
    • 사용자가 시각적으로 보고 있는 그대로 결과가 표시되는 방식
  ㉡ 위지위그 기반의 HTML 에디터 프로그램 종류
    • 나모 웹 에디터(Namo Web Editor)
    • 드림위버(Dreamweaver)
    • 프론트페이지(FrontPage)
    • 넷스케이프 컴포저(Netscape Composer)
  ㉢ 직접 태그를 코딩하는 프로그램
    • 대표적인 프로그램은 비주얼 스튜디오 코드(Visual Studio Code), 울트라 에디트(Ultra Edit)
    • 위지위그 방식을 적용하지 않은 텍스트 기반의 에디터
  ㉣ Behaviors(행동, 동작)
    일반적으로 드림위버에서 웹 문서에 자바스크립트 소스를 삽입하여 인터랙티브한 페이지를 만들 수 있도록 제공해 주는 것

기출유형 완성하기

정답 01 ③ 02 ④ 03 ① 04 ④ 05 ①

01 다음 중 웹 페이지 제작 방법에 대한 설명으로 옳지 않은 것은?

① 메모장과 같은 일반적인 에디터를 사용하여 직접 코딩한다.
② 워드프로세서를 사용하여 작성 후 HTML로 변환 사용한다.
③ 코딩 방식의 웹 에디터인 나모 웹 에디터로 제작한다.
④ 위지위그(WYSIWYG) 방식의 웹 에디터인 드림위버로 제작한다.

[해설]
나모 웹 에디터는 코딩 방식이 아니라 위지위그 방식으로 제작한다. 위지위그 방식은 웹 페이지 제작 시 작업환경에서 보이는 그대로 결과물을 도출해 내는 방식이다.

02 웹 페이지 제작 시 작업환경에서 보이는 그대로 결과물을 도출해 내는 방식은?

① GUI
② HCI
③ MCP
④ WYSIWYG

[해설]
위지위그(WYSIWYG) 방식은 프론트페이지, 노트패드, 드림위버, 나모 웹 에디터, 넷스케이프 컴포저 등의 프로그램에서 사용된다.

03 다음 중 웹 페이지 저작 도구로 가장 알맞은 것은?

① 드림위버(Dreamweaver)
② 마야(Maya)
③ 3D 스튜디오 맥스(3D Studio MAX)
④ 소프트이미지(Soft Image)

[해설]
드림위버는 Adobe사에서 제작한 프로그램으로 개발자보다 디자이너들이 더 많이 사용한다.

04 웹 페이지 저작 도구 중 위지위그(What you see is what you get) 기반의 웹 에디터가 아닌 것은?

① 나모 웹 에디터
② 프론트페이지
③ 넷스케이프 컴포저
④ 홈 사이트

[해설]
위지위그 방식의 프로그램은 자주 출제되는 문제이므로 내용을 정확히 파악해야 한다.

05 웹 페이지를 제작할 때 사용하는 웹 에디터의 종류가 아닌 것은?

① ActiveX
② Notepad
③ UltraEdit
④ Dreamweaver

[해설]
액티브엑스(ActiveX)는 웹 에디터가 아니라 IE(인터넷 익스플로러) 브라우저에서 사이트 기능을 거의 제한 없이 확장할 수 있도록 만들어진 프로그램이다.
* 인터넷 익스플로러는 2022년 6월 15일 기점으로 서비스가 종료되었다.

기출유형 48 ▶ HTML과 태그

 유선배 강의

HTML 문서의 시작을 알려주는 태그는?

① ⟨begin⟩
② ⟨body⟩
③ ⟨html⟩
④ ⟨start⟩

해설
HTML 문서는 ⟨html⟩로 시작해서 ⟨/html⟩로 끝난다.

| 정답 | ③

족집게 과외

❶ HTML(Hyper Text Markup Language) 개념
- ㉠ Markup 언어
- ㉡ 파일 형식 : .html
- ㉢ HTML 문서는 ASCII 코드로 구성된 일반적인 텍스트 파일
- ㉣ 컴퓨터 시스템이나 운영체제에 독립적임
- ㉤ HTML로 제작된 페이지는 웹 브라우저에서 해석되어 실행됨
- ㉥ HTML의 문서는 태그(Tag)로 구성됨
- ㉦ HTML 문서 내의 단어나 그림을 마우스로 클릭하여 그것과 연결된 새로운 문서로 이동하게 하는 하이퍼링크 기능 제공
- ㉧ 사용자의 운영체제에 상관없이 브라우저만 있으면 HTML로 작성된 모든 웹 문서들을 읽을 수 있음
- ㉨ HTML 4.0에서는 CSS(Cascading Style Sheet)를 이용하여 색상과 폰트, 레이아웃을 자유롭게 조절할 수 있음

❷ HTML 문서의 구조

```
⟨HTML⟩                          → HTML 문서 시작
  ⟨HEAD⟩                        → 머리말 시작
    ⟨TITLE⟩문서의 제목⟨/TITLE⟩
                                → 문서의 제목 시작/끝
  ⟨/HEAD⟩                       → 머리말 끝
  ⟨BODY⟩                        → 문서의 본문 시작
    문서의 내용                   → 문서의 내용을 넣는 부분
  ⟨/BODY⟩                       → 문서의 본문 끝
⟨/HTML⟩                         → HTML 문서 끝
```

❸ HTML 태그
- ㉠ 태그(Tag)의 사용
  - 태그 안에 속성을 정의할 수 있음
  - 태그는 시작 태그와 종료 태그가 한 쌍을 이루어 사용되지만, 종료 태그가 없는 태그도 있음
    예 ⟨BR⟩, ⟨META⟩
  - 태그 이름은 대문자와 소문자를 구분하지 않음
    예 ⟨IMG⟩ = ⟨img⟩
- ㉡ ⟨HEAD⟩⟨/HEAD⟩ 태그
  문서 자체에 대한 설명을 정의하는 것으로, 숨은 데이터를 정의하는 태그들이 들어감

ⓒ 문단 관련 태그

⟨BODY⟩ ⟨/BODY⟩	• 본문의 시작과 끝 지정
	• 사용할 수 있는 속성
	  – BGCOLOR : 웹 문서의 바탕에 배경색 지정
	  – BACKGROUND : 배경으로 사용될 이미지 파일 지정
	  – TEXT : 일반 글자색 지정
	  – LINK : 링크로 설정한 글자색 지정

⟨HR⟩	수평선
⟨BR⟩	줄 바꿈
⟨CENTER⟩ ⟨/CENTER⟩	태그 사이의 문단을 가운데 정렬
⟨P⟩	문단을 바꿀 때 사용
⟨DIV⟩ ⟨/DIV⟩	문서를 구분하여 문단별로 정렬

ⓓ 목록 관련 태그

⟨OL⟩ ⟨/OL⟩	순서가 있는 목록
⟨UL⟩ ⟨/UL⟩	순서가 없는 목록
⟨LI⟩ ⟨/LI⟩	목록 각각의 내용 정의
⟨DL⟩ ⟨/DL⟩	정의 목록(Description List)을 만들 때 사용
⟨DT⟩ ⟨/DT⟩	정의 목록의 제목을 나타냄
⟨DD⟩ ⟨/DD⟩	정의 항목에 대한 설명을 나타냄

ⓔ 글자 관련 태그

⟨FONT⟩	폰트 태그에서 사용할 수 있는 속성 예 Family(글꼴), Size(글꼴 크기), Weight(글꼴 두께), Color(글꼴 색상), Spacing(글자 간격), Height(행 간격)
⟨H1⟩ ⟨/H1⟩	• 특정한 문장을 가장 큰 글씨로 화면에 출력하고자 할 때 사용 • ⟨H1⟩~⟨H6⟩까지 사용하며 숫자가 작을수록 글자 크기가 큼
	글자 사이를 공백으로 띄움
⟨B⟩ ⟨/B⟩	굵은 글씨체
⟨U⟩ ⟨/U⟩	밑줄
⟨SUB⟩ ⟨/SUB⟩	아래 첨자
⟨I⟩ ⟨/I⟩	이탤릭체
⟨CITE⟩ ⟨/CITE⟩	짧은 인용구 표시
⟨CODE⟩ ⟨/CODE⟩	프로그램 코드 글자 모양

ⓕ 이미지 관련 태그

웹 페이지에 삽입할 수 있는 이미지 형식 : PNG, JPG, GIF

⟨IMG⟩	이미지를 첨부하는 태그로 이미지의 경로를 지정
⟨MAP⟩ ⟨/MAP⟩	• 이미지 맵을 지정하는 태그 • 한 이미지 위에 여러 개의 링크를 지정할 수 있는 기능
⟨AREA⟩	이미지 맵에 클릭할 수 있는 영역의 위치 값 지정

ⓐ 색상 관련 태그

| 〈BODY bgcolor ="#색상값"〉 | 배경 색상 지정 |

- 흰색 표현 방법
  〈BODY bgcolor="#ffffff"〉
  〈BODY bgcolor="white"〉
  〈BODY bgcolor="ffffff"〉
- 검은색 표현 방법
  〈BODY bgcolor="#000000"〉
  〈BODY bgcolor="black"〉
  〈BODY bgcolor="000000"〉

ⓑ 일반 정보 태그

| 〈META〉 | 문서의 작성자, 날짜, 주요 단어 등 웹 브라우저의 내용에는 나타나지 않는 웹 문서의 일반 정보를 나타낼 때 사용 |

❹ 표/프레임 태그

㉠ TABLE(표) 관련 태그

〈TABLE〉 〈/TABLE〉	표의 시작과 끝
〈TR〉 〈/TR〉	표의 행(가로)
〈TD〉 〈/TD〉	표의 열(세로)
〈TH〉 〈/TH〉	〈TD〉와 동일하나 제목과 관련된 내용일 때 사용
〈CAPTION〉 〈/CAPTION〉	표 제목(캡션)

㉡ 〈TABLE〉 태그 속성

〈TABLE width="1920" border="3" cellpadding="0" cellspacing="0"〉

- width : 표 가로 사이즈
- border : 테이블 테두리 두께
- cellpadding : 셀 구분선과 셀 안의 문자 간의 여백 설정
- cellspacing : 셀과 셀 사이의 간격(테이블 내부의 선의 두께)

㉢ HTML 작성 시 프레임(Frame)의 크기를 설정하기 위한 방법
- 백분율로 구분하는 방법
- 픽셀 수로 설정하는 방법
- 상대 비율로 설정하는 방법

❺ 주석문

나중에 본인 혹은 다른 사람이 코드를 봤을 때 프로그램 내용을 빨리 파악할 수 있도록 도와주는 문구

〈!-- 여기는 주석문 입니다. --〉

기출유형 완성하기

정답 01 ④ 02 ① 03 ④ 04 ④ 05 ②

01 다음 중 이미지 관련 HTML 태그가 아닌 것은?

① 〈IMG〉
② 〈MAP〉
③ 〈AREA〉
④ 〈SELECT〉

해설
- 〈IMG〉는 이미지를 첨부하는 태그이며 〈MAP〉과 〈AREA〉는 이미지 맵을 지정할 때 사용되는 태그이다.
- 〈SELECT〉는 선택하는 드롭박스를 만들 때 사용되는 태그이다.

02 다음 중 일반적인 HTML 문서의 기본구조로 옳은 것은?

① 〈HTML〉〈HEAD〉〈/HEAD〉 〈BODY〉〈/BODY〉〈/HTML〉
② 〈HEAD〉〈/HEAD〉〈HTML〉 〈BODY〉〈/HTML〉〈/BODY〉
③ 〈HEAD〉〈HTML〉〈/HTML〉 〈/HEAD〉〈BODY〉〈/BODY〉
④ 〈HEAD〉〈/HEAD〉〈HTML〉 〈BODY〉〈/BODY〉〈/HTML〉

해설
〈HTML〉로 시작해서 〈/HTML〉로 끝나는지 확인한 후 머리에 해당하는 〈HEAD〉〈/HEAD〉와 본문에 해당하는 〈BODY〉〈/BODY〉의 순서가 맞는지 확인한다.

03 다음 HTML 태그 중 성격이 다른 태그는?

① 〈OL〉〈/OL〉
② 〈UL〉〈/UL〉
③ 〈LI〉〈/LI〉
④ 〈BR〉〈/BR〉

해설
OL, UL, LI 태그는 목록과 관련된 태그이나 〈BR〉은 문단 관련 태그이며 줄 바꿈을 할 때 사용한다. 또한, 홀 태그이므로 〈BR〉로만 표기해야 한다.

04 웹 페이지 제작 시 배경 색상 설정이 흰색으로 지정되지 않는 것은?

① 〈BODY bgcolor="#ffffff"〉
② 〈BODY bgcolor="white"〉
③ 〈BODY bgcolor="ffffff"〉
④ 〈BODY bgcolor="#000000"〉

해설
색상 값에서 "#000000"은 검정색(블랙)이다. 색상 값을 표기할 때 대표적인 색은 "black"처럼 색상 명을 지정해서 입력할 수 있고 색상 값 앞에 "#"을 빼도 색상이 적용된다.

05 HTML 태그의 설명으로 옳지 않은 것은?

① 〈I〉 … 〈/I〉 : 이탤릭체를 보여준다.
② 〈OL〉 … 〈/OL〉 : 순서를 매기지 않은 목록을 작성할 때 사용한다.
③ 〈CENTER〉 … 〈/CENTER〉 : 태그 사이에 있는 문단을 가운데로 정렬한다.
④ 〈BR〉 : 줄을 바꿀 때 사용한다.

해설
〈OL〉〈/OL〉 태그는 순서를 매기는 목록을 작성할 때 사용한다.

기출유형 49 ▶ 멀티미디어 및 양식 태그

HTML을 이용하여 홈페이지를 제작할 경우 배경음악을 삽입하기 위해 주로 사용하는 태그는?

① 〈BGSOUND src="파일명"〉
② 〈MUSIC src="파일명"〉
③ 〈LINK href="파일명"〉
④ 〈OBJECT id="파일명"〉

해설
배경음악 등의 사운드 파일 형식의 확장자 종류는 RA, AIFF, AU, WAV, MP3 등이 있다.
배경음악 삽입 예시 〈BGSOUND src="music.mp3"〉

| 정답 | ①

족집게 과외

❶ 멀티미디어 삽입 관련 태그

〈EMBED〉〈/EMBED〉

HTML 문서에서 음악이나 동영상 등의 멀티미디어 파일을 삽입하여 재생하고자 할 때 사용

❷ 음악 관련 태그

〈BGSOUND src="파일명"〉
배경음악 삽입

❸ 동영상 파일 형식의 확장자 종류

MPG, SWF, AVI, ASF, RM, WMV, MP4, MOV
예 〈EMBED src="data/flash.swf" width="400" height="250"〉

❹ 사운드 파일 형식의 확장자 종류

RA, AIFF, AU, WAV, MP3
예 〈EMBED src="data/music.wav"〉

❺ 하이퍼링크(Hyperlink)

㉠ 문서 간 이동이나 한 문서 내에서의 이동을 위해 사용되는 링크를 의미하며, 특정한 단어나 그림을 선택하면 이들과 연결된 다른 문서 혹은 다른 미디어로 이동하는 역할

㉡ 링크 관련 태그

- 다른 사이트를 새로운 창으로 여는 링크

  〈a href="www.sdedu.co.kr" target="_blank"〉

- 전자메일로 연결되는 링크

  〈a href="mailto:abc@sdedu.co.kr"〉

- 링크 관련 태그 설명

〈A href〉	• 다른 페이지로 이동하는 링크를 연결하는 태그 • 문서, 이미지 등을 하이퍼링크로 연결 • A는 앵커(Anchor)를 지칭
Target	_blank : 링크된 문서를 새 창에 보여줌
	_parent : 현재 창의 부모 프레임(한 단계 상위 페이지)에 링크된 문서가 나타남
	_self : 링크된 문서를 하이퍼링크가 있던 현재 프레임에 보여줌
	_top : 링크된 문서를 창 전체에 보여줌

기출유형 완성하기

정답 01 ② 02 ③ 03 ④ 04 ④ 05 ④

01 웹 문서에 MP3 사운드 파일을 삽입하여 재생하고자 할 때 사용되는 태그는?

① 〈IMG〉
② 〈EMBED〉
③ 〈BK〉
④ 〈MP3〉

해설
〈EMBED〉 〈/EMBED〉 태그는 시작과 끝을 표기하여 사용한다.

02 문서 간 이동이나 한 문서 내에서의 이동을 위해 사용되는 링크를 의미하며, 특정한 단어나 그림을 선택하면 이들과 연결된 다른 문서나 혹은 다른 미디어로 이동하는 역할을 하는 것은?

① HTTP Text Transfer Protocol
② Hyper Text Markup Language
③ Hyperlink
④ Browser

해설
하이퍼링크(Hyperlink)는 동영상, 음악, 사진, 프로그램, 파일, 글 등 웹 페이지 안에 있는 모든 형식의 자료를 특정 위치로 지정할 수 있는 연결 고리 역할을 한다. 하이퍼링크를 단순히 링크(Link, 고리)라고 줄여 말하기도 한다.

03 다음 중 웹에 대한 설명으로 옳지 않은 것은?

① 웹은 World Wide Web의 약자이다.
② 하이퍼텍스트 자료들은 HTML이라는 언어를 통해 표현된다.
③ HTTP라는 통신 프로토콜을 사용한다.
④ 문자 중심이며 동영상 자료는 전송이 불가하다.

해설
웹은 동영상, 음악, 사진, 음성 등의 멀티미디어 환경이 갖추어졌기 때문에 다양한 자료 전송이 가능하다.

04 인터넷에서 사용되는 대부분의 사운드 파일은 주로 압축된 형태의 것들이다. 다음 중 인터넷에서 사용되는 사운드 파일 형식의 확장자가 아닌 것은?

① RA
② AIFF
③ AU
④ BMP

해설
• 사운드 파일 형식은 RA, AIFF, AU, WAV, MP3 등이 있다.
• BMP 파일은 비트맵 이미지를 저장하는 방식이다.

05 HTML 문서에서 하이퍼링크 설정 시 새로운 창을 열어 문서를 연결하는 속성을 지정하고자 한다. (1)에 들어갈 옵션으로 옳은 것은?

〈HREF="http://www.sdedu.co.kr" target="(1)"〉

① _SELF
② _PARENT
③ _TOP
④ _BLANK

해설
① SELF : 링크된 문서를 하이퍼링크가 있던 현재 프레임에 보여준다.
② PARENT : 현재 창의 부모 프레임(한 단계 상위 페이지)에 링크된 문서가 나타난다.
③ _TOP : 링크된 문서를 창 전체에 보여준다.

기출유형 50 ▶ 자바스크립트

Java Script에 대한 일반적인 설명으로 옳지 않은 것은?

① 객체지향적 프로그래밍 언어이다.
② 인터랙티브 웹 페이지 제작을 위해 사용된다.
③ 소스가 공개된다.
④ 컴파일이 필요하다.

해설
자바스크립트의 장점은 컴파일 과정을 거치지 않기 때문에 신속한 개발을 할 수 있다.

| 정답 | ④

족집게 과외

❶ 자바스크립트(Java Script)의 개념
- ㉠ 선 마이크로시스템즈와 넷스케이프가 공동으로 개발한 스크립트 언어
- ㉡ HTML 내에 삽입되어 홈페이지를 좀 더 동적이고 다양하게 제작할 수 있도록 하며 인터랙티브 웹 페이지 제작을 위해 사용
- ㉢ 소스 코드가 HTML 문서에 포함되어 실행되는 스크립트 언어
- ㉣ 변수 타입 선언 없이 사용 가능
- ㉤ 객체지향적 프로그래밍 언어로 내장 객체 사용
- ㉥ 소스가 공개됨
- ㉦ 데이터 형을 설정하지 않아도 됨
- ㉧ 모든 플랫폼에서 인터프리터에 의해 실행 가능
- ㉨ 클라이언트 측에서 수행됨
- ㉩ 상호작용적인 웹 문서를 만들 수 있도록 지원
- ㉪ 자바스크립트에서 문자는 항상 큰따옴표(" ") 또는 작은따옴표(' ')로 감싸줘야 함
- ㉫ 인터프리터 언어로 실행될 때마다 번역됨
- ㉬ 자바스크립트를 지원하지 않는 브라우저에서는 일반 문자로 해석되어 무시됨

❷ 자바스크립트의 두 가지 작성 방법
- ㉠ HTML 문서 내부의 `<head><script>` ... `</script></head>`에 작성
- ㉡ HTML 문서와 별도의 파일로 작성하여 사용할 수도 있는데, 이때 연결되는 자바스크립트 파일의 확장자는 .js로 함
- ㉢ 소스가 길어질 경우 함수로 이름을 지정해 호출하여 사용

❸ 자바스크립트의 장점
- ㉠ 컴파일 과정을 거치지 않기 때문에 신속한 개발을 할 수 있음

> **Tip**
> **컴파일(Compile)**
> 어떤 언어의 코드를 다른 언어로 바꿔주는 과정

- ㉡ HTML 문서 내에 직접 코드를 삽입하므로 빠르게 작성할 수 있음
- ㉢ 웹상에서 인터랙티브한 웹 페이지를 만드는 데 많이 사용됨
- ㉣ 운영체제의 제한을 받지 않으므로 어떤 운영체제와 하드웨어에서도 작동하는 이식성이 높은 언어
- ㉤ 문법이 간단해 손쉽게 프로그램을 만들 수 있음

④ 자바스크립트의 활용 분야
  ㉠ 대화형 웹 애플리케이션 구축
  ㉡ 브라우저 제어 및 다양한 기능 조절
  ㉢ 클라이언트에서 입력한 값을 서버로 전송(CGI와 연동)

⑤ 예약어(Reserved Words)
  ㉠ 예약어란 자바스크립트에서 이미 사용하는 단어로써 특별한 의미를 가지고 있어, 변수나 함수 이름 등으로 사용할 수 없는 단어
    예 this, if, for, else 등
  ㉡ 예약어는 정해진 기능을 하도록 설정되었으므로 변수로 사용할 수 없음

⑥ 변수
  ㉠ 프로그래밍 언어에서 처리해야 하는 데이터를 담을 수 있도록 도와주는 도구 역할. 즉, 변수를 통해서 데이터에 접근하고 데이터를 업데이트할 수 있음
  ㉡ 하나의 값을 저장하기 위해 확보한 메모리 공간 자체 또는 그 메모리 공간을 식별하기 위해 붙인 이름
  ㉢ 변수명 사용 시 주의사항
    • 변수는 문자, 숫자, $, 언더바(_)만 사용할 수 있음
    • 특수기호나 공백 문자는 사용할 수 없음
    • 첫 글자는 반드시 영문자나 언더바(_)로 시작하고 숫자 및 특수 문자로 시작할 수 없음
    • 대문자와 소문자를 구분하며 가급적 상수는 대문자로 사용
    • 변수명은 읽기 쉽고 이해할 수 있게 선언해야 함
    • 대부분 명사(단어)로 지정
  ㉣ 변수의 종류

전역변수	• 함수 안과 밖에서 모두 사용할 수 있음 • 변수를 선언하지 않고 사용하는 경우에는 전역변수가 됨
지역변수	• 반드시 함수 내에서만 선언되어야 함 • 선언된 중괄호 { } 안에서만 사용할 수 있음 • 지역변수 선언은 var 키워드를 사용하여 선언

⑦ 제이쿼리(jQuery)
작고 빠른 자바스크립트 라이브러리로서, 자바스크립트에서 HTML 문서의 탐색과 조작, 애니메이션, 이벤트 처리 등을 쉽게 활용할 수 있도록 하여 웹 페이지에 역동적인 움직임이나 기능을 더해줌

⑧ 애플릿
  ㉠ HTML 문서에 삽입되는 자바 프로그램으로 대화형 페이지를 만드는 데 효과적으로 사용될 수 있음
  ㉡ 별도의 웹 브라우저를 통해 홈페이지에서만 실행이 가능한 프로그램으로, 작은 의미의 자바 응용 프로그램임

❾ 연산자 우선순위

우선순위가 가장 높음 ▲ ▼ 우선순위가 가장 낮음	( ), [ ]	최우선 연산자(= New Array와 동일한 의미)
	+ +, - -	자동 증감 연산자
	*, /, %, +, -	산술(사칙) 연산자
	>>, <<, >>>	시프트 연산자
	>, <, >=, <=, = =, !=	비교 연산자
	&, ^, |	비트 연산자
	&&, ||	논리 연산자
	=, + =, - =	대입(할당) 연산자

예 "서로 같지 않다"의 관계 연산자는 "!="
"서로 같다"의 관계 연산자는 "=="

기출유형 완성하기

정답 01 ③ 02 ④ 03 ③ 04 ④ 05 ③

01 다음 중 자바스크립트 변수명으로 선언할 수 없는 것은?

① menu_7
② total
③ 2cond_name
④ _reg_number

해설
자바스크립트의 변수는 문자, 숫자, $, 언더바(_)만 사용할 수 있고 특수기호나 공백 문자는 사용할 수 없다. 또한, 첫 글자는 숫자 및 특수문자로 시작할 수 없고 영문자나 언더바(_)로 시작한다.

02 자바스크립트에 대한 설명으로 옳지 않은 것은?

① HTML 문서에 포함되어 실행되는 스크립트 언어이다.
② 동적인 웹 페이지를 작성할 수 있도록 해준다.
③ 모든 플랫폼에서 인터프리터에 의해 실행이 가능하다.
④ 컴파일 과정을 통하여 스크립트를 직접 실행하는 인터프리터 언어이다.

해설
컴파일은 어떤 언어의 코드를 다른 언어로 바꿔주는 과정을 말하는데, 자바스크립트는 컴파일을 하지 않고 바로 실행시킬 수 있는 스크립트 언어이다.

03 웹 페이지를 만들기 위해 사용되는 프로그램 중 클라이언트 측에서 수행되는 것은?

① ASP
② JSP
③ JavaScript
④ PHP

해설
- 클라이언트 수행 방식 : 클라이언트의 요청사항이 클라이언트 측 웹 브라우저에서 바로 실행되어 나타나는 것을 말하며 HTML, DHTML, CSS, JavaScript 등이 있다.
- 서버 측 수행방식 : 클라이언트의 요청사항이 서버 측에서 먼저 실행된 후 그 결과만 클라이언트 측 웹 브라우저에 반환되어 나타나며 ASP, JSP, PHP 등이 있다.

04 자바스크립트의 장점으로 볼 수 없는 것은?

① 컴파일 과정을 거치지 않기 때문에 신속한 개발을 할 수 있다.
② 웹상에서 인터랙티브한 웹 페이지를 만드는데 많이 사용된다.
③ 어떤 운영체제와 하드웨어에서도 작동하는 이식성이 높은 언어이다.
④ 자바스크립트를 이용한 응용 프로그램은 브라우저가 제한하는 기능적 한계를 벗어날 수 있다.

해설
자바스크립트를 이용한 응용 프로그램은 브라우저 기능에 포함되기 때문에 그 영역을 벗어날 수 없다.

05 자바스크립트의 변수에 대한 설명으로 옳지 않은 것은?

① 변수를 선언하지 않고 사용하는 경우에는 전역변수가 된다.
② 지역변수는 반드시 함수 내에서만 선언되어야 한다.
③ 지역변수 선언은 Dim 키워드를 사용하여 선언한다.
④ 지역변수는 선언된 중괄호 { } 안에서만 사용할 수 있다.

해설
지역변수 선언은 var 키워드를 사용하여 선언한다.

기출유형 51 ▶ 자바스크립트 내장 함수

자바스크립트의 내장 함수에 해당되지 않는 것은?

① fun define( ) ② eval( )
③ parseInt( )   ④ escape( )

해설
자바스크립트의 내장 함수는 직접 함수를 만들지 않아도 자바스크립트가 기본적으로 제공해 주는 함수이다.

| 정답 | ①

족집게 과외

❶ 배열

인덱스를 이용해서 n개의 데이터를 하나의 변수에 담고 있는 형태

> **Tip**
> 데이터
> 숫자, 문자열, 불리언, 함수, 객체, 언디파인드
> (Undifined)

❷ 함수(Function)

㉠ 프로그램에서 어떤 기능을 구현할 때 그 기능에 대한 명령을 내려 동작하도록 하는 것
㉡ 특정한 기능들을 모아 놓고 필요에 따라서 명령하면 답하는 기계
㉢ 프로그램 안에서 각각의 작은 기능들을 독립적으로 수행
㉣ 입력값(Input)을 받아서 처리한 후 결과값(Output)을 반환
㉤ 함수의 이름을 보고 어떤 기능을 하는지 예측할 수 있으므로 함수의 이름을 정하는 것이 중요

❸ 함수 생성의 종류

㉠ 명시(선언)적 함수 : 이름이 있으므로 지정해서 호출할 수 있음

```
Function 함수 이름( ) {
        실행문;
}
```

함수 이름이 있음
▼
함수 호출 : 함수 이름( );

㉡ 익명 함수 : 함수 이름이 없어서 변수에 담아서 사용하고 지정된 변수 이름으로 호출할 수 있음

```
Var 변수 이름 = Function {
        실행문;
}
```

함수 이름이 없음
(이름이 없으므로 변수에 담아서 사용하기도 함)
▼
함수 호출 : 변수 이름( );

㉢ 함수의 선언과 표현

```
Function 함수 이름(매개변수1, 매개변수2, ..., 매개변수n) {
        //매개변수들을 이용한 배열 객체
        arguments = [매개변수1, 매개변수2, ..., 매개변수n]
}
```

- 하나의 함수가 한 가지의 일만 하도록 명령
- 함수는 동작하는 것이기 때문에 이름을 지정할 때는 명령어(Command), 동사(Verb) 형태로 지정
- 다양한 객체의 종류가 있는데 그중에서 Arguments는 매개변수를 데이터로 하는 배열 객체

② 내장 함수
- 자바스크립트는 함수를 직접 만들 수도 있고 만들어진 함수를 불러올 수도 있는데, 이미 시스템에 정의된 함수를 내장 함수라고 함
- 직접 함수를 만들지 않아도 자바스크립트가 기본적으로 제공해주는 함수

⑩ 내장 함수의 종류

alert( )	메시지 창이 생성되어 화면에 띄워짐
prompt( )	사용자로부터 임의의 문자를 입력받기 위한 창을 화면에 띄워 입력한 문자열을 사용할 수 있게 해줌
confirm( )	[확인]이나 [취소] 버튼이 나타나는 메시지 창이 생성됨
console.log( )	• 로그를 찍는 함수 • 사용자 화면엔 보이지 않지만 디버깅해서 확인 가능
eval( )	문자열로 입력된 수식을 계산해주는 함수
parseInt( )	• 인수로 들어온 문자열을 정수로 변환 • 정수 : %d로 출력하면 소수점은 표시되지 않음
parseFloat( )	• 수식으로 되어 있는 문자열을 계산하여 실수로 변환 • 문자열을 실수(부동소수점)로 변환 • 실수 : %lf로 출력하면 소수점까지 표시됨
isNaN( )	• 입력된 값이 숫자인지 아닌지의 여부를 판단 • NaN은 Not a Number의 약자
escape( )	알파벳, 숫자, 일부 특수기호를 제외하고 문자를 16진수로 바꿔주는 함수

setTimeout( )	일정 시간이 지난 후 지정된 명령을 호출(1회만 실행)
clearTimeout( )	setTimeout에 설정된 명령어를 취소하는 역할
setInterval( )	일정 시간마다 지정된 명령을 반복 호출로 브라우저 상태를 파악하거나 동작을 수행(무한반복 실행)
clearInterval( )	setInterval에 설정된 명령어를 취소하는 역할

⑭ 디버깅(Debugging)
- 컴퓨터 프로그램 개발단계 중에 발생하는 시스템의 오류나 비정상적 연산(버그)을 찾아내어 그 원인을 밝히고 수정하는 작업 과정
- 디버깅 방법은 브라우저 창에서 F12 버튼을 누르고 [Console] 탭에서 오류를 확인할 수 있음

기출유형 완성하기

정답 01 ④ 02 ④ 03 ① 04 ① 05 ③

01 자바스크립트의 Window 객체 중 일반적으로 다음 그림과 같은 다이얼로그 박스를 나타내는 메소드는?

① open( )   ② prompt( )
③ alert( )   ④ confirm( )

해설
내장 함수의 종류 중 Confirm은 [확인]이나 [취소] 버튼이 나타나는 메시지 창이 생성된다.

02 자바스크립트의 내장 함수 중 수식으로 되어 있는 문자열을 계산하여 실수로 변환해 주는 함수는?

① confirm( )   ② alert( )
③ eval( )   ④ parseFloat( )

해설
parseFloat( )는 문자열을 실수(부동소수점)로 변환해 주는 함수이다.

03 자바스크립트의 함수 중 입력된 값이 숫자인지 아닌지의 여부를 판단하는 함수는?

① isNaN( )   ② escape( )
③ confirm( )   ④ alert( )

해설
NaN은 Not a Number의 줄임말이다.

04 다음과 같은 자바스크립트 소스를 헤드(Head) 태그 안에 삽입 시 브라우저에서 적용되는 결과는?

```
<script language="javascript"
<!--
    alert("Welcome to the Morning Glory");
//-->
</script>
```

① 페이지가 열릴 때 자동으로 Welcome to the Morning Glory라는 문구가 있는 메시지 창이 뜬다.
② 페이지가 열릴 때 Welcom to the Morning Glory라는 플래시가 출력된다.
③ 페이지가 열릴 때 Welcome to the Morning Glory라는 문구가 한 자씩 브라우저에 새겨진다.
④ 페이지가 열릴 때 Welcome to the Morning Glory라는 문구가 이메일로 보내진다.

해설
내장 함수의 종류 중에서 alert( )는 메시지 창을 생성하는 역할을 하며, 메시지를 직접 입력하여 적용할 수 있다.

05 자바스크립트에서 일정 시간마다 지정된 처리를 반복 호출하는 함수는?

① escape( )
② clearTimeout( )
③ setInterval( )
④ setTimeout( )

해설
setInterval( )은 일정 시간마다 지정된 명령을 반복 호출하여 브라우저 상태를 파악하거나 동작을 수행하며, 무한반복으로 실행되는 특징이 있다.

기출유형 52 ▶ 자바스크립트 내장 객체

자바스크립트 내에서 사용되는 String 객체에 대한 설명으로 옳지 않은 것은?

① replace( ) : 임의의 문자열에서 지정한 문자를 다른 문자로 변경한다.
② match( ) : 임의의 문자열에서 지정한 문자가 나타나는 첫 번째 위치 값을 반환한다.
③ split( ) : 임의의 문자열을 지정한 문자열이 나타나는 위치들을 나누어 2개 이상의 문자열 배열로 만들어 반환한다.
④ toUpperCase( ) : 문자열에 존재하는 대문자를 모두 소문자로 변환하여 반환한다.

해설
toUpperCase( )은 문자열에 존재하는 소문자를 모두 대문자로 변환하여 반환한다.

|정답| ④

족집게 과외

❶ 객체(Object)
㉠ 배열처럼 변수에 데이터를 여러 개 담을 수 있게 해주는 자바스크립트 자료형
㉡ 속성(Property)이라고 하는 키(Key)와 값(Value)을 { } 안에 넣어 표현
㉢ 상태(속성)와 행동(메서드)을 함께 가리키는 단위
㉣ 속성과 메서드를 구분하는 방법 : ( )가 없으면 속성, ( )가 있으면 메서드
㉤ 메서드 : 객체 안에 들어 있는 함수

[객체 작성 방법]
```
var 객체변수명 = {      → { }를 이용해서 객체 생성
  key1 : value1,      → key : value를 이용
  key2 : value2,      → 콤마 ','를 이용해서 구분
  key3 : value3,
  key4 : value4,
  key5 : value5,
  key6 : value6,
  ...
  key : value         → { }를 이용해서 객체 생성
}
```

[객체 작성 예시]
```
var objName ={        → { }를 이용해서 객체 생성
  num : 123,          → 숫자
  str : "abc",        → 문자
  boo : true,         → 불리언
  fun : Function(),   → 함수(메서드)
  obj : , { }         → 객체
  arr : [1, 2, 3],    → array 객체
  ude : undefined     → 언디파인드
  ...
}
```

❷ 자바스크립트 내장 객체
㉠ 자바스크립트 내에 이미 정해져 있는 객체
㉡ 문자열 처리, 수학 처리 등을 할 수 있는 객체들로 이루어짐

❸ 자바스크립트 내장 객체의 종류

㉠ Array 객체 : 비슷한 종류의 데이터를 하나의 배열로 생성해줌

• Array 객체의 행동(메서드)

concat( )	2개 이상의 배열을 결합해 하나의 배열 객체를 생성하여 반환
join( )	배열 객체의 각 원소들을 하나의 문자열로 만들어 반환
slice( )	배열의 원소들 가운데 일부를 새로운 배열로 만들어 반환
reverse( )	배열의 값을 역순(거꾸로 된 순서)으로 반환
sort( )	• 배열의 각 원소들을 오름차순으로 정렬하여 반환 • sort(조건) : 조건을 넣으면 조건대로 정렬

㉡ String 객체 : 문자열을 처리하는 객체

• String 객체의 메서드

replace( )	임의의 문자열에서 지정한 문자를 다른 문자로 변경 예 주어진 값은 대문자 'A'인데 소문자 'a'로 변경
match( )	임의의 문자열에서 지정한 문자가 나타나는 첫 번째 위치값을 반환
split( )	임의의 문자열을 지정한 문자열이 나타나는 위치를 지정하여 2개 이상의 문자열 배열로 나누어서 반환
toUpperCase( )	문자열에 존재하는 소문자를 모두 대문자로 변환하여 반환
toLowerCase( )	문자열에 존재하는 대문자를 모두 소문자로 변환하여 반환

㉢ Date 객체 : 날짜와 시간 처리 객체
㉣ Math 객체 : 수학 관련 속성과 메서드 제공
㉤ Number 객체 : 숫자 데이터를 처리하기 위한 객체
㉥ Screen 객체 : 브라우저의 화면 정보 관련 속성을 제공

기출유형 완성하기

정답 01 ③ 02 ③ 03 ④ 04 ④ 05 ①

01 자바스크립트에서 제공하는 내장 객체가 아닌 것은?

① Array ② Date
③ Frame ④ Math

해설
내장 객체의 종류 : Array, String, Date, Math, Image, Number 등

02 자바스크립트 내에서 사용되는 배열(Array) 객체에 대한 설명으로 옳지 않은 것은?

① concat( ) : 2개 이상의 배열을 결합해 하나의 배열 객체를 생성하여 반환한다.
② join( ) : 배열 객체의 각 원소들을 하나의 문자열로 만들어 반환한다.
③ sort( ) : 배열의 각 원소들을 내림차순으로 정렬하여 반환한다.
④ slice( ) : 배열의 원소들 가운데 일부를 새로운 배열로 만들어 반환한다.

해설
sort( )는 배열의 각 원소들을 오름차순으로 정렬하여 반환한다.

03 객체에 대해 설명한 것 중 옳지 않은 것은?

① 배열처럼 변수에 데이터를 여러 개 담을 수 있게 해주는 자바스크립트 자료형이다.
② 속성(Property)이라고 하는 키(Key)와 값(Value)을 { } 안에 넣어 표현한다.
③ 객체란 상태(속성)와 행동(메서드)을 함께 가리키는 단위이다.
④ 속성과 메서드를 구분하는 방법 : ( ) 있으면 속성, ( ) 없으면 메서드이다.

해설
속성과 메서드를 구분하는 방법 : ( )가 없으면 속성, ( )가 있으면 메서드이다.

04 자바스크립트에서 내장 객체에 대한 설명으로 옳지 않은 것은?

① 내장 객체는 문자열 처리, 수학 처리 등을 할 수 있는 객체들로 이루어져 있다.
② Screen 내장 객체는 브라우저의 화면 정보 관련 속성을 제공한다.
③ Math 내장 객체는 수학 관련 속성과 메서드를 제공한다.
④ Number 내장 객체는 함수를 정의하고, 작업을 간단하게 처리할 수 있는 기능을 제공한다.

해설
Number 객체는 숫자 데이터를 처리하기 위한 객체이다.

05 Java 스크립트 언어의 배열 객체에서 2개 이상의 배열을 결합하여 하나의 배열 객체를 생성하여 반환하는 메서드는?

① concat( )
② join( )
③ reverse( )
④ slice( )

해설
② join( ) : 배열 객체의 각 원소들을 하나의 문자열로 만들어 반환한다.
③ reverse( ) : 배열의 값을 역순(거꾸로 된 순서)으로 반환한다.
④ slice( ) : 배열의 원소들 가운데 일부를 새로운 배열로 만들어 반환한다.

기출유형 53 ▶ 자바스크립트 브라우저 내장 객체

다음 중 자바스크립트의 Window 객체 이벤트(Event)에 관한 내용이 아닌 것은?

① onLoad　　　　　　　　　② onKeypress
③ onError　　　　　　　　　④ onFocus/onBlur

해설
① onload : HTML 문서를 읽는 경우
③ onError : 문서를 읽던 중 에러가 발생할 경우
④ onFocus/onBlur : 대상에 포커스가 들어왔을 때 발생하는 이벤트를 처리 / 대상이 포커스를 잃어버렸을 때 발생하는 이벤트를 처리

| 정답 | ②

족집게 과외

❶ 브라우저 내장 객체의 개념
- ㉠ 웹 브라우저 창을 위한 속성과 메서드 제공
- ㉡ Browser Object Model(BOM)이라고도 하며 브라우저와 관련된 객체를 의미함

❷ 브라우저 내장 객체의 종류
- ㉠ 상위 객체 : Window
- ㉡ 하위 객체 : History, Location, Frame 등
- ㉢ History 객체 : 웹 브라우저의 히스토리 정보를 이용하여 이동하는 객체
- ㉣ Location 객체 : 웹 브라우저의 주소 표시줄의 URL 주소 정보를 제공하는 객체
- ㉤ Frame 객체 : 웹 브라우저에 모두 몇 개의 프레임이 있는지 알 수 있는 객체

❸ Window 객체의 속성

self / this / window	자기 자신의 창
top	현재 프레임의 최상위 프레임(자기 자신의 창일 수도 있음)
opener	현재 창을 열리게 한(생성한) 부모 창 : 브라우저 첫 화면
closed	창이 닫혀 있는 상태 식별
history / location	현재 창의 history 객체 / location 객체

❹ Window 객체의 메서드

window.alert( )로 써야 하지만 window.는 생략해서 씀

alert( )	메시지 창 생성
open( )	새 창 열기
close( )	창 닫기
eval( )	문자열을 숫자로 변환하여 보여줌
confirm( )	[확인]이나 [취소] 버튼이 나타나는 메시지 창 생성
setTimeout( )	일정 시간이 지난 후 지정된 명령 호출
setInterval( )	• 일정 시간마다 지정된 명령을 반복 호출하여 브라우저 상태를 파악하거나 동작을 수행 • 일정한 간격을 두고 지정된 명령을 주기적으로 실행시키는 함수

❺ Document(문서) 객체의 개념
- ㉠ HTML 문서에 대한 정보를 제공하는 자바스크립트 객체
- ㉡ 브라우저에서 실행되는 HTML 문서 정보를 관리하기 위한 것
- ㉢ Document Object Model(DOM)이라고도 하며 웹 문서(태그)와 관련된 객체를 의미함
- ㉣ 자바스크립트를 이용해서 HTML 태그 객체를 생성, 추가, 삭제, 이동 등의 작업 가능

ⓜ 문서를 다이내믹하고 신비스럽게 만들 때 사용됨
ⓗ 자바스크립트를 이용해서 배경색을 검정색으로 지정하는 방법

```
document.bgColor="black";
```

- 배경을 지정해 주는 명령어 : document 객체
- 배경색을 지정해 주는 명령어 : bgColor

❻ **Document 객체의 메서드**

write( )	화면에 글자를 출력하기 위해 사용되는 함수
anchor( )	• 읽기 전용 속성은 문서 내에 모든 앵커 목록을 반환함 • 하이퍼텍스트에서 사용되는 〈A〉 태그에서 A가 지칭하는 용어
area( )	href 속성을 가짐
link( )	href 속성을 가지는 〈area〉 요소와 〈a〉 요소를 모두 반환함

❼ **이벤트(Event)**

㉠ 웹 브라우저에서 이벤트가 발생하는 경우
- 마우스 동작
  예 클릭, 우클릭, 더블클릭 등에 따라 이벤트 발생
- 버튼
  예 사이트에 로그인할 때 로그인 버튼에 따라 이벤트 발생
- 양식 전송
  예 사이트 내 회원가입 시 내가 입력한 정보가 서버로 전송될 때 전송 완료 메시지 등의 이벤트 발생
- 웹 페이지 로드
  예 웹 문서가 열릴 때 〈body〉 태그가 다 읽혀서 윈도우에 onLoad( )라는 이벤트 발생
- 포커스
  예 사이트 내 회원가입 시 텍스트 박스에 포커스가 맞춰진 것에 따라 이벤트 발생

㉡ 이벤트(사용자의 어떤 행위) 발생 시 그 이벤트에 따른 시스템의 변화를 의미

㉢ 이벤트 형식

```
*.onclick = function( ) {
    실행문
};
```
→ * : 객체가 들어갈 자리
→ click : 이벤트 이름
→ onclick : 이벤트 속성
→ = 이벤트 연결(모델) : 이벤트 속성과 함수를 연결해주는 역할
→ function( ) : 이벤트 핸들러
 – 이벤트 속성을 파악하고 실행시켜주는 역할

㉣ 이벤트 핸들러(Event Handler)
- 자바스크립트에서 사용자의 특정한 행동에 대해 어떤 처리를 해줄 것인가를 정의하는 것
- 이벤트 핸들러의 종류

onLoad( )	• HTML 문서를 읽는 경우 • 사용자가 처음으로 웹 페이지를 브라우저로 읽을 때 발생하는 이벤트
onError( )	문서를 읽던 중 에러가 발생할 경우
onFocus( )	대상에 포커스가 들어왔을 때 발생하는 이벤트를 처리
onBlur( )	대상이 포커스를 잃어버렸을 때 발생하는 이벤트를 처리
onClick( )	마우스로 클릭하는 경우 이벤트를 처리
onChange( )	입력 양식 필드에서 값이 바뀌었을 때 이벤트를 처리
onMouseUp( )	마우스 버튼을 누른 상태에서 손을 뗄 때 이벤트를 처리
onMouseDown( )	마우스 버튼을 누를 때 이벤트를 처리
onMouseMove( )	마우스가 대상 영역 위에서 이동할 때 이벤트를 처리
onMouseOut( )	마우스가 대상의 링크나 영역 안을 벗어날 때 발생하는 이벤트를 처리
onMouseOver( )	마우스가 대상의 링크나 영역 안에 위치할 때 발생하는 이벤트를 처리

기출유형 완성하기

정답 01 ④ 02 ③ 03 ③ 04 ③ 05 ④

01 다음 중 자바스크립트에서 현재 활성화된 창을 닫는 명령어가 아닌 것은?

① self.close( )
② top.close( )
③ window.close( )
④ opener.close( )

[해설]
self, window, top은 모두 자기 자신의 창을 말하지만, opener는 현재 브라우저 창을 열게 한 부모 창을 닫아주는 역할을 한다.

02 자바스크립트 이벤트의 종류와 발생 시기를 올바르게 설명한 것은?

① onChange : 사용자가 컨트롤을 클릭했을 때 발생되는 이벤트
② onClick : 사용자가 컨트롤이나 하이퍼링크 문자 위에 마우스를 올려놓았을 때 발생하는 이벤트
③ onLoad : 사용자가 웹 페이지를 브라우저로 읽을 때 발생하는 이벤트
④ onMouseOut : 사용자가 마우스 포인터를 하이퍼링크 문자로 이동했을 때 발생하는 이벤트

[해설]
① onChange : 대상 값을 선택 혹은 변경하는 경우 발생되는 이벤트
② onClick : 사용자가 컨트롤을 클릭했을 때 발생되는 이벤트
④ onMouseOut : 마우스가 대상에서 벗어날 때 발생하는 이벤트

03 자바스크립트로 배경색을 초록색으로 지정하려면 다음 중 어떤 문장을 사용해야 하는가?

① window.bgColor="green";
② window.background="green";
③ document.bgColor="green";
④ document.background="green";

[해설]
• 배경을 지정해 주는 명령어 : document
• 배경색을 지정해 주는 명령어 : bgColor

04 자바스크립트에서 이벤트 핸들러에 대한 설명으로 옳지 않은 것은?

① onBlur : 대상이 포커스를 잃어버렸을 때 발생되는 이벤트를 처리
② onFocus : 대상에 포커스가 들어왔을 때 발생되는 이벤트를 처리
③ onMouseOn : 마우스가 대상의 링크나 영역 안에 위치할 때 발생되는 이벤트를 처리
④ onMouseOut : 마우스가 대상의 링크나 영역 안을 벗어날 때 발생되는 이벤트를 처리

[해설]
마우스가 대상의 링크나 영역 안에 위치할 때 발생되는 이벤트를 처리하는 것은 onMouseOver이다. onMouseOn은 이벤트 핸들러에 존재하지 않는다.

05 HTML 문서에 대한 정보를 제공하는 자바스크립트 객체는?

① Window
② history
③ location
④ document

[해설]
document 객체는 웹 브라우저에서 실행되는 HTML 문서의 본문(BODY) 정보를 제공한다.

훌륭한 가정만한 학교가 없고,
덕이 있는 부모만한
스승은 없다.

– 마하트마 간디

PART 6
조색과 배색

CHAPTER 01 색의 기본 원리와 효과

CHAPTER 02 색채계획서 작성 및 배색 조합

CHAPTER 03 색채디자인 및 색체계

CHAPTER 01 색의 기본 원리와 효과

PART 6 조색과 배색

기출유형 54 ▶ 색의 기본 원리 및 색채 3속성

유선배 강의

색채에 대한 설명으로 옳은 것은?

① 색채는 심리적 성질을 갖지 못한다.
② 어떤 물체가 빨간색 파장을 가장 많이 흡수하면 빨간색 물체로 보이게 된다.
③ 색채의 분류는 무채색, 유채색, 중성색 3가지가 있다.
④ 색채를 느끼는 경우 유채색, 느낄 수 없는 경우 무채색이라 한다.

해설
색채는 눈을 통해 지각된 색에 대해 심리적인 지각 현상이 더해진 것이다.

|정답| ④

족집게 과외

❶ 색의 정의

㉠ 색과 색채

색은 눈의 망막이 빛의 자극을 받아 생기는 물리적인 지각 현상이며, 색채는 눈을 통해 지각된 색에 대해 심리적인 지각 현상이 더해진 것

㉡ 색채의 종류
- 유채색 : 유색 광각의 색채를 느끼는 경우
- 무채색 : 색채를 느낄 수 없는 경우

❷ 물체의 색과 색의 종류

㉠ 물체의 색
- 물체가 가지고 있는 것처럼 보이는 색으로, 빛이 물체에 닿을 때 어떤 색상의 파장을 반사하는가에 따라 다르게 나타남
- 어떤 물체가 빨간색 파장을 가장 많이 반사하면 빨간색 물체로 보임

㉡ 색의 종류

표면색	불투명한 물체가 빛을 반사시킴으로써 나타나는 물체의 색
투과색	빛이 투명한 물체를 투과하였을 때 보이는 색
광원색	스스로 빛을 내는 물체에서 나오는 색

❸ 색의 지각과 효과

㉠ 색의 지각

시감각 기관을 통하여 인식하는 색채를 생리적·심리적으로 인식하는 색

㉡ 색의 지각 효과

푸르킨예 현상	해 질 무렵 정원을 바라보면 어두워짐에 따라 꽃의 빨간색은 거무스레해지고, 그것에 비해 나뭇잎의 녹색은 점차 뚜렷해지는 현상
박명시	어두운 곳에 들어갔을 때 물체의 상이 흐리게 나타나는 현상
연색성	물건 구매 시 매장의 조명 등에 의해 색상 판별이 어려워 색상이 달라져 보이는 것

항상성	망막에서 일어나는 변화에 관계없이 그 사물에 대해 지속적이고 고정적인 인식을 하고 있는 현상
색순응	주어진 환경에 따라 색의 차이를 재조정하며 순응하는 과정을 의미 예 햇빛 아래 선글라스를 착용하고 있어도 선글라스의 색이 느껴지지 않는 현상

❹ **색채 삼속성(3속성)**

한국산업표준(KS)에 따라 색상(Hue), 명도(Value), 채도(Chroma)로 구성

㉠ 색상(Hue)
- 색 지각 또는 색 감각의 성질을 갖는 색의 속성
- 우리나라의 색 표시 : 먼셀의 표준 20색상환 사용

㉡ 명도(Value)
- 색의 밝고 어두운 정도
- 색광의 혼합에서 색을 혼합하면 할수록 높아지는 색의 속성
- 색료의 혼합에서 색을 혼합하면 할수록 낮아지는 색의 속성
- 색의 수축, 팽창의 효과에 가장 큰 영향을 주는 요소

㉢ 채도(Chroma)
- 색의 선명도, 즉 색의 맑고 탁한 정도를 나타냄
- 색상의 진하고 엷음을 나타내는 것을 포화도라고 함
- 흰색과 검은색은 채도가 없으므로 '무채색'이라 함
- 유채색끼리 많이 혼합하면 채도가 낮아짐
- 채도의 구분

순색	• 채도가 가장 높은 색 • 아무것도 섞지 않아 맑고 깨끗하며 원색에 가까운 색
청색	• 순색에 흰색 또는 검정을 혼합한 색으로 맑게 보임 • 명도가 높은 명청색과 명도가 낮은 암청색으로 구분 • 명청색 = 순색 + 흰색 • 암청색 = 순색 + 검정
탁색	순색이나 청색에 회색을 혼합한 색으로 탁하게 보임

❺ **색명법**

색에 이름을 붙여 색을 표현하기 쉽도록 규정

㉠ 기본색명 : 표색계에 의해 규정하는 방법

㉡ 일반색명(계통색명) : 기본색명에 색상, 명도, 채도를 나타내는 수식어를 붙인 색명
   예 보랏빛 회색, 어두운 파랑, 연보라

㉢ 관용색명 : 과거부터 전해 내려와 습관적으로 사용하는 색 하나하나의 색명
   예 • 식물에서 유래 : 살구색, 밤색(Maroon), 레몬색
   • 동물에서 유래 : 상아색, 쥐색, 살색, 피코크 블루, 세피아, 베이지
   • 광물에서 유래 : 금색, 에메랄드 그린, 오커
   • 지역명(지명)에서 유래 : 프러시안 블루(Prussian Blue)

Tip
- 피코크 블루(Peacock Blue) : 수컷 공작의 목이나 가슴에 있는 녹색을 띤 청색
- 세피아(Sepia) : 세피아 오징어 먹물에서 추출한 갈색 톤의 색조
- 베이지(Beige) : 낙타의 털색
- 오커(Ochre) : 흙이나 광물에서 얻어지는 황토색 계열의 색상

기출유형 완성하기

정답 01 ④ 02 ② 03 ③ 04 ④ 05 ①

01 불투명한 물체가 빛을 반사시킴으로써 나타나는 물체의 색을 의미하는 것은?

① 광원색
② 조명색
③ 경영색
④ 표면색

해설
물체의 색은 그 물체가 가지고 있는 것처럼 보이는 색으로, 빛이 물체에 닿을 때 어떤 색상의 파장을 반사하는가에 따라 다르게 나타난다. 그중 표면색은 불투명한 물체가 빛을 반사시킴으로써 나타나는 물체의 색을 의미한다.

02 해 질 무렵 정원을 바라보면 어두워짐에 따라 꽃의 빨간색은 거무스레해지고, 그것에 비해 나뭇잎의 녹색은 점차 뚜렷해짐을 볼 수 있다. 이것과 관련된 현상을 무엇이라고 하는가?

① 지각 향상성
② 푸르킨예 현상
③ 착시현상
④ 게슈탈트의 지각 원리

해설
푸르킨예 현상은 암순응될 때 파랑과 빨강의 명도 차이가 생기는 현상을 말한다.

03 어두운 곳에 들어갔을 때 물체의 상이 흐리게 나타나는 현상과 가장 관계가 깊은 것은?

① 색순응
② 푸르킨예 현상
③ 박명시
④ 조건등색

해설
박명시는 눈으로 들어가는 빛의 강도가 낮을 때 물체의 상이 흐리게 나타나는 현상을 말한다.

04 한국산업표준(KS)에 따른 색의 3속성으로 알맞은 것은?

① Cyan, Value, Chroma
② Hue, Black, Chroma
③ Hue, Value, Cloudy
④ Hue, Value, Chroma

해설
한국산업표준(KS)에 따라 색상(Hue), 명도(Value), 채도(Chroma)로 구성된다.

05 색광의 혼합에서 색을 혼합하면 할수록 높아지는 색의 속성은?

① 명도
② 채도
③ 색상
④ 점도

해설
색광(빛)의 혼합은 가산혼합으로 색이 혼합될수록 밝아진다. 색료(색소를 포함하고 있는 재료)의 혼합인 감산혼합과 혼동되지 않도록 구분할 수 있어야 한다.

기출유형 55 ▶ 가법혼합 및 감법혼합

감산혼합에 사용되는 Cyan, Magenta, Yellow의 3원색으로 만들 수 없는 색은?

① Blue ② White
③ Red ④ Green

해설
감산혼합의 3원색(Cyan, Magenta, Yellow)은 물감이나 색료의 혼합방식이므로 빛이 필요한 White는 생성할 수 없다.

| 정답 | ②

족집게 과외

❶ RGB 가법혼합(가산혼합, 색광혼합)
㉠ 영과 헬름홀즈가 처음으로 발표한 학설
㉡ 색광(빛)의 3원색 : RGB 혼합
　예 R=255, G=255, B=255로 설정하면 흰색(White)이 됨
㉢ 빨강(Red), 녹색(Green), 파랑(Blue)이 원색
㉣ 색광은 혼합할수록 밝아지며(명도가 높아짐), 플러스 혼합이라고도 함
㉤ 다른 색광을 혼합해서 다시 원색을 만들 수 없음
㉥ LCD, LED 조명등에 활용되는 색의 혼합방식
㉦ 혼합된 색의 명도가 혼합 이전의 평균 명도보다 더 높아지는 경우를 의미함

- 빨강(Red) + 녹색(Green) + 파랑(Blue) = 흰색(White)
- 빨강(Red) + 녹색(Green) = 노랑(Yellow)
- 빨강(Red) + 파랑(Blue) = 마젠타(Magenta)
- 녹색(Green) + 파랑(Blue) = 시안(Cyan)

❷ CMYK 감법혼합(감산혼합, 색료혼합)
㉠ 감산혼합의 3원색(색료) : CMY+K

- 시안(CYAN) + 마젠타(MAGENTA) + 노랑(YELLOW) = 검정(BLACK)

㉡ 혼합할수록 어두워짐(명도가 낮아짐)
㉢ 혼합하는 색의 수가 많을수록 채도가 낮아짐
㉣ 인쇄를 목적으로 이미지를 만들 경우 사용됨

- 시안(Cyan) + 마젠타(Magenta) + 노랑(Yellow) = 검정(Black)
- 마젠타(Magenta) + 노랑(Yellow) = 빨강(Red)
- 마젠타(Magenta) + 시안(Cyan) = 파랑(Blue)
- 노랑(Yellow) + 시안(Cyan) = 녹색(Green)

＊ 마젠타(Magenta)는 자주색, 시안(Cyan)은 청록색이라고도 함

❸ 중간혼합(병치혼합)
㉠ 병치혼합(병치가산혼합)이라고도 함
㉡ 직접 색을 섞는 것이 아니라, 주변 환경이나 조건 등에 의해 눈의 망막에서 색이 혼합된 것처럼 보임
㉢ 망막에 다른 색광이 자극하여 혼합되는 현상으로 색 점이 서로 가깝게 있어 명도와 채도가 떨어지지 않는 혼합 방식
㉣ 빛이 눈의 망막 위에서 해석되는 과정에서 혼색 효과를 가져다주는 가법혼색으로 점묘파 화가들이 많이 사용하였고, 디더링의 혼색원리이기도 함
㉤ 신인상파 대표화가 쇠라(Georges Seurat)의 점묘화 기법
㉥ TV의 컬러, 프로젝터 이미지를 표현하는 방법

기출유형 완성하기

정답 01 ③ 02 ② 03 ② 04 ③ 05 ①

01 다음 색광혼합의 2차 혼합 색으로 (A)에 알맞은 색상은?

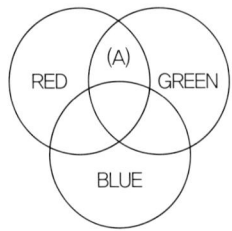

① 흰색(White)
② 시안(Cyan)
③ 노랑(Yellow)
④ 마젠타(Magenta)

해설
- 빨강(Red) + 파랑(Blue) = 마젠타(Magenta)
- 녹색(Green) + 파랑(Blue) = 시안(Cyan)
- 빨강(Red) + 녹색(Green) + 파랑(Blue) = 흰색(White)

02 망막에 다른 색광이 자극하여 혼합되는 현상으로 색 점이 서로 가깝게 있어 명도와 채도가 떨어지지 않는 혼합 방식은?

① 보색혼합
② 병치혼합
③ 가산혼합
④ 감산혼합

해설
병치혼합(병치가산혼합, 중간혼합)은 두 가지 이상의 색을 조밀하게 병치하여 혼색되어 보이는 시각 현상을 말한다.
* 병치(竝置) : 두 가지 이상의 것을 한곳에 나란히 두거나 설치함

03 다음 중 LCD, LED 조명등에 활용되는 색의 혼합 방식은 무엇인가?

① 감산혼합
② 가산혼합
③ 계시가법혼합
④ 중간혼합

해설
가산혼합은 빛의 혼합을 말하며 LCD, LED 조명등에 활용된다. 색이 혼합될수록 밝아지는 특징이 있다.

04 다음 중 감산혼합의 3원색으로 옳지 않은 것은?

① MAGENTA
② YELLOW
③ BLUE
④ CYAN

해설
감산혼합의 3원색(색료) : 시안(CYAN) + 마젠타(MAGENTA) + 노랑(YELLOW)이며, 3가지 색이 모두 섞이면 검정(BLACK)이 된다.

05 RGB 컬러 모드는 어떤 혼합방식으로 색상을 표현하는가?

① 가산혼합
② 감산혼합
③ 병치혼합
④ 회전혼합

해설
빛을 더할수록 밝아지는 특징이 있어 가산혼합이다.

CHAPTER 02 색채계획서 작성 및 배색 조합

PART 6 조색과 배색

기출유형 56 ▶ 색과 색채의 속성별 배색형식의 효과

색에 대한 설명으로 옳은 것은?

① 차가운 색이나 명도와 채도가 낮은 색은 진출색으로 돌출되어 보인다.
② 따뜻한 색이나 명도가 높은 색은 부피가 팽창되어 보인다.
③ 무채색이 유채색보다 돌출되어 보인다.
④ 무채색 바탕에 따뜻한 색과 차가운 색의 크기가 같은 원을 올려놓으면 따뜻한 색의 원이 더 후퇴되어 보인다.

해설
청록, 청, 청자색의 한색은 수축과 후퇴를 나타내며 적색, 주황색, 황색 등의 난색은 팽창과 진출을 나타낸다.

| 정답 | ②

족집게 과외

❶ 동시대비

인접되어 있거나 다른 색 안에 놓여 있는 두 가지 색을 동시에 볼 때 일어남

색상대비	배색된 색이 서로 영향을 받아 본래의 색 이상의 차이를 가져오는 것
명도대비	• 밝고 어두워 보이는 정도 • 따뜻한 색이나 명도가 높은 색은 부피가 팽창되어 보임 • 색의 3속성 중 사람의 눈이 가장 예민하고 강하게 반응하는 대비 • 회색 바탕 위의 흰색보다 검정 바탕 위의 흰색이 더 밝게 보이는 대비 효과
채도대비	유채색이 무채색보다 돌출되어 보임
보색대비	색상환에서 정반대에 위치한 두 색상이 인접해 있을 때 채도가 높고 선명해 보이는 현상 예 빨강 ↔ 청록
연변대비	인접하는 두 색의 경계 부분에 색상, 명도, 채도의 대비가 더욱 강하게 일어나는 현상

❷ 계시대비(연속대비)

㉠ 먼저 본 색의 영향으로 나중에 보는 색이 다르게 보이는 현상
㉡ 유채색에서 볼 수 있는 대비로 연속대비라고도 하며, 일종의 소극적 잔상 효과
㉢ 수술실은 빨간색 피의 계시대비 색이 녹색이므로 녹색계열을 사용하여 진정효과를 줄 수 있음

❸ 한난대비

㉠ 한색(차가운 색)과 난색(따뜻한 색)을 배열할 경우 한색은 더 차갑게 느껴지고, 난색은 더욱 따뜻하게 느껴지는 대비 효과
㉡ 청록, 청, 청자색의 한색은 수축과 후퇴를 나타내며 적색, 주황색, 황색 등의 난색은 팽창과 진출을 나타냄

❹ 면적대비

㉠ 동일한 색이라도 면적에 따라서 채도와 명도가 달라 보이는 현상
㉡ 면적이 넓으면 명도와 채도가 높아 선명해 보이고, 면적이 작으면 명도와 채도가 상대적으로 낮아 보임

기출유형 완성하기

정답 01 ④ 02 ④ 03 ③ 04 ① 05 ④

01 인접하는 두 색의 경계 부분에 색상, 명도, 채도의 대비가 더욱 강하게 일어나는 현상을 무엇이라고 하는가?

① 면적대비
② 보색대비
③ 한난대비
④ 연변대비

해설
연변대비는 무채색이나 유채색을 명도나 채도 순으로 단계적이고 균일하게 배열할 때 두드러지게 나타나서 경계대비라고도 한다.

02 먼저 본 색의 영향으로 나중에 보는 색이 다르게 보이는 현상은?

① 동시대비
② 면적대비
③ 연변대비
④ 계시대비

해설
색상을 보고 일정한 시간 후에 느껴지는 대비 효과를 계시대비(연속대비)라고 하며 일종의 소극적 잔상 효과를 말한다.

03 병원 수술실의 색채계획으로 가장 적당한 배색은?

① 갈색계열
② 무채색계열
③ 녹색계열
④ 보라색계열

해설
피(빨간색)의 계시대비 색이 녹색이므로 수술실에서는 녹색계열을 사용하여 진정효과를 줄 수 있다.

04 색의 3속성 중 사람의 눈이 가장 예민하고 강하게 반응하는 대비는?

① 명도대비
② 색상대비
③ 보색대비
④ 채도대비

해설
명도는 밝고 어두운 정도를 말하며 색의 3속성(색상, 명도, 채도) 중에서 사람의 눈이 가장 예민하고 강하게 반응하는 대비이다.

05 동시대비에 해당하지 않는 것은?

① 색상대비
② 명도대비
③ 보색대비
④ 한난대비

해설
동시대비에는 색상대비, 명도대비, 채도대비, 보색대비, 연변대비가 있다. 한난대비는 한색(차가운 색)과 난색(따뜻한 색)을 배열할 경우 한색은 더 차갑게 느껴지고, 난색은 더욱 따뜻하게 느껴지는 대비 효과를 말한다.

기출유형 57 ▶ 색과 색채의 심리적·기능적 작용

다음 중 쓴맛을 나타내는 색은?

① 노랑   ② 주황
③ 흰색   ④ 파랑

해설
파랑은 바다, 물, 시원함, 상쾌함, 냉정, 차가움, 추위, 쓴맛을 나타낸다.

| 정답 | ④

족집게 과외

❶ 색의 지각적 효과

동화 현상	• 색들끼리 서로 영향을 주어서 인접 색에 가까운 것으로 느껴지는 현상 • 명도의 동화, 채도의 동화, 색상의 동화가 있음 • 눈의 양성적 또는 긍정적 잔상과 관련됨
잔상 효과	자극이 생긴 후 이제까지 보고 있던 상을 계속해서 볼 수 있는 현상
보색 잔상	• 흰색의 바탕 위에서 빨간색을 20초 정도 보고 난 후, 빨간색을 치우면 앞에서 본 빨간색과 동일한 크기의 청록색이 나타나 보이는 현상 • 빨간색을 보면 청록색이 나타나고, 노랑색을 보면 남색이 나타남
주목성	• 색의 진출, 후퇴, 팽창, 수축과 관련된 현상으로 사람들의 시선을 끄는 힘 • 따뜻한 색, 명도와 채도가 높은 색일수록 주목성이 높음 • 명시도가 높으면 색의 주목성 높음 예 거리의 표지판, 도로 구획선, 심벌 마크 등 짧은 시간에 눈에 띄어야 하는 경우 사용
명시성	먼 거리에서 잘 보이는 정도를 말하는 것으로 명도, 채도, 색상 차가 큰 색일수록 명시성이 높음 예 흑색 바탕에 황색(노란) 글씨
진출색	• 앞으로 전진하는 것처럼 느껴지는 색 • 따뜻한 색이 차가운 색보다 더 진출하는 느낌을 줌 • 밝은 색이 어두운 색보다 더 진출하는 느낌을 줌 • 팽창색이 수축색보다 더 진출하는 느낌을 줌 • 유채색이 무채색보다 더 진출하는 느낌을 줌 • 검은 종이 위에 노랑과 파랑을 나열하고 일정한 거리에서 보면 노랑이 파랑보다 더 가깝게 보임. 이때의 노랑색을 진출색이라고 함
후퇴색	색에 의해서 실제 거리보다 멀리 있는 것처럼 느껴지는 색
팽창색	• 색에 따라 겉보기의 크기가 실제보다 크게 보이는 색 • 일반적으로 난색계가 한색계보다, 밝은 색이 어두운 색보다 크게 보임
수축색	색에 따라 겉보기의 크기가 실제보다 작아보이는 색
색청	음(音)에서도 본래의 청각 외에 특정한 색을 느낄 수 있는 현상

❷ 색의 연상과 상징

색의 연상이란 색을 볼 때 어떤 구체적인 형상이나 의미, 관념이 떠오르는 것을 의미함

빨강	태양, 불, 열, 더위, 정열, 성숙, 유혹, 활력, 위험, 자극, 분노, 정지, 힘, 식욕 자극, 원기 회복, 에너지, 공포심, 자극적
주황	원기, 적극, 희열, 풍부
노랑 (황색)	주의 표시, 돌출부위 계단의 위험 요소를 나타냄, 따뜻하고 생기 넘침, 태양 이미지를 상징, 활동적이며 쾌활함, 초조감

연두	초여름, 어린이, 친애, 젊음, 신선
녹색	숲, 평화, 안전, 휴식, 건강, 젊음, 희망, 신선함
파랑	바다, 물, 시원함, 상쾌함, 냉정, 차가움, 추위, 상큼한 맛, 쓴맛
회색	겸손, 우울, 점잖음, 무기력, 중성, 고독, 소극적, 고상
검정	밤, 부정, 죄, 허무, 죽음, 장례식, 암흑, 절망, 무겁고 엄숙함, 압박감, 침묵

❸ 색의 감정적 효과

속도감	• 난색(따뜻한 색)은 시간이 천천히 가는 것처럼 느끼게 하며, 물체 이동 속도는 빠르게 보임 • 한색(차가운 색)은 시간이 빨리 가는 것처럼 느끼게 하며, 물체 이동 속도는 느리게 보임 예 지루함을 잊게 해줄 수 있는 대기실이나 병원 실내의 벽에 대한 배색 계통으로 적용됨
온도감	색으로 인해 느껴지는 따뜻함과 차가움의 감정
중량감	색으로 인한 무겁거나 가벼운 느낌
강약감	• 색으로 인한 강하거나 약한 느낌 • 강약감은 채도에 영향을 많이 받음
흥분감	고채도의 배색은 강하고 화려한 느낌
진정감	저채도의 배색은 부드러운 느낌

기출유형 완성하기

정답 01 ② 02 ③ 03 ④ 04 ③ 05 ①

01 다음 중 동화현상에 대한 설명으로 옳지 않은 것은?

① 색들끼리 서로 영향을 주어서 인접 색에 가까운 것으로 느껴지는 현상을 말한다.
② 색 자체가 명도나 채도가 높아서 시각적으로 빨리 눈에 띠는 성질을 말한다.
③ 동화현상에는 명도의 동화, 채도의 동화, 색상의 동화가 있다.
④ 동화현상은 눈의 양성적 또는 긍정적 잔상과의 관련으로서 설명된다.

해설
색 자체의 명도나 채도가 높아서 시각적으로 빨리 눈에 띠는 성질은 주목성이다.

02 검은 종이 위에 노랑과 파랑을 나열하고 일정한 거리에서 보면 노랑이 파랑보다 더 가깝게 보인다. 이때의 노랑색을 무엇이라 하는가?

① 후퇴색
② 팽창색
③ 진출색
④ 수축색

해설
진출색은 앞으로 전진하는 것처럼 느껴지는 색으로 따뜻한 색, 밝은 색, 유채색, 팽창색이 더 진출하는 느낌을 준다.

03 '건강' 이미지의 웹 사이트를 구성하려고 한다. 가장 적합한 컬러는?

① 빨간색
② 노란색
③ 검정색
④ 녹색

해설
녹색은 숲, 평화, 안전, 휴식, 건강, 젊음, 희망, 신선함을 상징한다.

04 음에서도 색을 느낄 수 있는데 이 현상을 무엇이라 하는가?

① 명시성
② 공감각
③ 색청
④ 주목성

해설
색청은 음(音)에서도 본래의 청각 외에 특정한 색을 느낄 수 있는 현상을 말한다.
* 청(聽) : 들을 청

05 색의 감정에서 저채도의 배색이 주는 느낌은?

① 부드러운 느낌
② 명쾌한 느낌
③ 화려한 느낌
④ 활기찬 느낌

해설
저채도의 배색은 부드러운 느낌을 주고 고채도의 배색은 화려한 느낌을 준다.

CHAPTER 03 색채디자인 및 색체계

PART 6 조색과 배색

기출유형 58 ▶ 색채디자인의 이해 및 색체계의 종류와 색표시법 ▶ 유선배 강의

색채를 과학적으로 정리하여 스펙트럼을 7색으로 분리한 사람은?

① 뉴턴 ② 먼셀
③ 오스트발트 ④ 돈더스

해설
색채 연구에 대한 과학적인 이론은 뉴턴의 실험으로 정립되었다.

| 정답 | ①

족집게 과외

❶ 색채 조화

여러 색채를 조합시켰을 때 잘 어울리는 것으로, 배색을 어떻게 했는가에 따라 달라짐

㉠ 색상대비에 따른 조화
  색상의 차이를 주어 나타내는 조화
  예 유사조화(비슷한 색상), 대비조화(반대되는 색상–보색)

㉡ 보색 대비에 따른 조화
  색상환에서 가장 거리가 먼 색상들을 배색해서 얻어지는 조화

㉢ 명도에 따른 조화
  하나의 색상을 여러 단계의 명도로 배색할 때 나타나는 단계의 조화

❷ 색채 조화를 위한 배색에서 고려해야 할 사항

㉠ 색의 전체적 인상을 통일하기 위해 색상, 명도, 채도 중 한 가지 공통된 부분을 만들어 줌
㉡ 비슷한 색상들로 이루어진 조화는 명도나 채도에 차이를 두어 대비 효과를 구성
㉢ 일반적으로 가벼운 색은 위쪽으로 하고, 무거운 색은 아래쪽으로 함
㉣ 색상의 수를 될 수 있는 대로 줄임
㉤ 색의 차갑고 따뜻한 느낌을 이용
㉥ 환경의 밝고 어두움 고려

❸ 배색

색상, 명도, 채도의 조화를 통해 시각적 효과를 만드는 방법

❹ 색상에 의한 배색

유사 색상	정적인 질서, 차분한 느낌, 통일된 감정을 느낄 수 있음
반대 색상	보색 관계의 배색은 서로 반대되는 색상을 배색하여 강렬한(강한) 느낌을 줌

❺ 명도에 의한 배색

유사 명도	• 고명도 배색 : 경쾌, 깨끗, 맑음 • 중명도 배색 : 침착, 불분명 • 저명도 배색 : 무거움, 어두움, 침울

반대 명도	• 유채색과 유채색의 배색 : 강한 느낌, 명도 차가 클수록 또렷함
	  예 빨간색 바탕 안에 주황색
	• 무채색과 유채색의 배색 : 명시성, 가시성이 뛰어남
	  예 회색 바탕 안에 주황색

❻ 채도에 의한 배색

유사 채도	• 고채도 배색 : 화려함, 자극적, 강함 • 저채도 배색 : 소박함, 부드러움, 차분함
반대 채도	활기, 강함, 활발한 느낌

❼ 심리적인 배색

우아한 배색	보라색의 들어감
개성적 배색	대조적인 느낌의 배색
지성적 배색	회색 계통 포함, 난색과 한색을 함께 배색
온화한 배색	중성색
명쾌한 배색	고명도끼리의 색을 선택

❽ 색채 배색 활용 방법
㉠ 목적에 맞는 색을 표현하기 위해 주변의 색을 고려하여 배치
㉡ 대기원근법
   • 원근에 의한 공간표현으로 색채와 명암을 활용하는 방법
   • 멀리 있는 물체는 연하게, 가까이 있는 물체는 짙고 선명하게 표현

❾ 배색의 조건
㉠ 안정성, 경제성, 심미성, 사회성 고려
㉡ 사물의 용도나 기능에 부합되도록 배색
㉢ 색이 주는 심리적 효과 고려
㉣ 환경적 요인을 충분히 고려
㉤ 사용자의 특성을 고려하여 배색

❿ 색채 조화의 역사

뉴턴	• 색채 연구에 대한 과학적인 이론은 뉴턴의 실험으로 정립됨 • 색채를 과학적으로 정리하여 스펙트럼을 7색으로 분리
오스트발트	• 각각의 색을 백색량(White), 흑색량(Black), 순색(Color) 비율값으로 수치화하여 나타냄 • W(White) + B(Black) + C(Color) = 100% • W, B, C 세 값의 합은 항상 100으로 일정하다는 원리
먼셀	색을 색상, 명도, 채도에 따라 계통적으로 배치
저드 (D. Judd)	색채 조화에 질서의 원리, 유사의 원리, 친근감의 원리 사용
문-스펜서	먼셀 공간과 대응되는 오메가 공간의 배색을 설명
셰브럴	등 간격 3색의 배열에 있는 3색의 배합

⓫ 저드(D. Judd)의 색채 조화론
㉠ 질서의 원리
   효과적인 반응을 일으키는 질서 있는 계획에 따라 선택된 색채들에서 생김
㉡ 유사성의 원리
   색상, 명도, 채도 중에서 공통점이 있는 색들을 배색하여 조화를 이루는 원리
㉢ 친근성(동류)의 원리
   가장 가까운 색채끼리의 배색은 보는 사람에게 친근감을 주며 조화를 느끼게 함
㉣ 명료성(비모호성)의 원리
   두 색 이상의 배색에 있어서 모호함이 없는 명료한 배색에서만 얻어짐
㉤ 대비의 원리
   보색 관계에 있는 색도 조화를 이룰 수 있음

⑫ **표준 색상환**
  ㉠ 색상의 변화를 계통적으로 나타내기 위해 색표를 고리 모양으로 배열한 것
  ㉡ 우리나라에서는 먼셀의 표준 20색상환을 따르고 있음

⑬ **색입체**
  ㉠ 색의 3속성에 따라 합리적으로 배치한 3차원 색상환
  ㉡ 색상(Hue)은 둘레의 원으로, 채도(Chroma)는 중심선으로부터 방사선으로, 명도(Value)는 중심축으로 배치한 것

⑭ **표색계(Color System)**
  ㉠ 물체색을 표시하는 색상 체계를 의미하며, 구성 방식에 따라 혼색계와 현색계로 나눔

혼색계	• 색광을 표시 • 심리적·물리적 빛의 혼색 실험 결과에 기초를 두고 표시 • 대표적인 혼색계 : CIE(국제조명위원회) 표색계
현색계	• 색채를 표시 • 물체의 색을 표시하기 위해 색의 3속성(색상, 명도, 채도)에 따라 표시 • 대표적인 현색계 : 먼셀 표색계와 오스트발트 표색계

  ㉡ 먼셀 표색계(Munsell Color System)

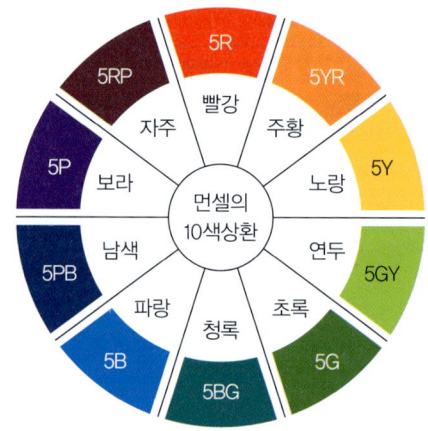

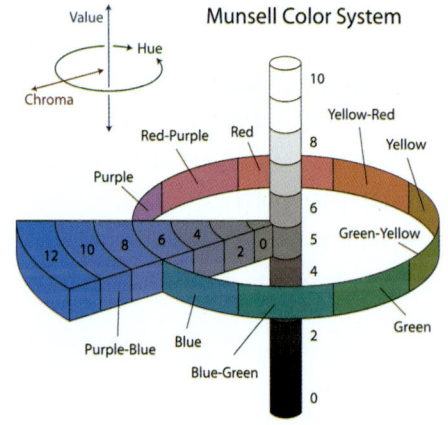

• 미국의 화가이자 색채 연구가인 먼셀이 구성
• 색상(Hue), 명도(Value), 채도(Chroma)의 3속성을 사용하여 색상을 표기하며, 이를 HV/C로 축약하여 표시
• 색의 3속성을 공간에 배열한 것을 색입체라고 함
• 색상의 최초 기준 색은 빨강(R)
• 명도의 단계는 11단계로 구분하며, 명도의 단계에 따라 고명도(7~11), 중명도(4~6), 저명도(1~3)로 구분(0은 BLACK, 11은 WHITE)
• 채도는 1에서 14단계로 표기하며 채도가 높을수록 선명함
• 채도 단계는 무채색을 0으로 하고, 그 최고가 14단계임
• 먼셀의 표색계는 무채색 축 바깥쪽으로 갈수록 채도가 높아짐
• 색상의 기본색을 10가지로 나눔
  - R : Red(빨강)
  - Y : Yellow(노랑)
  - G : Green(초록)
  - B : Blue(파랑)
  - P : Purple(보라)
  - YR : Yellow Red(주황)
  - GY : Green Yellow(연두)
  - BG : Blue Green(청록)
  - PB : Purple Blue(남색)
  - RP : Red Purple (자주)

- 순색의 빨강은 5R4/14로 표기
- 그중, 5가지 주요 색상은 빨강, 노랑, 초록, 파랑, 보라
- 색입체를 단순화한 각 부분의 명칭
  - A(명도) : 입체의 상하
  - B(채도) : 입체의 가로 방향
  - C(색상) : 입체의 둘레

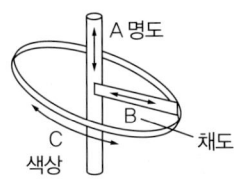

ⓒ 오스트발트 표색계(Ostwald Color System)
- 독일의 물리화학자 오스트발트가 구성한 것
- '조화는 질서와 같다'는 색채 조화 이론을 발표
- 헤링의 4원색설을 기본으로 함
- 색상 분할을 원주의 4등분이 서로 보색이 되도록 하였음
- 8가지 기본색을 다시 각각 3색상으로 나누어 24색 상환으로 완성
- 8단계의 무채색 축을 중심으로 24가지 색상으로 구성
- 유채색은 색상기호, 백색량, 흑색량 순서로 표시
- W + B + C = 100%
- 오스트발트의 모든 빛을 완전하게 흡수하는 이상적인 흑색(B), 모든 빛을 완전하게 반사하는 이상적인 백색(W), 그리고 특정 영역의 빛만을 완전하게 반사하고 나머지 파장 영역을 완전하게 흡수하는 이상적인 순색(C)을 가정하고, 이를 3색 혼합에 의하여 물체색을 체계화함
- 오스트발트(Ostwald) 색상환은 무채색 축을 중심으로 24색상이 배열되어 있음

ⓔ CIE 표색계(CIE Color System)
- 1931년 국제조명위원회에서 색의 단위와 체계를 정립하여 발표
- 완전한 흰색, 완전한 검정색을 만들 수 없으므로 0.5~9.5까지의 기호로 나타냄
- 1~14까지의 채도를 사용하며, 일반적으로 짝수만을 기준으로 함
- 채도가 낮은 부분을 색표집에 의해서 활용할 때는 짝수의 기본에 1, 3을 추가

ⓜ NCS 표색계
- 자연색을 기본으로 한 표색계
- 색상환은 노랑(Y), 빨강(R), 파랑(B), 초록(G)의 4가지로 구성

ⓗ 그레이 스케일(Gray Scale)
  명도의 기준 척도로 검은색과 흰색 사이의 단계를 나눔

기출유형 완성하기

01 색채 조화에서 하나의 색상을 여러 단계의 명도로 배색할 때 나타나는 단계의 조화는?

① 색상대비에 따른 조화
② 보색대비에 따른 조화
③ 명도에 따른 조화
④ 주조색에 따른 조화

해설
명도에 따른 조화는 하나의 색상을 여러 단계의 명도로 배색할 때 나타나는 단계의 조화이다.

02 색채 조화의 공통원리에 대한 설명으로 옳지 않은 것은?

① 질서의 원리는 효과적인 반응을 일으키는 질서 있는 계획에 따라 선택된 색채들에서 생긴다.
② 비모호성의 원리는 두 색 이상의 배색에 있어서 모호함이 없는 명료한 배색에서만 얻어진다.
③ 동류의 원리는 가장 가까운 색채끼리의 배색은 보는 사람에게 친근감을 주며 조화를 느끼게 한다.
④ 유사의 원리는 색의 3속성의 차이가 큰 색상의 배색이 더욱 조화롭게 나타난다.

해설
유사의 원리는 색상, 명도, 채도 중에서 공통점이 있는 색들을 배색하여 조화를 이루는 원리를 말한다.

03 색입체를 단순화한 각 부분의 명칭이 맞는 것은? (단, A는 입체의 상하, B는 입체의 가로 방향, C는 입체의 둘레를 의미함)

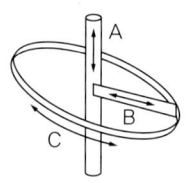

① A-색상, B-채도, C-명도
② A-채도, B-명도, C-색상
③ A-명도, B-색상, C-채도
④ A-명도, B-채도, C-색상

해설
색입체의 명칭

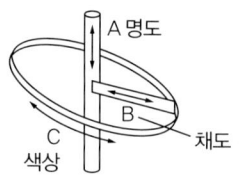

정답 01 ③ 02 ④ 03 ④ 04 ② 05 ②

04 아래의 (   ) 안에 알맞은 단어를 순서대로 나열한 것은?

> 오스트발트는 모든 빛을 완전하게 흡수하는 이상적인 (   )색, 모든 빛을 완전하게 반사하는 이상적인 (   )색, 그리고 특정 영역의 빛만을 완전하게 반사하고 나머지 파장 영역을 완전하게 흡수하는 이상적인 (   )색을 가정하고 이를 3색 혼합에 의하여 물체색을 체계화하였다.

① 청 – 적 – 황
② 흑 – 백 – 순
③ 적 – 황 – 청
④ 백 – 흑 – 순

해설
오스트발트는 모든 빛을 흡수하는 흑색, 모든 빛을 반사하는 백색, 특정 파장만 반사하는 순색을 가정하여 색채를 체계화하였다.

05 저드(D.B.Judd)의 '색채 조화론'에 해당하지 않는 것은?

① 질서의 원리
② 모호성의 원리
③ 친근성의 원리
④ 유사성의 원리

해설
저드(D.B.judd)의 색채 조화론
질서의 원리, 유사성의 원리, 친근성의 원리, 명료성(비모호성)의 원리, 대비의 원리 등

우리 인생의 가장 큰 영광은
결코 넘어지지 않는 데 있는 것이 아니라
넘어질 때마다 일어서는 데 있다.

– 넬슨 만델라

PART 7
프로젝트 완료 및 자료정리

CHAPTER 01 프로젝트 정리 및 보고

CHAPTER 01 프로젝트 정리 및 보고

PART 7 프로젝트 완료 및 자료정리

기출뮤형 59 ▶ 산출물 및 프로젝트 결과 보고

 유선배 강의

다음 중 웹디자인 프로젝트의 산출 자료정리 과정에 해당하지 않는 것은 무엇인가?

① 최종 디자인 결과물(HTML, CSS, 이미지, 로고 등)을 체계적으로 정리한다.
② 테스트 과정에서 수집된 데이터와 수정 기록을 문서화한다.
③ 개발된 소스코드의 구조와 사용된 라이브러리를 정리한다.
④ 완성된 디자인의 배포를 위한 광고 캠페인을 기획한다.

해설
산출 자료정리는 프로젝트의 결과물을 체계적으로 문서화하고 정리하는 작업으로, 광고 캠페인 기획과는 관련이 없다.

| 정답 | ④

족집게 과외

❶ 산출물 및 프로젝트 결과 수행 순서

㉠ 산출물 목록을 참고하여 내용 수집
  과제에 참여한 기관(주관 기관, 참여 기관) 구성, 프로젝트 개요와 내용 등과 프로젝트 추진 과정에 대한 중요 내용이 누락되지 않게 하고, 클라이언트 입장에서 사실(Fact)적 결과물에 의거하여 친절하게 구성될 수 있는 자료를 수집하여야 함

㉡ 목차 만들기
  중요한 내용을 선정하고, 우선순위를 가려 목차를 만듦

㉢ 프로젝트 진행 단계별 구성
  - 프로젝트 진행 단계별 작업을 기준으로 구성하되, 단계별 수정, 변경된 이슈 기록을 확인하여 추가
  - 오픈 후 방문자, 다운로드, 조회 수 등과 단계별 수정 변경이 프로젝트 전반에 끼친 영향에 대한 개략적 설명을 개조식으로 간략히 추가
  - 기관(주관 기관, 참여 기관) 구성, 개발 콘텐츠와 비교, 특징, 기술적 환경, 프로젝트 과제의 핵심 내용, 프로젝트 연혁, 추진 일정, 목표 달성도, 변경 사항, 추진 실적, 산출물 및 세부 기능, 우수성, 메인 사이트 및 모바일 환경 방문자 분석, 다운로드 횟수, 향후 계획 및 결과 활용 계획 등이 핵심 내용
  - 향후 유사한 프로젝트의 계획부터 최종 보고까지 전체 프로젝트 디자인 단계에서 참고해야 할 내용으로 도움이 될 만한 것은 최대한 포함

㉣ 산출물 데이터 유형별 정리
  - 최종 보고서에 포함할 산출물의 데이터를 유형별로 정리
  - 정량적 데이터와 정성적 데이터를 구분하여 기록해 둠. 특히 비중이 높은 데이터는 시각적인 정보와 메타데이터를 적절히 수록하는 등 향후 정식 보고서 제작을 위한 요약본으로 정리
  - 데이터 정리는 스프레드시트 소프트웨어를 이용하는 것이 신속한 정리와 검색에 유리함

㉤ 프로젝트 정리 보고서 완성
  - 보고서의 핵심 내용을 스토리라인으로 연결하고, 이해하기 쉽도록 화면 콘티를 작성하여 다른 팀과 공유
  - 프레젠테이션 소프트웨어를 이용하여 화면을 구성하고 출력하여 완성

❷ 산출물 자료정리
  ㉠ 디자인 파일 정리
    최종 디자인 결과물(HTML, CSS, 이미지, 로고 등)을 체계적으로 정리
  ㉡ 사용성 테스트 자료
    테스트 과정에서 수집된 데이터와 수정 기록을 문서화
  ㉢ 코드 문서화
    개발된 소스 코드의 구조, 주석, 사용된 라이브러리 등을 포함한 문서를 정리

❸ 프로젝트 결과 보고서
  ㉠ 프로젝트 진행 중 산출물에 영향을 준 내·외부적 원인들에 대한 설명이 함께 포함되어야 함
  ㉡ 결정적 판단에 의해 프로젝트의 방향이 크게 바뀐 경우는 물론, 작은 변경 이슈들에 대한 내용도 구체적 산출물에 근거하여 정리
  ㉢ 결과 보고서에 포함되어야 할 내용
    • 프로젝트 수행 목적 : 프로젝트의 정의 및 배경, 목표를 명시
    • 프로젝트 결과물의 개요 : 프로젝트의 구조 및 결과물에 대한 설명을 기술
    • 프로젝트 수행 추진 체계 및 일정 : 각 팀원들의 조직도 및 역할 분담과 수행 일정을 표기
    • 프로젝트 목표 달성 여부 : 프로젝트가 초기 목표를 충족했는지 평가하고 이를 보고
    • 성과 및 개선점 : 프로젝트를 통해 얻은 성과와 발견된 개선점을 명확히 기술
    • 사용자 피드백 반영 : 사용자 테스트 결과와 그에 따라 반영된 수정사항을 설명
    • 미래 제안 : 차후 개선 방향이나 추가 개발 가능성을 제시
    • 예산 집행 현황 : 항목별 예상 계획 대비 실제 지출 내역, 예산 초과 또는 절감 사유 설명, 향후 유사 프로젝트의 예산 책정을 위한 제안
  ㉣ 산출물에 포함된 데이터를 근거로 하여 만들어지는 보고서이므로, 산출물과 데이터는 서로 1:1 또는 1:다수의 관계를 가질 수 있음
  ㉤ 프로젝트 결과에 대한 내용이 누락되지 않도록 신중한 태도 유지

❹ 유지 보수
  ㉠ 디자인 측면 : 클라이언트의 요구가 가장 많은 부분으로, 부분 이미지 교체나 페이지 추가, 계절 분위기 조정, 콘텐츠 변경과 교체, 팝업 등이 해당
  ㉡ 향후 유사한 프로젝트를 진행하거나 담당자가 교체되더라도 충분히 이해될 수 있도록 관계적으로 기술
  ㉢ 웹 페이지의 링크를 점검하고, 이미지의 로딩 시간을 체크
  ㉣ 항상 최신 내용으로 업데이트

❺ ISP(Internet Service Provider)
  인터넷에 접속하는 수단을 제공하는 주체로, 웹 사이트 구축 및 웹 호스팅 서비스 등을 제공하는 회사

웹 페이지 파일의 용량을 줄이는 방법
• 사용하지 않는 CSS와 Javascript 파일이 있으면 삭제함
• 웹 페이지 코딩을 검토하여 사용하지 않는 코드는 부분을 제거함
• 웹 페이지에 포함된 이미지가 있을 경우 이미지 최적화를 시도함

웹 호스팅
개인이나 기업이 인터넷을 통해 정보를 공유할 수 있도록 웹 서버 공간을 제공하는 서비스

❻ 웹 콘텐츠의 생명주기(Life Cycle) 관리
  ㉠ 콘텐츠 식별을 가장 먼저 고려
  ㉡ 콘텐츠의 기획, 생성, 배포, 유지, 업데이트 및 폐기까지의 모든 과정을 체계적으로 관리하는 것

디지털 데이터 폐기 방법
• 완전삭제(Wiping) 소프트웨어 사용
• 물리적 파쇄
• 데이터 덮어쓰기

기출유형 완성하기

01 다음 중 프로젝트 결과 보고에 포함되지 않는 항목은?

① 프로젝트 목표 달성 여부를 평가하고 보고한다.
② 프로젝트의 최종 배포 일정을 구체적으로 확정한다.
③ 프로젝트를 통해 얻은 성과와 개선점을 기술한다.
④ 사용자 테스트 결과를 반영하여 수정사항을 설명한다.

해설
프로젝트 결과 보고는 목표 달성 여부, 성과 및 개선점, 사용자 피드백 반영, 미래 제안과 같이 프로젝트의 결과와 향후 방향성을 다룬다. 배포 일정 확정은 결과 보고의 범위를 벗어난다.

02 다음 중 웹 페이지 파일의 용량을 줄이기 위한 방법으로 적절하지 않은 것은?

① 사용하지 않는 CSS와 JavaScript 파일을 삭제한다.
② 웹 페이지 코딩을 검토하여 사용하지 않는 코드를 제거한다.
③ 웹 페이지에 포함된 이미지를 최적화한다.
④ 웹 페이지의 모든 파일을 최대한 큰 크기로 저장하여 품질을 유지한다.

해설
웹 페이지의 용량을 줄이기 위해 사용하지 않는 코드를 제거하거나 이미지 최적화와 같은 방법을 사용하는 것이 효과적이며, 파일을 큰 크기로 저장하는 것은 용량 감소에 부적합한 방법이다.

03 다음 중 프로젝트 결과 보고서에 포함되어야 할 내용으로 적절하지 않은 것은?

① 프로젝트 수행 목적
② 프로젝트 결과물의 개요
③ 프로젝트 진행 중 발생한 개인 의견 논의 기록
④ 프로젝트 목표 달성 여부

해설
개인적인 의견이나 논의 과정은 공식적으로 전달할 필요가 없다.

04 다음 중 프로젝트 정리 보고서를 작성할 때 데이터 정리에 대한 올바른 것은?

① 정량적 데이터와 정성적 데이터를 혼합하여 기록한다.
② 메타데이터는 별도로 분리하지 않고 보고서 본문에 포함한다.
③ 스프레드시트 소프트웨어를 사용하여 데이터 정리와 검색의 효율성을 높인다.
④ 데이터는 텍스트로만 정리하며 시각적 정보는 생략한다.

해설
스프레드시트 소프트웨어는 데이터를 정리하고 검색하는 데 유리한 도구로 빠르게 정리하고 체계적으로 관리할 수 있어 효율성을 높인다.

정답 01 ② 02 ④ 03 ③ 04 ③ 05 ④

05 다음 중 웹 사이트 유지 보수 시 포함해야 할 작업으로 적절하지 않은 것은?

① 웹 페이지의 링크를 점검하고, 이미지의 로딩 시간을 체크한다.
② 클라이언트의 요청에 따라 계절 분위기에 맞춰 디자인을 조정한다.
③ 향후 프로젝트를 위해 유지 보수 과정을 문서화하고 관계적으로 기술한다.
④ 웹 사이트 콘텐츠를 유지하기 위해 업데이트를 생략한다.

해설
웹 사이트 유지 보수 시 콘텐츠를 최신 상태로 업데이트하는 것은 사용자에게 최신 정보를 제공하고 검색엔진 최적화를 개선하는 데 필수적이므로, 업데이트를 생략하는 것은 적절하지 않다.

모든 전사 중 가장 강한 전사는
이 두 가지,
시간과 인내다.

– 레프 톨스토이

유튜브 선생님에게 배우는

유선배

PART 8
실기 문제 분석을 통한 필기 시험 출제 경향

CHAPTER 01 신유형 문제(F4형) 예시

- 2025년부터 웹디자인개발기능사 시험으로 개편되면서 실무 중심의 문제가 추가되었습니다.
- 필기 시험 준비 전에 '유선배 웹디자인개발기능사 실기 과외노트' 교재와 무료 동영상 강의를 통해 실기 문제도 미리 학습하시길 권장 드립니다.

CHAPTER 01 신유형 문제(F4형) 예시

PART 8 실기 문제 분석을 통한 필기 시험 출제 경향

기출유형 60 ▶ 실무 중심 예상 문제

웹 표준을 준수하여 HTML 문서를 작성할 때 기본적으로 선언해야 하는 문서 유형은 무엇인가?

① ⟨html⟩
② ⟨!DOCTYPE html⟩
③ ⟨meta charset="utf-8"⟩
④ ⟨body⟩

해설
⟨!DOCTYPE html⟩ 선언은 HTML5 문서를 명확하게 정의하고, 브라우저가 올바르게 렌더링하도록 한다.

| 정답 | ②

족집게 과외

서울 구석구석(F4형)

한눈에 보는 순서

1. 바탕화면에 수험자 본인의 '비번호' 이름의 폴더에 css, script, images 폴더 생성
2. 와이어프레임 파악 후 HTML, CSS로 와이어프레임 작성
3. 세부 지시사항 파악 후 이미지를 제작하여 'images' 폴더에 저장
    - 상단로고 : logo.png
    - 하단로고 : footer_logo.png (Grayscale)
    - 메인 이미지 3장
    - 갤러리 이미지 3장
    - 배너 이미지 5장
    - 바로가기 이미지
4. index.html, style.css, main.js 생성, jQuery 오픈소스 저장
5. 각 영역별 HTML 작성
6. 각 영역별 CSS 작성
7. 메뉴, 슬라이드, 레이어 팝업 Script 작성

국가기술자격 실기시험 문제

자격종목	웹디자인개발기능사	과제명	서울 구석구석

1. 요구사항

※ 다음 요구사항을 준수하여 주어진 자료(수험자 제공파일)를 활용하여 시험시간 내에 웹 페이지를 제작 후 **5MB 용량**이 초과되지 않게 저장 후 제출하시오.
※ 웹 페이지 코딩은 **HTML5 기준 웹 표준**을 준수하여야 하며, 요구사항에 지정되지 않는 요소들은 주제 특성에 맞게 자유롭게 디자인하시오.
※ 문제에서 지시하지 않은 와이어프레임 영역 비율, 레이아웃, 텍스트의 글자체/색상/크기, 요소별 크기, 색상 등은 수험자가 과제명(가. 주제)에 맞게 자유롭게 디자인하시오.

가. 주제: 서울 구석구석 웹 사이트 오픈을 위한 메인페이지 제작

나. 개요
서울 여행객들에게 다양한 정보를 제공하는 「서울 구석구석」의 웹 사이트를 제작하려고 한다. 재단법인 GusukGusuk에서는 일반인들이 이용하기에 편리한 웹 사이트 제작을 요청하였다. 아래의 요구사항에 따라 메인페이지를 제작하시오.

다. 요구사항
1) 메인페이지를 디자인하고 HTML, CSS, JavaScript 기반의 웹 페이지를 제작한다.
    (이때 jQuery 오픈소스, 이미지, 텍스트 등의 제공된 리소스를 활용하여 제작할 수 있다.)
2) HTML, CSS의 charset는 utf-8로 해야 한다.
3) 컬러 가이드

주조색 (Main Color)	보조색 (Sub Color)	배경색 (Background Color)	기본 텍스트의 색 (Text Color)
자유롭게 지정	자유롭게 지정	#FFFFFF	#333333

4) 사이트 맵(Site Map)

	Index Page / 메인(Main)			
메인메뉴 (Main Menu)	지금의 서울	추천	여행지	여행정보
서브메뉴 (Sub Menu)	이벤트 축제&행사 전시	에디터 추천 테마코스 도보해설관광 한류관광	명소 엔터테인먼트 음식 게스트하우스	가이드북&지도 시티투어버스 날씨

5) 와이어프레임(Wireframe)
※ Ⓐ~Ⓓ 영역에 제시된 지시사항에 맞춰서 프레임을 구성하고, 자유롭게 디자인을 구성하시오.

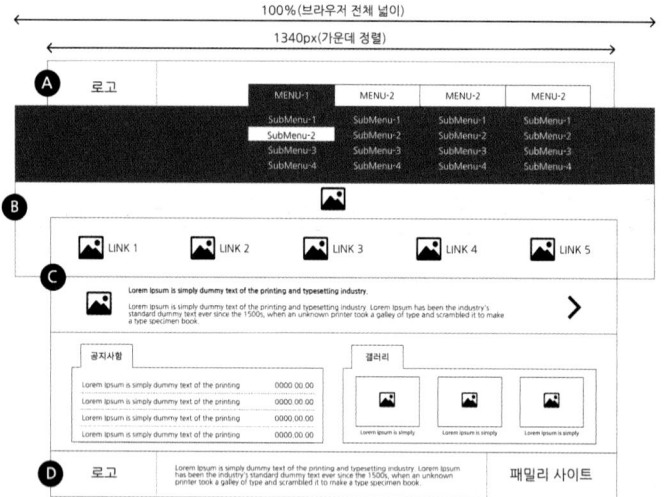

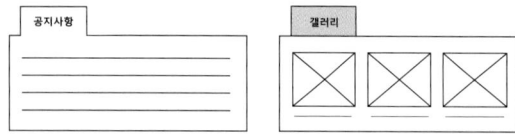

공지사항, 갤러리 별도 구성

모달 레이어 팝업

라. 세부 영역별 지시사항

영역 및 명칭	세부 지시사항
Ⓐ Header	**A.1 로고** ○ 가로세로 190픽셀×44픽셀 크기로 주제에 적합한 로고를 직접 디자인하여 삽입한다. ○ 심벌과 로고명이 포함된 완전한 형태로 디자인한다. 로고명은 Header 폴더의 제공된 텍스트를 사용한다. **A.2 메뉴 구성** ※ 사이트 구조도를 참고하여 메인메뉴(Main Menu)와 서브메뉴(Sub Menu)로 구성한다. (1) 메인메뉴(Main Menu) 효과 [와이어프레임 참조] ○ 메인메뉴 중 하나에 마우스를 올리면(Mouse Over) 하이라이트 되고, 벗어나면(Mouse Out) 하이라이트를 해제한다. ○ 메인메뉴에 마우스로 올리면(Mouse Over) 서브메뉴 영역이 부드럽게 나타나면서, 서브메뉴가 보이도록 한다. ○ 메인메뉴에서 마우스커서가 벗어나면(Mouse Out) 서브메뉴 영역은 부드럽게 사라져야 한다. (2) 서브메뉴 영역 효과 ○ 서브메뉴 영역은 메인페이지 콘텐츠를 고려하여 배경색상을 설정한다. ○ 서브메뉴 중 하나에 마우스를 올리면(Mouse Over) 하이라이트 되고 벗어나면(Mouse Out) 하이라이트를 해제한다. ○ 마우스커서가 메뉴 영역을 벗어나면(Mouse Out) 서브메뉴 영역은 부드럽게 사라져야 한다.
Ⓑ Slide	**B. Slide 이미지 제작** ○ [Slide] 폴더에 제공된 3개의 이미지로 제작한다. ○ [Slide] 폴더에 제공된 3개의 텍스트를 각 이미지에 적용하되, 텍스트의 글자체, 굵기, 색상, 크기를 적절하게 설정하여 가독성을 높이고, 독창성이 드러나도록 제작한다. **B. Slide 애니메이션 작업** ※ 위에서 작업한 결과물을 이용하여 슬라이드 작업을 한다. ○ 이미지만 바뀌면 안 되고, 이미지가 위에서 아래 또는 아래에서 위로 이동하면서 전환되어야 한다. ○ 슬라이드는 매 3초 이내로 하나의 이미지에서 다른 이미지로 전환되어야 한다. ○ 웹 사이트를 열었을 때 자동으로 시작되어 반복적으로(마지막 이미지가 슬라이드 되면 다시 첫 번째 이미지가 슬라이드 되는 방식) 슬라이드 되어야 한다.
Ⓒ Contents	**C.1 바로가기** ○ Contents 폴더의 제공된 파일을 활용하여 아이콘과 텍스트가 포함된 바로가기를 디자인하여 제작한다. **C.2 배너** ○ Contents 폴더의 제공된 파일을 활용하여 편집 또는 디자인하여 제작한다. **C.3 공지사항** ○ 공지사항 타이틀 영역과 콘텐츠 영역을 구분하여 표현해야 한다. ○ 콘텐츠는 Contents 폴더의 제공된 텍스트를 적용하여 제작한다. ○ 공지사항의 첫 번째 콘텐츠를 클릭(Click)할 경우 모달 레이어 팝업창(Modal Pop_up)이 나타나며, 모달 레이어 팝업창 내에 닫기 버튼을 두어서 클릭하면 해당 팝업창이 닫혀야 한다. [와이어프레임 참조] **C.4 갤러리** ○ Contents 폴더의 제공된 이미지 3개를 사용하여 가로방향으로 배치한다. [와이어프레임 참조] ※ 콘텐츠는 HTML 코딩으로 작성해야 하며, 이미지로 삽입하면 안 된다.
Ⓓ Footer	**D. Footer** ○ 로고를 Grayscale(무채색)로 변경하고 사용자의 접근성을 고려하여 배치한다. ○ Footer 폴더의 제공된 텍스트를 사용하여 Copyright, 패밀리 사이트를 제작한다.

❶ index.html 생성

[index.html]

```html
<!DOCTYPE html>
<html lang="ko">
<head>
  <meta charset="UTF-8">
  <meta http-equiv="X-UA-Compatible" content="IE=edge">
  <meta name="viewport" content="width=device-width, initial-scale=1.0">
  <title>서울 구석구석</title>
  <link rel="stylesheet" href="css/style.css">
</head>
<body>
  <header>
    <div class="container">
      <h1 class="logo"></h1>
      <nav></nav>
    </div>
  </header>
  <div class="slideWrapper">
  </div><!-- //slideWrapper -->
  <main class="container">
    <div class="quick-menu">
    </div><!-- //quick-menu -->
    <div class="banner">
    </div><!-- //banner -->
    <div class="notice-gallery">
      <article id="notice">
      </article>
      <article id="gallery">
      </article>
    </div><!-- //notice-gallery -->
  </main>
  <footer class="container">
    <div class="footer-logo">
    </div><!-- //footer-logo -->
    <div class="copyright">
    </div><!-- //copyright -->
    <div class="family-site">
    </div><!-- //family-site -->
  </footer>
  <script src="script/jquery-1.12.3.js"></script>
  <script src="script/main.js"></script>
</body>
</html>
```

㉠ html 기본 코드 생성 및 title에 제목 입력

㉡ 먼저 A파트 header, B파트 slides, C파트 main, D파트 footer로 구분하여 큰 구획을 작성

㉢ 와이어프레임상의 너비 1340px로 가운데 정렬 되는 부분에는 공통되는 클래스명인 container를 추가

㉣ 각 파트별 주요 요소를 작성
  • header 안에 로고와 메뉴 생성
  • main 안에 quick-menu, banner, notice, gallery 생성
  • footer 안에 로고, 카피라이트, 패밀리 사이트 생성

❷ **main.css 생성**

[main.css]
```css
@charset "utf-8";
*{
  margin: 0;
  padding: 0;
  list-style: none;
  text-decoration: none;
  font-family: "맑은 고딕";
  font-size: 14px;
  color: #333;
  box-sizing: border-box;
}
a{
  color: inherit;
}
.hidden{
  display: none;
}

/* LAYOUT */
.container{
  width: 1340px;
  margin: 0 auto;
}
body>*{
  border: 1px solid #ccc;
}

/* HEADER */
header{
  height: 100px;
}
```

㉠ [css] 폴더 안에 [main.css]에 리셋용 코드와 작성할 주요 요소들의 스타일을 구분할 주석을 추가

㉡ 웹 표준, 웹 접근성 차원에서 필요하지만, 화면에 표시될 필요가 없는 요소에 추가할 클래스명 hidden 생성

㉢ 클래스명 container의 너비를 지정하고 화면 가운데 배치되도록 margin: 0 auto를 설정

㉣ 그 외 주요 요소의 배치를 확인할 수 있도록 임시로 크기와 테두리를 추가하여 배치

출력화면

```
[main.css]
/* SLIDES */
.slideWrapper{
  height: 350px;
  background: #ebebeb; /* 임시 */
}

/* MAIN */
main>*{
  border: 1px solid #ccc;
}
main.container{
  margin-top: -100px;
  background: #fff; /* 임시 */
}
.quick-menu{
  height: 100px; /* 임시 */
}
.banner{
  height: 150px; /* 임시 */
}
/* NEWS & GALLERY */
.notice-gallery{
  display: flex;
}
#notice, #gallery{
  height: 250px; /* 임시 */
  flex: 1;
  border: 1px solid #ccc; /* 임시 */
}
/* FOOTER */
footer{
  display: flex;
}
footer>*{
  border: 1px solid #ccc; /* 임시 */
  height: 100px;
}
.footer-logo{
  width: 200px;
}
.copyright{
  flex: 1;
}
.family-site{
  width: 250px;
}
```

ⓑ B영역의 슬라이드에 C영역의 내용이 위로 올라와야 하므로 main 요소에 margin-top: -100px을 추가하여 슬라이드 위로 올라올 수 있도록 함

출력화면

ⓗ 공지사항과 갤러리를 가로 배치하기 위해 두 요소의 부모인 클래스명 notice-gallery에 display: flex를 추가하고 공지사항, 갤러리 요소가 각각 반씩 공간을 차지하도록 flex: 1을 추가

출력화면

❸ 영역별 HTML – Header 영역

[index.html]

```html
<body>
  <header>
    <div class="container">
      <h1 class="logo">
        <a href="#"><img src="images/logo.png"
        alt="서울 구석구석"></a>
      </h1>
      <nav>
        <ul class="main-menu">
          <li><a href="#">지금의 서울</a>
            <ul class="sub-menu">
              <li><a href="#">이벤트</a></li>
              <li><a href="#">축제&행사</a></li>
              <li><a href="#">전시</a></li>
            </ul>
          </li>
          <li><a href="#">추천</a>
            <ul class="sub-menu">
              <li><a href="#">에디터 추천</a></li>
              <li><a href="#">테마코스</a></li>
              <li><a href="#">도보해설관광</a></li>
              <li><a href="#">한류관광</a></li>
            </ul>
          </li>
          <li><a href="#">여행지</a>
            <ul class="sub-menu">
              <li><a href="#">명소</a></li>
              <li><a href="#">엔터테인먼트</a></li>
              <li><a href="#">음식</a></li>
              <li><a href="#">게스트하우스</a></li>
            </ul>
          </li>
          <li><a href="#">여행정보</a>
            <ul class="sub-menu">
              <li><a href="#">가이드북&지도</a></li>
              <li><a href="#">시티투어버스</a></li>
              <li><a href="#">날씨</a></li>
            </ul>
          </li>
        </ul>
      </nav>
    </div>
  </header>
중략...
```

㉠ header 부분에 로고와 메인메뉴를 서브메뉴 구조로 작성

출력화면

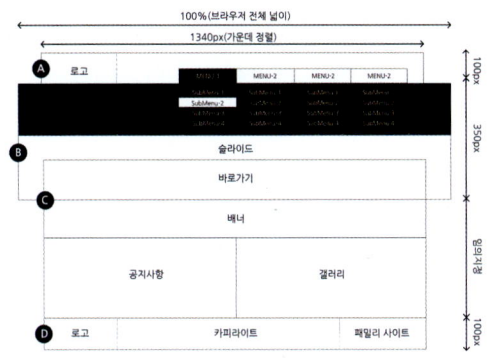

❹ 영역별 HTML – Slide 영역

[index.html]
```html
중략...
  </header>
  <div class="slideWrapper">
    <ul>
      <li class="slide">
        <img src="images/slide_01.jpg"
          alt="서울 장미 축제">
      </li>
      <li class="slide">
        <img src="images/slide_02.jpg"
          alt="북촌 한옥 마을">
      </li>
      <li class="slide">
        <img src="images/slide_03.jpg"
          alt="궁중문화축전">
      </li>
    </ul>
  </div><!-- //slideWrapper -->
  <main class="container">
    <div class="quick-menu">
    </div><!-- //quick-menu -->
    <div class="banner">
    </div><!-- //banner -->
중략...
```

㉠ 슬라이드는 ul, li 태그를 활용하여 생성
㉡ 스타일 작성과 스크립트 작성이 용이하도록 적절하게 클래스명 추가

출력화면

❺ 영역별 HTML – Center 영역

[index.html]
```
중략...
    </div><!-- //slideWrapper -->
    <main class="container">
      <div class="quick-menu">
        <ul class="">
          <li><a href="">
            <img src="images/banner_01.png"
            alt="link1">
          </a></li>
          <li><a href="">
            <img src="images/banner_02.png"
            alt="link2">
          </a></li>
          <li><a href="">
            <img src="images/banner_03.png"
            alt="link3">
          </a></li>
          <li><a href="">
            <img src="images/banner_04.png"
            alt="link4">
          </a></li>
          <li><a href="">
            <img src="images/banner_05.png"
            alt="link5">
          </a></li>
        </ul>
      </div><!-- //quick-menu -->
      <div class="banner">
        <article class="shortcut">
          <img src="images/shortcut.png"
          alt="shortcut image">
          <div class="shortcut-content">
            <h3>서울 장미 축제</h3>
            <p>시각과 후각을 즐겁게 해주는 꽃 축제는 언제 어디서나 많은 이들의 사랑을 받죠. 그런데 서울 도심에서도 꽃 축제를 즐길 수 있다는 사실 알고 계셨나요? 바로 서울 중랑구에서 열리는 서울 장미 축제예요.</p>
          </div>
          <a href="#">
            <img src="images/shortcut_arrow.png"
            alt="arrow">
          </a>
        </article>
```

㉠ 지시사항을 참조하여 quick-menu에 나타날 리스트를 생성
㉡ 'C.2 배너' 부분은 클래스명 shortcut 부분에 이미지, 설명, 링크로 구분하여 생성

출력화면

ⓒ 공지사항과 갤러리도 각각 제목과 리스트로 작성

```html
        </div><!-- //banner -->
        <div class="notice-gallery">
            <article id="notice">
                <h2>공지사항</h2>
                <ul>
                    <li><a href="#">여행 후기 이벤트 안내</a><span class="date">2024.03.01</span></li>
                    <li><a href="#">서울 구석구석 여행관련 안내사항</a><span class="date">2024.03.01</span></li>
                    <li><a href="#">이벤트 당첨자 안내</a><span class="date">2024.03.01</span></li>
                    <li><a href="#">서울 장미 축제 안내</a><span class="date">2024.03.01</span></li>
                    <li><a href="#">고객 서비스 점검 안내</a><span class="date">2024.03.01</span></li>
                </ul>
            </article>
            <article id="gallery">
                <h2>갤러리</h2>
                <ul>
                    <li><a href="#">
                        <img src="images/gallery_01.png"
                        alt="gallery1"></a>
                        <h3>gallery title1</h3>
                    </li>
                    <li><a href="#">
                        <img src="images/gallery_02.png"
                        alt="gallery2"></a>
                        <h3>gallery title2</h3>
                    </li>
                    <li><a href="#">
                        <img src="images/gallery_03.png"
                        alt="gallery3"></a>
                        <h3>gallery title3</h3>
                    </li>
                </ul>
            </article>
        </div><!-- //notice-gallery -->
    </main>
```

❻ 영역별 HTML – Footer 영역

㉠ 로고, 카피라이트, 패밀리 사이트의 내용을 작성

```html
[index.html]
    </div><!-- //notice-gallery -->
  </main>
  <footer class="container">
    <div class="footer-logo">
      <a href="#">
        <img src="images/footer_logo.png"
        alt="footer logo">
      </a>
    </div><!-- //footer-logo -->
    <div class="copyright">
      <p>
        COPYRIGHT&copy; by 서울구석구석. ALL RIGHTS RESERVED
      </p>
    </div><!-- //copyright -->
    <div class="family-site">
      <select id="family-site">
        <option value="">서울시청</option>
        <option value="">서울관광재단</option>
        <option value="">관광불편 처리센터</option>
      </select>
    </div><!-- //family-site -->
  </footer>
  <script src="script/jquery-1.12.3.js"></script>
  <script src="script/main.js"></script>
</body>
</html>
```

❼ 영역별 HTML - Popup 영역

[index.html]
```
</footer>
<!-- popup-->
<div id="popup">
  <div class="popup-content">
    <h2>여행 후기 이벤트 안내</h2>
    <p>
      서울 구석구석입니다.
      여행 후기 이벤트를 2024년 3월부터 시작하고자 합니다.
      고객님의 소중한 이야기 중 &베스트 여행 후기&를 선정하여 감사의 마음을 전하는 이벤트입니다.
    </p>
    <div class="close">닫기</div>
  </div>
</div>
<!-- //popup -->
<script src="script/jquery-1.12.3.js"></script>
<script src="script/main.js"></script>
</body>
</html>
```

㉠ body 태그 바로 전 위치에 popup-content를 추가하고 전체화면을 모두 차지할 아이디 popup과 화면 중앙에 표시될 요소인 클래스명 popup-content를 생성

출력화면

❽ 영역별 CSS – Header 영역

```css
                                    [main.css]
/* HEADER */
header{
  height: 100px;
}
header>div{
  display: flex;
  justify-content: space-between;
}
header .logo{
  width: 200px;
}
header .logo a{
  display: block;
}
header .main-menu{
  display: flex;
  padding-top: 60px;
  margin-right: 20px;
}
header .main-menu > li{
  width: 130px;
  height: 40px;
  line-height: 40px;
  text-align: center;
  background: darkcyan;
  color: #fff;
}
header .sub-menu{
  display: none;
}
header .main-menu>li:hover{
  background: darkmagenta;
}
header .main-menu>li:hover a{
  font-weight: bold;
}
header .main-menu a{
  display: block;
}
```

㉠ 로고와 메뉴를 좌우로 배치하기 위해 로고와 메뉴의 바로 위 부모인 header>div를 선택 후 flex를 이용하여 가로 배치하고, Justify-content 속성을 이용하여 좌우 끝으로 배치

㉡ 메뉴를 가로 배치한 후 상단에 padding을 추가하여 header 부분에서 아래쪽에 있도록 함

㉢ 메인메뉴의 너비, 높이, 배경색, 글자색을 설정

㉣ sub-menu는 display: none을 추가하여 보이지 않도록 함

㉤ 이후 주메뉴에 마우스를 올렸을 때 나타나도록 스크립트를 작성

▶ 출력화면

㉥ 메뉴에 호버 시 배경색과 글자 스타일이 변경되도록 함

▶ 출력화면

[main.css]

```css
/* HEADER */
header{
  height: 100px;
  position: relative;
  z-index: 1;
}
header:after{
  content: '';
  position: absolute;
  left: 0;
  top: 100%;
  right: 0;
  height: 0;
  background: #ebebeb;
  transition: height 0.4s ease-in-out;
  z-index: -1;
}
header.active:after{
  height: 160px;
}
header>div{
  display: flex;
  justify-content: space-between;
}
```

Ⓐ 주메뉴에 마우스를 호버하면 전체화면을 차지하고 있는 header 요소의 내용 뒤(:after)에 공간을 만들고(content:''), 가로 영역을 모두 사용하도록 left, right 값을 추가한 후 header를 기준으로 header 바로 밑에 나타나도록 top: 100%를 추가

ⓑ 마우스를 올리면 높이를 160px로 늘려줄 것이기 때문에 height가 변경되는 과정이 부드럽게 보이도록 transition을 추가

[index.html]

```html
<body>
  <header class="active">
    <div class="container">
      <h1 class="logo">
        <a href="#"><img src="images/logo.png"
          alt="서울 구석구석"></a>
      </h1>
중략...
```

㉠ 앞서 작성한 스타일을 스크립트 작성 전에 확인하기 위해 임의로 header 요소에 active를 추가

㉡ 화면을 확인하면 서브메뉴 배경이 전체화면에 나난 것을 확인할 수 있음. 확인되었으면 header 요소에 임시로 추가했던 active 클래스명은 제거

출력화면

❾ main.js 생성

[script] 폴더 내에 [main.js] 파일을 생성하고 영역별 스크립트를 작성

⓾ 영역별 SCRIPT- Slide 영역 – 초반 작업

[main.js]
```
let mainMenu = $('nav > ul > li');
let subMenu = mainMenu.find('ul');
let header = $('header');

mainMenu.mouseover(function() {
  header.addClass('active');
  subMenu.stop().slideDown();
}).mouseout(function() {
  header.removeClass('active');
  subMenu.stop().slideUp();
});
```

㉠ Header 부분의 CSS까지 완료되었으니 메인 호버 시 서브메뉴가 나타나도록 스크립트를 작성
㉡ 1depth 주메뉴를 mainMenu 변수에 할당하고 서브메뉴는 변수명 subMenu, Header는 변수명 header에 할당
㉢ mainMenu에 마우스를 올리면 우선 서브메뉴 배경이 나타날 수 있도록 header 요소에 active 클래스명을 추가
㉣ 마우스가 mainMenu에서 벗어나면 추가했던 acitve를 제거
㉤ 마우스를 올리면 전체 서브메뉴를 아래로 주욱 나타나도록 slideDown 메서드를 적용
㉥ 이때 stop( ) 메서드를 추가하여 효과의 잔상이 남지 않도록 함
㉦ 즉, mouseover 또는 mouseout 이벤트가 일어나면 subMenu 요소에 어떤 효과가 진행되고 있었든 상관없이 하던 일을 멈추고 지정한 함수가 실행되도록 하는 것임

출력화면

[main.css]

```css
header .main-menu>li:hover{
  background: darkmagenta;
}
header .main-menu>li:hover a{
  font-weight: bold;
}
header .sub-menu li:hover{
  background: darkcyan;
  color: #fff;
}
header .main-menu a{
  display: block;
}

/* SLIDES */
.slideWrapper{
  height: 350px;
  overflow: hidden;
  position: relative;
}
.slideWrapper ul{
  width: 100%;
  position: absolute;
  top: 0;
}
.slideWrapper .slide{
  height: 350px;
}
.slideWrapper .slide img{
  width: 100%;
  height: 100%;
  object-fit: cover;
}
```

ⓞ 마우스를 올리면 서브메뉴가 나타남. 서브메뉴에 마우스를 올리면 해당 메뉴의 배경색과 글자색을 변경해 줌
ⓩ slidewrapper를 기준으로 ul이 위아래로 움직일 수 있도록 기준을 설정하고 ul을 절댓값으로 배치
ⓒ 이때 ul은 부모인 slidewrapper보다 높이가 3배 크기 때문에 넘치는 요소가 보이지 않도록 overflow: hidden을 추가
ⓚ ul의 기본 위치를 잡기 위해 top: 0을 추가
ⓔ 클래스명 slide의 높이를 추가하여 세로로 길게 배치되도록 함

출력화면

⓫ 영역별 SCRIPT- Slide 영역 – 후반 작업

[main.js]
```js
//슬라이드
let slideContainer = $('.slideWrapper ul');
let slide = slideContainer.find('.slide');
let slideCount = slide.length;
let currentIdx = 0;

function autoSlide() {
  setInterval(function() {
    //3초마다 반복수행할 구문 시작
    let nextIdx = (currentIdx + 1) % slideCount;
    slideContainer.animate({
       top: -350 * nextIdx + 'px'
    });
    currentIdx = nextIdx;
  }, 3000)
}
autoSlide();
```

㉠ 움직일 대상인 ul을 변수에 할당
㉡ 슬라이드 개수를 파악하기 위해서 클래스명 slide를 변수로 할당
㉢ 자동으로 움직일 때마다 현재 슬라이드 번호를 확인할 수 있도록 currentIdx를 0으로 초기화함
㉣ 함수 autoSlide를 생성
㉤ setInterval 함수를 이용하여 3초마다 슬라이드가 작동하도록 함
㉥ 이때 slideContainer의 top 값을 -350px씩 위로 이동할 수 있도록 animate 메서드를 작성
㉦ 변수명 nextIdx의 값이 1씩 증가하고 slideCount 값으로 나눈 나머지 값을 활용하여 nextIdx가 0, 1, 2에서 반복될 수 있도록 함

[main.css]
```css
/* LAYOUT */
.container{
  width: 1340px;
  margin: 0 auto;
}
```

㉧ 슬라이드 영역이 완성되었으면 body>*에 임시로 추가했던 테두리를 제거

⑫ 영역별 CSS – Main 영역

[main.css]
```css
/* MAIN */
main{
  position: relative;
  z-index: 1;
}
main.container{
  margin-top: -100px;
}
.quick-menu{
  height: 100px;
  padding: 10px 0;
  box-sizing: border-box;
  background: rgba(0,0,0,.4);
}
.quick-menu ul{
  display: flex;
  justify-content: center;
  gap: 50px
}
.quick-menu ul li{
  width: 130px;
}
.quick-menu ul li img{
  width: 100%;
}
.banner{
  height: 150px; /* 임시 */
}
.shortcut{
  padding: 40px 0;
  display: flex;
  align-items: center;
  gap: 20px;
}
.shortcut>img{
  width: 100px;
}
.shortcut-content{
  flex: 1;
}
.shortcut-content p{
  width: 65%;
}
```

㉠ main 요소가 슬라이드보다 위에 있도록 position을 추가하고 z-index: 1을 추가

㉡ 퀵메뉴 부분은 배경을 투명하게 설정하여 슬라이드 위에 올라와 있는 레이아웃을 만들어 줌

㉢ flex를 이용해 중앙에 배치하여 gap으로 간격을 설정

㉣ 각 메뉴의 너비를 130px로 지정한 후, 그 안에서 img 크기가 잡히도록 img에는 width: 100%를 추가

㉤ banner에 임시로 추가했던 높이는 제거하고 padding을 상하로 추가하여 높이가 자연스럽게 나타나도록 함

㉥ 클래스명 shortcut의 요소에 flex를 추가하여 이미지, 설명, 링크가 가로로 배치되도록 함

㉦ 중앙에 shortcut-content 부분이 가운데 영역 모두를 차지하도록 flex: 1을 추가하고, 그 안에 설명은 65%의 너비를 지정

출력화면

[main.css]

```css
/* NEWS & GALLERY */
.notice-gallery{
  display: flex;
  gap: 10px;
}
#notice, #gallery{
  padding: 15px 0px;
  flex: 1;
}
.notice-gallery h2{
  border-radius: 5px 5px 0 0;
  display: inline-block;
  padding: 5px 10px;
  background: #666;
  color: #fff;
  margin-bottom: -2px;
}
.notice-gallery ul{
  border: 1px solid #666;
}
#notice ul li{
  line-height: 30px;
  display: flex;
  justify-content: space-between;
  transition: 0.3s;
  border-bottom: 1px dashed #ebebeb;
  padding: 0 5px;
}
#notice ul li:last-child{
  border-bottom: none;
}
#notice ul li:hover{
  background: #ebebeb;
}
#notice ul li a:hover{
  font-weight: bold;
}
#gallery ul{
  display: flex;
  justify-content: space-between;
  gap: 10px;
  padding: 6px 20px;
}
```

ⓘ 공지사항과 갤러리는 클래스명 notice-gallery 안의 요소인 공지사항과 갤러리를 flex로 가로 배치

ⓒ 제목에 배경, 글자색, 내부 여백 등을 추가하고 제목 밑 요소에 살짝 겹치도록 margin-bottom을 추가

ⓒ 공지사항의 각 요소인 li에 line-height로 높이를 추가하고 제목과 날짜를 좌우 끝으로 배치하고 점선을 추가

ⓚ 갤러리의 이미지를 가로 배치하기 위해 #gallery ul에 flex를 추가하고 gap을 추가하여 간격을 줌

ⓔ 공지사항과 이미지에 호버 시 효과를 각각 추가

출력화면

```css
#gallery ul li{
  transition: 0.3s;
  text-align: center;
}
#gallery ul li img{
  width: 100%;
}
#gallery ul li:hover{
  opacity: 0.5;
}
```

⑬ 영역별 CSS – Footer 영역

```css
[main.css]
/* FOOTER */
footer{
  display: flex;
  height: 100px;
  align-items: center;
}
.footer-logo{
  width: 200px;
}
.copyright{
  flex: 1;
}
.family-site{
  width: 250px;
}
.family-site select{
  width: 100%;
}
```

㉠ footer 파트에서 임시로 추가했던 테두리를 제거하고, footer 요소를 가로 배치한 후 교차축을 기준으로 가운데 있도록 align-items: center를 추가

⓮ 영역별 CSS – 공지사항 Popup 영역

[main.css]

```css
/* popup */
#popup{
  position: fixed;
  left: 0;
  right: 0;
  top: 0;
  bottom: 0;
  display: none;
  z-index: 10;
  background: rgba(0,0,0,.5);
}
#popup .popup-content{
  width: 400px;
  padding: 20px 20px 100px;
  background: #fff;
  border-radius: 5px;
  position: absolute;
  left: 50%;
  top: 50%;
  transform: translate(-50%,-50%);
  box-shadow: 0 0 3pxrgba(0,0,0,.5);
}
#popup .popup-content .close{
  position: absolute;
  right: 10px;
  bottom: 10px;
  background: #333;
  color: #fff;
  cursor: pointer;
  padding: 5px 8px;
}
#popup.active{
  display: block;
}
```

㉠ 아이디 popup이 전체화면을 차지하도록 position을 추가하고 배경을 설정

㉡ 클래스명 popup-contents가 아이디 popup을 기준으로 정중앙에 배치되도록 position을 설정한 후 left: 50%, top: 50%를 추가하고 요소가 가운데 배치되도록 해당 요소 크기의 반만큼 왼쪽, 상단으로 이동하도록 transform을 추가

㉢ 아이디 popup은 display: none을 추가하여 화면에 보이지 않도록 하고 클래스명 active가 추가되면 화면에 표시되도록 함

⓯ 영역별 CSS – Footer 영역

```
                                    [index.html]
<!-- popup -->
<div id="popup" class="active">
  <div class="popup-content">
    <h2>여행 후기 이벤트 안내</h2>
    <p>
중략...   서울 구석구석입니다.
```

㉠ 아이디 popup에 임시로 active 클래스명을 추가하고 화면을 확인해 봄

출력화면

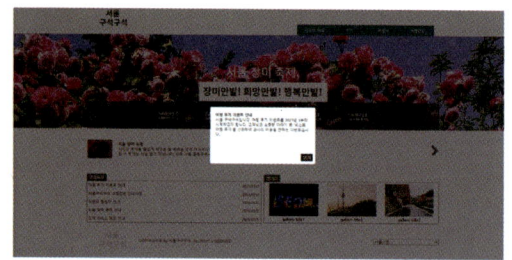

⓰ 영역별 HTML– 공지사항 Popup 영역

```
                                    [main.js]
//팝업
let popupLink = $('#notice li:first');
let popup = $('#popup');
let popupCloseBtn = popup.find('.close');
popupLink.click(function(e) {
  e.preventDefault();
  popup.addClass('active');
});
popupCloseBtn.click(function() {
  popup.removeClass('active');
});
```

㉠ 지시사항에 따라 공지사항 중 첫 번째 요소를 클릭 했을 때 popup이 오픈되도록 변수를 설정
㉡ 변수 popupLink를 클릭하면 아이디 popup 요소에 active를 추가하고, 닫기 버튼을 클릭하면 추가되었던 active 클래스명을 제거하여 팝업 구현을 마무리함

※ 위의 html, css, js는 [2026 유선배 웹디자인개발기능사 실기 합격노트](p.384~414) 교재에서 확인하실 수 있습니다.

기출유형 완성하기

정답 01 ④ 02 ③ 03 ② 04 ① 05 ②

01 HTML의 문단 구성과 관련된 Tag와 그 용도에 대한 설명으로 옳지 않은 것은?

① ⟨br⟩ : 줄을 바꿀 때 사용한다.
② ⟨div⟩…⟨/div⟩ : 문서를 구분하여 문단별로 정렬할 때 사용한다.
③ ⟨p⟩ : 문단을 바꿀 때 사용한다.
④ ⟨mid⟩…⟨/mid⟩ : 태그 사이에 있는 문단을 가운데로 정렬할 때 사용한다.

해설
⟨mid⟩ 태그는 존재하지 않는다. 대신 CSS에서 text-align: center; 또는 ⟨div style="text-align: center;"⟩를 사용한다.

02 CSS에서 특정 요소의 글꼴을 변경할 때 사용되는 속성은 무엇인가?

① text-align
② font-style
③ font-family
④ letter-spacing

해설
font-family 속성은 특정 요소에 적용할 글꼴을 지정하는 데 사용된다.

03 웹 페이지에서 ⟨meta charset="UTF-8"⟩을 사용하는 주된 목적은 무엇인가?

① 웹 페이지의 언어를 자동으로 감지하기 위해
② 문서의 문자 인코딩을 설정하여 한글, 특수문자 등이 올바르게 표시되도록 하기 위해
③ CSS 스타일을 적용하기 위해
④ 검색엔진 최적화를 위해

해설
⟨meta charset="UTF-8"⟩은 문서의 문자 인코딩을 UTF-8로 설정하여 다양한 언어 및 특수문자가 올바르게 표시되도록 한다.

04 다음 중 웹 사이트에서 JavaScript를 활용하여 모달 팝업을 구현할 때 필요한 이벤트는 무엇인가?

① onclick
② onmouseover
③ onkeydown
④ onresize

해설
onclick 이벤트를 활용하면 사용자가 특정 버튼을 클릭했을 때 모달 팝업을 실행할 수 있다.

05 웹 사이트에서 alt 속성을 이미지 태그에 추가하는 주된 이유는 무엇인가?

① 이미지를 더 빠르게 로드하기 위해
② 검색엔진 최적화(SEO)와 접근성을 높이기 위해
③ 이미지의 해상도를 자동으로 조절하기 위해
④ 배경색과 조화를 이루기 위해

해설
alt 속성은 이미지가 로드되지 않을 때 대체 텍스트를 제공하며, 시각 장애인을 위한 보조 기술과 검색엔진에서 이미지 콘텐츠를 인식할 수 있도록 도와준다.

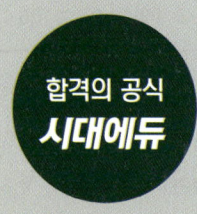

무언가를 위해 목숨을 버릴 각오가
되어 있지 않는 한 그것이 삶의 목표라는
어떤 확신도 가질 수 없다.

– 체 게바라

유튜브 선생님에게 배우는
유선배

PART 9
적중 예상문제

CHAPTER 01 적중예상문제 1회

CHAPTER 02 적중예상문제 2회

CHAPTER 03 적중예상문제 3회

- 실제 필기 시험에서는 카테고리별로 구분되어 있지 않습니다.
- 필기 시험에서는 이론 용어가 영문으로만 표기되는 경우도 있습니다. 국문과 영문 표기 모두 학습해주세요.
  예 색상, 명도, 채도 → Hue, Value, Chroma
- 1시간 안에 총 60문제를 풀게 되며 시험장에서 개별 컴퓨터로 시험을 봅니다.
  60점 이상이면 합격이며, 문제를 다 풀고 [제출하기] 버튼을 클릭하면 합격 여부를 바로 알 수 있습니다.

CHAPTER 01 적중예상문제 1회

01 UI 디자인이 중요한 이유가 아닌 것은?

① 사용자의 경험을 향상시킴
② 웹 사이트의 접근성을 높임
③ 시각적으로 매력적인 환경을 제공
④ 작업 속도를 단축시킴

해설
UI는 사용자가 제품이나 서비스를 사용할 때 직접 상호 작용하는 화면과 요소들의 디자인과 구성으로, 주로 시각적이고 기능적인 부분에 중점을 둔다.

02 주변 환경의 변화와 관계없이 그 사물에 대해 지속적으로 고정적인 인식을 하고 있는 현상은?

① 애니브 효과
② 운동시
③ 항상성
④ 지각성

해설
항상성은 시각적 자극에 변화가 생기더라도 대상물 자체가 변한 것은 아니라고 지각하는 성향이다.

03 다음 중 디자인의 목적과 관련이 없는 것은?

① 편리함을 갖춘 제품 제작
② 아름다운 수공예품의 제작
③ 인간의 행복을 위한 환경의 개선
④ 기능과 미가 조화된 제품 제작

해설
디자인의 목적은 인간의 행복을 위하여 환경을 개선하고 창조하는 데 있다.

04 물건 구매 시 매장의 조명등에 의해 색상 판별이 어려워 색상이 달라져 보이는 것은 무엇 때문인가?

① 연색성
② 조건등색
③ 표면색
④ 메타메리즘

해설
이는 조명광원의 연색성이 낮기 때문에 발생하며, 색상 판별의 어려움과 색상 차이의 원인이 된다.

05 다음 중 실내 공간을 목적별로 분류한 대상이 아닌 것은?

① 생활 공간(Living Space)
② 가구 공간(Furniture Space)
③ 공공 공간(Public Space)
④ 작업 공간(Work Space)

해설
공간은 사용 목적과 기능에 따라 생활 공간, 공공 공간, 작업 공간 등으로 구분된다. 가구 공간은 공간 분류의 대상이 아니다.

01 ④ 02 ③ 03 ② 04 ① 05 ② **정답**

06 유채색에 대한 설명이 아닌 것은?

① 순수한 무채색을 제외한 모든 색을 말한다.
② 색상(Hue)값을 조금이라도 포함하고 있는 색을 말한다.
③ 색상, 명도, 채도를 모두 가지고 있다.
④ 흰색에서 검은색까지의 그레이스케일로 표현되는 모든 색을 말한다.

해설
그레이스케일은 무채색에 해당한다.

07 신인상파 화가의 쇠라(Georges Seurat)의 '점묘화'는 무슨 혼합의 예인가?

① 회전혼합
② 가산혼합
③ 색료혼합
④ 병치혼합

해설
병치혼합은 중간혼합, 병치가산혼합이라고도 하며 직접 색을 섞는 것이 아니라, 주변 환경이나 조건 등에 의해 눈의 망막에서 색이 혼합된 것처럼 보이는 방식이다.

08 다음 중 디자인의 모든 분야에서 사용 가능한 상징적인 요소는 어느 것인가?

① 일러스트레이션
② 심벌 마크
③ 포장 디자인
④ 광고 디자인

해설
심벌 마크는 디자인의 모든 분야에서 사용 가능한 상징적이고 보편적인 요소로 기업, 브랜드 또는 제품의 정체성을 시각적으로 표현하는 데 사용된다.

09 CIP(Corporate Identity Program)의 분류 중에서 기본 요소에 해당하는 것은?

① 전용 색상
② 사인
③ 포장
④ 서식

해설
CIP는 기업의 정체성을 표현하기 위해 기본 요소와 응용 요소로 나뉜다. 기본 요소에는 로고, 전용 색상, 전용 서체 등이 포함되며 브랜드의 통일성과 식별성을 유지하는 데 필수적이다. 반면, 응용 요소는 사인, 포장, 서식 등으로 기본 요소를 다양한 매체와 용도에 적용한 결과물이다.

10 문자의 크기를 결정하는 것은?

① 높이
② 길이
③ 넓이
④ 각도

해설
문자의 크기는 보통 포인트(pt) 단위로 측정되며, 이는 문자의 높이를 기준으로 정의된다.

11 인간을 중심으로 한 디자인 작업 시 고려해야 할 기능성과 거리가 먼 것은?

① 물리적 기능
② 생리적 기능
③ 심리적 기능
④ 시장적 기능

해설
시장적 기능은 제품의 상업적 성공과 시장 전략과 관련된 개념으로 사용자의 편리성과 효율성, 안전성을 우선 고려하는 인간 중심 디자인에 포함되지 않는다.
• 물리적 기능 : 제품의 형태와 사용 편의성을 고려
• 생리적 기능 : 사용자의 신체 구조와 적합성
• 심리적 기능 : 사용자의 정서적 만족과 심리적 편안함

정답 06 ④ 07 ④ 08 ② 09 ① 10 ① 11 ④

12 HTML 코드를 작성할 때 글자 사이를 띄우기 위해 사용하는 공백 문자는?

① &gt
② &lt
③ &amp
④

> **해설**
> ① &gt : >(Greater-than 부등호)
> ② &lt : <(Less-than 부등호)
> ③ &amp : &(앰퍼샌드 기호)

13 다음 설명에 해당하는 용어는?

> 다수 개의 인트라넷이 연결되어 사업자들이 그들의 사업 파트너, 고객들과 정보를 공유할 수 있게 하는 시스템

① Extranet
② Outsourcing
③ Datagram
④ Datalink

> **해설**
> 엑스트라넷(Extranet)은 내부망(인트라넷)을 외부 조직과 연결하여 협업과 정보 공유를 지원하며, 제한된 사용자만 접근할 수 있도록 보안이 강화된 네트워크이다.

14 최상위 도메인 gov와 동일한 성격을 갖는 서브 도메인의 이름은?

① ac
② go
③ or
④ re

> **해설**
> go는 gov와 동일한 성격을 갖는 서브 도메인으로, 정부 기관을 나타내는 도메인이다.

15 웹 페이지 탐색구조 중 야후와 같은 디렉터리형 검색엔진처럼 상위 메뉴와 각각의 상위 메뉴를 세분화한 하위 메뉴로 구성하는 방식의 구조는?

① 계층구조
② 선형구조
③ 망구조
④ 하이퍼링크 구조

> **해설**
> 계층구조는 상위 메뉴에서 하위 메뉴로 세분화된 방식으로, 디렉터리형 검색엔진과 같은 구조를 제공한다.

16 웹 브라우저의 기능이 아닌 것은?

① 웹 페이지의 저장 및 인쇄
② 최근 방문한 URL의 목록 제공
③ 소스 파일 보기
④ 멀티미디어를 이용한 홈페이지 제작

> **해설**
> 웹 브라우저에서는 홈페이지를 제작할 수 없고, 사용자가 인터넷상의 웹 페이지를 탐색하고 상호작용할 수 있도록 돕는 도구이다.

정답 12 ④ 13 ① 14 ② 15 ① 16 ④

17 웹 문서 작성을 위한 국제 표준 언어가 아닌 것은?

① MS-WORD ② SGML
③ HTML ④ XML

해설
MS-WORD는 웹 문서 작성을 위한 국제 표준 언어가 아니라, 문서 작성 및 편집을 위한 워드 프로세서 소프트웨어이다.

18 인터넷 광고의 특징이 아닌 것은?

① 광고에 대한 효과를 실시간으로 확인할 수 있다.
② 초기 광고 제작 단가가 타 매체에 비해 저렴하다.
③ 디지털 매체이므로 광고 내용의 수정은 쉽지 않다.
④ 기존 매체에 비해 더욱 명확한 타겟(Target) 마케팅이 이루어진다.

해설
디지털 매체에서는 광고 내용을 빠르게 수정하고 업데이트할 수 있는 유연성을 제공한다.

19 다음 중 스타일시트와 태그 속성과의 연결로 옳지 않은 것은?

① A:visitied{color:#ffffff;}
  - 〈body vink="#ffffff"〉
② A:hover{color:#ffffff;}
  - 〈body hink="#ffffff"〉
③ A:link{color:#ffffff;}
  - 〈body link="#ffffff"〉
④ A:active{color:#ffffff;}
  - 〈body alink="#ffffff"〉

해설
〈body〉 태그에 hink 속성이 존재하지 않으므로 틀린 연결이다.

20 다음 중 ( ) 안의 내용으로 옳은 것은?

- HTML 마크업 언어의 핵심 기능 중 하나로, ( )를 추가한 것이다.
- ( )는 자신의 문서에서 다른 문서로 이동하는 링크의 기능을 포함한다.

① 메타 태그(Meta Tag)
② 하이퍼텍스트(Hypertext)
③ 이미지(Image)
④ W3C

해설
하이퍼텍스트는 HTML의 핵심 기능 중 하나로, 문서 간의 링크를 통해 다른 문서로 이동할 수 있는 기능을 제공한다.

21 컴퓨터 그래픽스의 특징이 아닌 것은?

① 색채, 질감, 명도 등의 정확한 표현으로 실물 재현이 가능하다.
② 사람이 제작한 모든 그림 및 영상을 뜻한다.
③ 실존하지 않는 공간, 화상을 시각화하여 표현할 수 있다.
④ 이미지나 형태 등의 시각적인 요소를 디지털화시킨 것이다.

해설
컴퓨터 그래픽스는 디지털 기술을 이용해 시각적인 요소를 표현, 수정, 생성하는 기술이다.

정답 17 ① 18 ③ 19 ② 20 ② 21 ②

22 사운드 파일 포맷에 관한 내용 중 옳지 않은 것은?

① RA는 RealAudio 압축 방식을 사용한 웨이브 파일 포맷이다.
② MPEG는 레이어3 방식을 사용하는 경우 mp3라는 확장자로 표현된다.
③ WMA는 윈도우 미디어 플레이어의 표준 포맷이다.
④ WAV는 PC 환경에서는 사용되지 않는 형식이다.

해설
WAV는 PC 환경에서 널리 사용되는 오디오 파일 형식이다.

23 인터넷 익스플로러를 이용하여 동영상을 보여주고자 할 경우 사용할 수 없는 형식은?

① aif   ② wmv
③ avi   ④ mov

해설
AIF(Audio Interchange File Format)는 오디오 파일 형식으로, 동영상을 재생하는 데 사용할 수 없다.

24 컴퓨터 그래픽스 시스템 중 운영체제(Operating System)에 대한 설명으로 옳은 것은?

① 하드웨어와 애플리케이션 사이에 위치하여 전체적인 시스템 자원을 관리한다.
② 컴퓨터를 구성하는 모든 장치들이 원하는 대로 작동되도록 하는 장치이다.
③ 미디어 처리장치와 입출력장치, 그리고 정보를 저장하는 저장장치로 구별할 수 있다.
④ 컴퓨터가 인식하고 데이터를 처리할 수 있도록 외부 정보를 이진부호로 바꿔 준다.

해설
운영체제는 사용자와 하드웨어 간의 인터페이스 역할을 수행한다.

25 다음이 설명하고 있는 애니메이션 제작 과정은?

캐릭터를 애니메이션 할 경우 가장 쉬운 방법은 실제 데이터를 사용하는 것이다. 비디오 및 기타 장비를 통하여 사람과 동물 등의 움직임이나 운동을 받아들여 그 실제 값을 해당 캐릭터에 적용하면 움직임이 자연스러워 애니메이션의 효과를 극대화시킬 수 있다.

① 모델링
② 레코딩
③ 렌더링
④ 모션 캡처

해설
모션 캡처는 인간공학적 디자인, 자동차 안전사고 실험 등의 동작 분석에 사용되기도 한다.

26 사이트 내용의 구조와 서로 간의 유기적인 관계를 한눈에 식별할 수 있도록 도표 형태로 나타내주는 것을 무엇이라 하는가?

① 스토리보드
② 플로우 차트
③ 스토리텔링
④ 프로토타입

해설
플로우 차트는 작업 과정이나 시스템의 흐름을 도형과 화살표로 시각화하여 쉽게 이해할 수 있도록 표현한 도식이다.

27 입체에 대한 설명으로 옳지 않은 것은?

① 소극적 입체는 현실적 형, 확실히 지각되는 형을 말한다.
② 입체는 면이 이동한 자취이다.
③ 두 면과 각도를 가진 방향으로 이동하거나 면의 회전에 의해 생긴다.
④ 순수형 입체는 구, 원통, 육면체 등과 같은 형이다.

해설
소극적 입체는 현실적 형이 아니라 실재감을 덜 느끼게 하는 추상적이고 단순화된 형을 의미한다. 또한 시각을 통해 지각되는 것으로 물체가 점유하는 공간을 말한다.

28 도메인 네임(Domain Name)으로 적당하지 않은 것은?

① saving4u-.com
② 1588-6624.co.kr
③ flower-order.org
④ 6288delivery.net

해설
ICANN(국제인터넷주소관리기구)의 도메인 등록 규칙 도메인 이름 형식에 따라, 하이픈(-)으로 시작하거나 끝나는 도메인은 등록되지 않는다.

29 3차원 그래픽 과정 중 매핑(Mapping)의 정의로 옳은 것은?

① 실제 사진과 그려진 애니메이션을 결합시키는 것이다.
② 3차원의 입체물을 제작하고 공간 속에 이를 배치하는 것이다.
③ 모델링된 각 물체의 표면에 고유한 재질감을 부여하는 것이다.
④ 광원과 카메라의 속성을 부여하여 이를 사실적인 이미지로 묘사하는 것이다.

해설
매핑에는 범프 매핑, 오패시티 매핑, 텍스처 매핑, 리플렉션 매핑 등이 있다.

30 다음 중 셰이딩의 종류가 아닌 것은?

① 플랫(Flat)
② 클리핑(Clipping)
③ 고러드(Gouraud)
④ 퐁(Phong)

해설
셰이딩은 물체의 표면을 렌더링하는 방법이다. 그러나 클리핑은 그래픽에서 화면에 보이는 영역을 잘라내는 과정으로 셰이딩 기법이 아니다.

31 ASP(Active Server Page)에 대한 설명으로 옳지 않은 것은?

① 동적인 문서를 만들기 위해 마이크로소프트사가 제안한 기술로 웹 서버 IIS 기반에서 지원된다.
② CGI의 서버에 많은 부담을 주고 실행시간이 오래 걸리는 단점을 해결했다.
③ ASP는 일반 문서편집기나 VB Script, 자바스크립트를 이용해 생성할 수 있고 확장자는 *.asp이다.
④ 플랫폼과 무관하게 동작하도록 설계되어 있어 모든 운영체제에서 실행할 수 있다.

해설
ASP는 CGI 기반의 서버 프로그램 언어이며 JSP, PHP 등이 있다.

32 키워드 스터핑(Keyword Stuffing)은 웹 페이지에서 불필요한 키워드를 과도하게 반복하여 삽입하는 SEO 기법이다. 다음 중 키워드 스터핑의 부정적인 영향을 설명하는 것으로 가장 적절한 것은?

① 사용자 경험을 향상시키고 페이지 로딩 속도를 빠르게 만든다.
② 검색엔진 최적화(SEO)에서 긍정적인 영향을 미치며, 검색 결과 순위를 높인다.
③ 검색엔진 결과를 왜곡시킬 수 있으며, 사용자 경험을 해칠 수 있다.
④ 웹 페이지의 디자인을 개선하고 방문자의 참여를 증가시킨다.

해설
과도한 키워드 사용은 검색엔진 결과를 왜곡시킬 뿐만 아니라, 사용자가 웹 페이지를 탐색할 때 불편함을 초래할 수 있다.

33 URL에 표현이 불가능한 것은?

① Protocol
② HTML
③ IP Address
④ Domain Name

해설
① Protocol(프로토콜) → URL에서 http:// 또는 https:// 처럼 사용됨
③ IP Address(IP 주소) → URL에서 도메인 대신 192.168.1.1 같은 형태로 사용 가능
④ Domain Name(도메인 이름) → URL에서 example.com처럼 사용됨

34 다음 중 주제별 검색엔진에 대한 설명으로 옳은 것은?

① 자발적으로 정보를 수집한다.
② 일반 키워드형 검색이라고 한다.
③ 자체 데이터베이스가 없이 여러 개의 검색엔진에서 검색한다.
④ 최종 사이트를 찾기 위해 단계(대분류-중분류-소분류)를 거쳐야 하는 단점이 있다.

해설
주제별 검색엔진은 웹 페이지를 주제별로 정리하여 디렉터리 형태를 제공하므로 디렉터리형이라고도 한다.

35 서로 다른 관련이 없어 보이는 요소를 합친다는 의미로, 보는 관점을 완전히 다르게 하여 연상되는 점과 관련성을 찾아내어 아이디어를 발상시키는 방법은?

① 브레인스토밍(Brain Storming)법
② 연상결합(Image Association)법
③ 입출력(Input-output)법
④ 시넥틱스(Synectics)법

해설
시넥틱스법은 서로 관련이 없어 보이는 이질적인 요소들을 결합하여 새로운 관점에서 연상과 관련성을 찾아 아이디어를 발상하는 기법이다.

36 수적 법칙에 의해 생겨난 형태로 규칙적이고 명쾌한 조형적 감정을 유발시키는 형태는?

① 유기적 형태
② 기하학적 형태
③ 현대적 형태
④ 조형적 형태

해설
기하학적 형태는 규칙적이고 명쾌한 조형적 감정을 유발시키는 형태이며 점, 선, 면, 입체로 대상을 표현한 것으로 가장 뚜렷한 질서를 갖는다.

정답 32 ③ 33 ② 34 ④ 35 ④ 36 ②

37 윌리엄 모리스의 미술공예운동(Art & Crafts Movement)의 설명으로 옳지 않은 것은?

① 대량생산 제품에 대해 찬성하였다.
② 양산제품에서의 품질 문제를 제기하였다.
③ 미술, 공예, 디자인 간의 차이를 줄임으로써 실용적 디자인을 추구하는 것을 목표로 하였다.
④ 수작업으로 돌아가자는 주장을 하였다.

> **해설**
> 미술공예운동은 산업화(기계화, 대량생산)에 저항하고 순수한 인간 노동력의 예술을 중시했다.

38 HTML 태그에서 'cellpadding'에 대해 올바르게 설명한 것은?

① 'table' 태그에서만 쓰는 속성으로 셀 구분선과 셀 안의 문자 간의 여백을 설정한다.
② 'table' 태그에서만 쓰는 속성으로 셀과 셀 사이의 간격을 설정한다.
③ 'table' 태그에 삽입하면 테이블 전체의 높이를 설정한다.
④ 'table' 태그에 삽입하면 해당 셀의 높이를 설정한다.

> **해설**
> cellpadding을 통해 테이블의 가독성을 높이고 내부 콘텐츠와 테두리 사이의 간격을 조정할 수 있다.

39 전용선을 이용하여 인터넷에 접속하고자 한다. 네트워크 환경 설정 시 입력해야 할 내용으로 옳지 않은 것은?

① 게이트웨이
② 서브넷 마스크
③ 접속 전화번호
④ DNS

> **해설**
> ① 다른 종류의 통신망에 상호 접속하여 다른 통신망으로 연결을 수행한다.
> ② 네트워크와 호스트 주소를 구분한다.
> ④ 도메인 이름을 IP 주소로 변환한다.

40 VRML을 만들 수 있는 저작도구가 아닌 것은?

① Cosmo Worlds
② Cosmo Player
③ VR Creator
④ 3D Studio Max

> **해설**
> VRML(Virtual Reality Modeling Language)은 웹에서 사용되는 언어이므로 플랫폼에 독립적이다. Cosmo Worlds, VR Creator, 3D Studio Max는 VRML 콘텐츠를 제작하거나 모델링할 수 있는 저작도구로 사용된다.

41 일반적으로 처리기나 CPU에 의해 처리되는 사용자 프로그램, 즉 실행 중인 프로그램을 의미하며 작업(Job) 또는 태스크(Task)라고도 하는 것은?

① 컴파일러(Compiler)
② 링커(Linker)
③ 로더(Loader)
④ 프로세스(Process)

> **해설**
> 웹디자인 프로세스처럼 체계적인 단계를 거치듯, 프로세스는 컴파일러, 링커, 로더를 통해 준비된 프로그램이 운영체제에서 실행되고, 메모리와 CPU 자원을 사용해 작업을 처리한다.

정답 37 ① 38 ① 39 ③ 40 ② 41 ④

42 라우팅 프로토콜에 해당하지 않는 것은?

① BGP
② NNTP
③ OSPF
④ RIP

해설
NNTP(Network News Transfer Protocol)는 인터넷 뉴스 그룹의 게시글을 전송하거나 읽는 데 사용되는 애플리케이션 계층 프로토콜로, 라우팅 프로토콜과는 관련이 없다. 반면, BGP(Border Gateway Protocol), OSPF(Open Shortest Path First), RIP(Routing Information Protocol)는 라우팅 프로토콜로, 네트워크 경로를 설정하고 데이터 패킷을 최적의 경로로 전달하는 역할을 한다.

43 일반적으로 드림위버에서 웹 문서에 자바스크립트 소스를 삽입하여 인터랙티브한 페이지를 만들 수 있도록 제공해 주는 것은?

① Layer
② Behaviors
③ Form
④ CSS

해설
Behaviors(행동, 동작)는 마우스 오버 등 다양한 이벤트를 설정할 수 있다.

44 아래 스크립트를 분석한 내용으로 잘못된 것은?

```
〈A href="#"
onMouseOver="window.document.
bgColor='yellow'"
onMouseOut="window.document.bgColor='red'"
onClick="window.document.bgColor='white'"〉 안녕하세요 〈/A〉
```

① 마우스로 "안녕하세요"를 클릭하면 새로운 팝업창이 열리고, 문자색이 변한다.
② "안녕하세요"에 마우스 포인터가 닿으면 배경색이 노란색으로 변한다.
③ "안녕하세요"에서 마우스 포인터가 멀어지면 배경이 빨간색으로 변한다.
④ 마우스로 "안녕하세요"를 클릭하면 배경이 백색으로 변한다.

해설
해당 스크립트에는 새로운 팝업창이 열리고 문자색을 변하게 하는 스크립트는 정의되어 있지 않다. 배경색을 변경하는 동작만 수행할 수 있다.

45 어느 특정 분야에서 우수한 상대를 표적 삼아 성과 차이를 비교하고, 이를 극복하기 위해 상대의 뛰어난 점을 배우면서 자기혁신을 추구하는 기법을 무엇이라 하는가?

① 벤치마킹
② UI 디자인
③ 프로모션
④ 콘셉트 개발

해설
벤치마킹은 타사의 우수한 사례나 사이트를 대상으로 강점, 유사점, 단점 등을 비교하고 평가한 후, 뛰어난 점을 분석하여 이를 도입하거나 개선에 활용하는 기법이다.

42 ② 43 ② 44 ① 45 ① **정답**

46 다음과 같은 내비게이션 구조는?

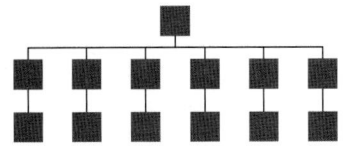

① 순차 구조
② 프로토콜 구조
③ 계층 구조
④ 네트워크 구조

해설
계층 구조는 정보의 양이 많고 정보의 우선순위에 따라 사이트를 제작할 때 유용한 내비게이션 구조이다.

47 세대별 컴퓨터 그래픽스(CG)의 발달 과정에서 제1세대(1946년~1950년대 말)의 특징으로 잘못된 것은?

① 기본 소자로 진공관을 사용하였다.
② 세계 최초의 전자식 디지털 컴퓨터인 에니악(ENIAC)을 발명하였다.
③ 컴퓨터 그래픽의 발전 기반을 마련한 시기이다.
④ X-Y 플로터가 개발되어 종이 위에 그림을 그릴 수 있게 되었다.

해설
2세대에 컴퓨터 그래픽스의 기반을 구축하고 4세대에 컴퓨터 그래픽스가 크게 발전하고 상업적으로 확산된 시기이다.

48 다음은 Photoshop에서 제작한 것이다. A 이미지를 B 이미지로 만들기 위해 필요한 명령어는?

A   B

① Flip Horizontal
② Flip Vertical
③ Rotate
④ Scale

해설
• Flip Horizontal : 좌우반전
• Flip Vertical : 상하반전
• Rotate : 회전
• Scale : 크기 조절

49 체계적인 국가 정책을 기반으로 공학적이며, 기능적인 디자인이 특징인 국가는?

① 중국
② 프랑스
③ 스칸디나비아
④ 독일

해설
독일의 디자인은 바우하우스 운동을 통해 공학적이고 실용적인 디자인의 토대를 마련했으며, '형태는 기능을 따른다'는 철학을 중시한다.

50 다음 중 2차원 디자인에 포함되지 않는 것은?

① 타이포그래피
② 일러스트레이션
③ 애니메이션
④ 편집디자인

해설
애니메이션은 시간의 흐름에 따라 움직임을 포함한 콘텐츠로, 3차원적 요소와 시간성을 가진다.

정답 46 ③ 47 ③ 48 ① 49 ④ 50 ③

51 HTML 문서에 자바스크립트를 삽입하는 방법으로 옳지 않은 것은?

① HTML 문서의 〈head〉나 〈body〉 태그(tag) 사이에 소스를 직접 입력한다.
② 자바스크립트 소스를 확장자 .js인 외부 파일로 저장하여 불러온다.
③ 소스가 길어질 경우 함수로 이름을 지정해 호출하여 사용한다.
④ HTML 문서의 태그 내에 애플릿과 함께 사용한다.

해설
자바스크립트(JavaScript)는 HTML 문서에 삽입하여 동적 웹 페이지를 구현하는 데 사용되지만, 애플릿(Applet)은 자바(Java) 기술로, HTML5 이후 권장되지 않는 방식이다.

52 다음 인터넷 검색엔진 중 주제별 검색에 의한 기법을 사용하지 않는 것은?

① 야후(Yahoo)
② 네이버(Naver)
③ 멀티서치(Multisearch)
④ 다음(Daum)

해설
주제별 검색을 사용하는 인터넷 검색엔진은 야후, 네이버, 다음, 구글 등이 있으며, 멀티서치는 단일 검색엔진이 아니라 여러 검색엔진의 결과를 통합적으로 제공하는 메타 검색 방식이다.

53 다음 설명에 해당하는 것은?

- W3C에서 1996년 HTML을 대체할 목적으로 제안한 것으로, 웹상에서 구조화된 문서를 전송할 수 있도록 설계된 언어이다.
- 사용자가 새로운 태그를 정의할 수 있는 기능을 제공한다.

① CSS
② DHTML
③ SOAP
④ XML

해설
XML은 또한 별도의 Plug-in 프로그램이 없어도 웹 브라우저에서 재생할 수 있다.

54 HTML 문서를 구성하는 태그 중 본문을 나타내는 것은?

① 〈Meta〉 〈/Meta〉
② 〈Head〉 〈/Head〉
③ 〈Body〉 〈/Body〉
④ 〈Tbody〉 〈/Tbody〉

해설
〈Body〉 〈/Body〉는 본문의 시작과 끝을 지정하는 태그이다.

55 인터넷 서비스의 종류에 해당하지 않는 것은?

① 텔넷(Telnet)
② 전자우편(E-mail)
③ 채팅(Chatting)
④ 허브(Hub)

해설
허브(Hub)는 LAN 구축 시 네트워크에 연결된 각 노드들을 한 곳으로 연결하는 접선(Concentration)이다.

56 최상위 도메인 edu와 동일한 성격을 갖는 서브 도메인의 이름은?

① ac　　② go
③ or　　④ re

해설
edu는 4년제 대학 교육기관이고, ac는 차상위 도메인(서브 도메인)으로 2년제 대학 교육기관에서 사용된다.

57 비대칭 디지털 가입자 회선인 ADSL에 대한 설명으로 옳지 않은 것은?

① Asymmetric Digital Subscriber Line의 약자로 미국 '벨코어'사에서 개발한 기술이다.
② 고속 데이터 통신과 일반 전화를 동시에 이용할 수 있지만 데이터 통신 속도가 절반으로 떨어지게 된다.
③ ADSL은 가입자와 전화국 간의 데이터 교환 속도가 서로 다르다.
④ 하나의 회선으로 데이터 통신과 일반 전화의 이용이 가능하다.

해설
ADSL은 고속통신망으로서 전화교환기를 거치지 않고 ATM 초고속망에 연결하여 고속의 서비스를 제공하는 방식의 인터넷 서비스이다.

58 인터넷 익스플로러에서 오늘 방문했던 사이트들을 확인하려면 표준단추모음(Standard Button Bar)에서 어떤 버튼을 사용해야 하는가?

① 검색
② 기록
③ 즐겨찾기
④ 보기

해설
기록은 인터넷 익스플로러에서 오늘 방문한 사이트를 포함한 방문 기록을 확인할 수 있는 기능이다. 쿠키, 양식, 임시 파일 등을 삭제할 수도 있다.

59 HTML을 이용한 웹 페이지 제작에 대한 설명으로 옳지 않은 것은?

① Markup 태그를 이용하여 제작한다.
② 다양한 멀티미디어 포맷의 파일을 연결시킬 수 있다.
③ 하나의 그림에는 하나의 문서나 사이트만을 연결할 수 있다.
④ 위지위그(WYSIWYG) 방식은 직접 코드를 입력하지 않아도 웹 페이지 구성이 가능하다.

해설
HTML의 이미지 맵(Image Map) 기능을 사용하면 하나의 그림에 여러 링크를 연결할 수 있다.

60 홈페이지의 해당 콘셉트(Concept)를 이끌어내기 위해 종이에 최대한 많이 그려 봄으로써 여러 가지 구성을 만들어 보는 디자인 실무의 초기 작업은?

① 브레인스토밍
② 콘텐츠 디자인
③ 벤치마킹
④ 아이디어 스케치

해설
다양한 구성과 콘셉트를 탐구하기 위해 손으로 빠르게 스케치하며, 초기 디자인 과정에서 가장 중요한 작업 중 하나이다.

정답 56 ① 57 ② 58 ② 59 ③ 60 ④

CHAPTER 02 적중예상문제 2회

01 다음 설명에 해당하는 것은?

> • 검은 종이를 접거나 오려서 캐릭터와 배경의 형태를 만든 후 이것을 변화에 따라 순서대로 배열해 놓고 촬영하는 기법
> • 캐릭터와 배경을 두꺼운 종이로 오려 제작하고, 그 뒤에서 조명을 비추어 그림자를 만든 후 촬영
> • 흑백의 강한 콘트라스트로 구성

① 퍼펫 애니메이션
② 클레이메이션
③ 로토스코핑 애니메이션
④ 실루엣 애니메이션

해설
실루엣 애니메이션은 흑백의 대비를 활용하여 독창적이고 강렬한 시각적 효과를 제공한다.

02 웹 페이지를 제작할 때 사용되는 웹 에디터로 옳은 것은?

① 플래시
② 페인터
③ 코렐드로우
④ 프론트페이지

해설
위지위그 기반의 웹 에디터 종류로는 프론트페이지, 나모, 드림위버, 넷스케이프 컴포저 등이 있다.

03 일반적인 애니메이션 제작 과정으로 옳은 것은?

① 스토리보드 → 기획 → 제작 → 음향 → 레코딩
② 스토리보드 → 제작 → 기획 → 음향 → 레코딩
③ 기획 → 스토리보드 → 제작 → 음향 → 레코딩
④ 기획 → 스토리보드 → 음향 → 제작 → 레코딩

해설
구체적인 애니메이션 단계별 제작 순서
기획 → 시나리오 → 스토리보드 → 레이아웃 → 원화 → 스캐닝 → 디지털 드로잉 → 디지털 채색 → 편집 → 녹음

04 웹 페이지 개발에 주로 사용되는 언어로서, 구조를 정의하는 데 사용하는 마크업 언어는 무엇인가?

① CSS
② HTML
③ JavaScript
④ PHP

해설
HTML(Hyper Text Markup Language)은 웹 페이지의 뼈대 역할을 한다.

05 웹 사이트 관련 용어에 대한 설명으로 옳지 않은 것은?

① 내비게이션 바 : 메뉴를 한곳에 모아놓은 그래픽 또는 문자열의 모음
② 사이트 메뉴 바 : 버튼을 눌러 메뉴를 나타내는 기능
③ 라인 맵 : 이동 경로를 한 번에 보여주는 방식
④ 디렉터리 : 주제나 항목별로 범주화하고, 계층적으로 구조화시킨 것

해설
사이트 메뉴 바는 웹 사이트의 좌측이나 우측에 메뉴, 링크 등을 모아둔 것이다.

정답 01 ④ 02 ④ 03 ③ 04 ② 05 ②

06 3차원 캐릭터에서의 자연스러운 동작을 구현하는 애니메이션 기법으로 실제 생명체의 움직임을 추적하여 얻은 데이터를 모델링된 캐릭터에 적용하는 것은?

① Motion Steel
② Stop Motion
③ Virtual Actor
④ Motion Capture

해설
모션 캡처는 비디오 및 기타 장비를 통해 사람과 동물 등의 움직임이나 운동을 받아들여 그 실제 값을 해당 캐릭터에 적용하는 것이다. 움직임이 자연스러워 애니메이션의 효과를 극대화시킬 수 있다.

07 오려낸 그림을 2차원 평면상에서 한 프레임씩 움직이면서 촬영하는 스톱 애니메이션을 말한다. 클레이 애니메이션이나 인형 애니메이션과 비슷하지만 3차원이 아닌 2차원이라는 점에서 구분되는 애니메이션은?

① 셀 애니메이션
② 종이 애니메이션
③ 모래 애니메이션
④ 컷 아웃 애니메이션

해설
컷 아웃 애니메이션은 특정한 형태를 그린 종이를 잘라낸 후 각 종이들을 화면에 붙이거나 떼면서 원하는 이미지를 만들고, 그것들을 연결해서 움직임을 만들어 내는 애니메이션이다.

08 HTML에 대한 설명으로 옳지 않은 것은?

① HTML 언어는 W3C를 기반으로 한다.
② HTML은 Hyper Text Marking Language의 약자이다.
③ 확장자는 html 또는 htm이다.
④ HTML은 태그(Tag)로 구성되어 있다.

해설
HTML은 Hyper Text Markup Language의 약자로, 웹 페이지의 구조를 정의하기 위한 마크업 언어이다.

09 일반적인 좋은 웹 사이트 레이아웃에 대한 설명으로 맞는 것은?

① 메인 페이지는 4~6개의 프레임으로 나누어 구성한다.
② 정보의 중요성에 따라 폰트의 크기를 세분화한다.
③ 콘텐츠의 크기가 큰 것은 웹 페이지 상단에 배치한다.
④ 웹 사이트의 초기화면에는 사이트의 주제를 보여줄 수 있는 대용량의 이미지를 사용한다.

해설
중요한 콘텐츠나 크기가 큰 요소를 상단에 배치하면 사용자들이 쉽게 접근하여 주목할 수 있다. 이는 직관적이고 효율적인 레이아웃 설계 방법이다.

10 색의 주목성에 대한 설명으로 옳지 않은 것은?

① 명시도가 높으면 색의 주목성이 높다.
② 채도 차이가 클수록 주목성이 높다.
③ 빨강은 초록보다 주목성이 높다.
④ 명도와 채도가 낮은 색이 주목성이 높다.

해설
주목성은 사람들의 시선을 끄는 힘으로 따뜻한 색, 명도와 채도가 높은 색일수록 주목성이 높다.

11 먼셀의 색체계에서 색상의 기본색을 10가지로 나누었을 때 포함되지 않는 색은?

① PR
② P
③ YR
④ GY

해설
10가지 색은 R(Red), Y(Yellow), G(Green), B(Blue), P(Purple), YR, GY, BG, PB, RP가 있다. 앞뒤 순서가 바뀌어서 PR이 오답이다.

12 다음과 같이 문자를 대신하여 의사소통이 가능한 그림 문자를 뜻하는 용어는?

① 캐릭터
② 픽토그램
③ 로고타입
④ 다이어그램

해설
픽토그램은 사람들이 언어와 관계없이 쉽게 이해할 수 있도록 시각적으로 표현한 상징적 그림 또는 아이콘이다.

13 2차원적 제품 디자인 분야에 속하지 않는 것은?

① 텍스타일 디자인
② 편집 디자인
③ 벽지 디자인
④ 인테리어 직물 디자인

해설
편집 디자인은 2차원적 시각 디자인 분야에 속한다.

14 HTML에서 사용되는 글자 모양에 관련된 태그에 관한 설명으로 옳지 않은 것은?

① 〈B〉 … 〈/B〉 태그는 강조된 글자 모양으로 표시하기 위한 태그이다.
② 〈CITE〉 … 〈/CITE〉 태그는 짧은 인용구를 표시할 때 사용하는 태그이다.
③ 〈SUB〉 … 〈/SUB〉 태그는 위 첨자 모양의 글자로 표시할 때 사용하는 태그이다.
④ 〈CODE〉 … 〈/CODE〉 태그는 프로그램 코드 글자 모양으로 표시할 때 사용하는 태그이다.

해설
〈SUB〉 … 〈/SUB〉 태그는 아래 첨자(Subscript) 모양의 글자를 표현하기 위한 태그이다.

15 다음 중 스타일시트와 〈BODY〉 태그 속성과의 연결이 옳지 않은 것은?

① A:link{color:#ff0000;}
   - 〈body link="#ff0000"〉
② A:active{color:#ff0000;}
   - 〈body alink="#ff0000"〉
③ A:hover{color:#ff0000;}
   - 〈body hink="#ff0000"〉
④ A:visited{color:#ff0000;}
   - 〈body vink="#ff0000"〉

해설
A:hover는 CSS 스타일시트에서 사용되는 속성으로, 사용자가 하이퍼링크 위에 마우스를 올렸을 때(hover 상태) 적용되는 스타일을 정의한다. 그러나 〈body〉 태그에는 hink라는 속성이 존재하지 않는다. 따라서 'A:hover'와 '〈body hink〉'를 연결한 설명은 오답이다.

16 다음은 HTML 문서의 기본 구조이다. 잘못 작성된 것은?

① 〈!DOCTYPE html〉
② 〈head〉〈meta charset="UTF-8"〉〈/head〉
③ 〈body〉〈header〉〈h1〉Welcome to my site!〈/h1〉〈/body〉〈/header〉
④ 〈html〉〈body〉〈footer〉Footer content〈/footer〉〈/body〉〈/html〉

해설
③ 〈body〉 태그가 닫힌 후 〈header〉 태그가 닫히고 있다. 〈header〉는 〈body〉 안에 위치해야 하며, 닫는 태그는 〈/body〉가 되어야 한다.

17 다음 중 인터넷 서비스에 해당하지 않는 것은?

① E-mail
② PDA
③ FTP
④ Telnet

해설
PDA는 개인 정보 관리(PIM)와 간단한 컴퓨터 작업을 수행할 수 있는 디지털 기기로, 인터넷 서비스가 아니라 하드웨어 장치이다.

18 전자메일 서비스에 연관된 프로토콜(Protocol)이 아닌 것은?

① IMAP
② NNTP
③ POP3
④ SMTP

해설
E-mail 전자우편 프로토콜의 종류
IMAP, POP3, SMTP, MIME, Bcc 등

19 〈BODY〉 태그에서 사용할 수 있는 속성과 그 의미의 연결이 올바르지 않은 것은?

① BGCOLOR : 배경색을 지정한다.
② BG : 배경으로 사용될 이미지 파일을 지정한다.
③ TEXT : 일반 글자색을 지정한다.
④ LINK : 링크로 설정한 글자색을 지정한다.

해설
〈BODY〉 태그에서 'BG' 속성은 존재하지 않으며, 배경 이미지를 지정하려면 'BACKGROUND' 속성을 사용해야 한다.

20 OSI 7계층에 해당하지 않는 것은?

① 세션계층
② 전송계층
③ 응용계층
④ 관리계층

해설
OSI 7계층은 하위 계층부터 물리계층, 데이터링크계층, 네트워크계층, 전송계층, 세션계층, 표현계층, 응용계층으로 나뉜다.

21 HTML을 이용하여 테이블을 작성할 때 테이블 내부의 선의 두께를 정의하는 속성은?

① cellspacing
② border
③ cellpadding
④ size

해설
cellspacing은 셀과 셀 사이의 간격(테이블 내부의 선의 두께)을 말한다.

22 클라이언트의 웹 브라우저가 웹 서버와 접속할 때 사용하는 통신 규약으로 맞는 것은?

① SNMP   ② HTTP
③ HTML   ④ WWW

해설
HTTP(HyperText Transfer Protocol)는 웹 브라우저와 웹 서버 간의 데이터를 주고받는 데 사용하는 프로토콜로 웹 페이지, 이미지, 동영상 등의 리소스를 요청하고 전송한다.

23 웹 페이지를 제작할 때 사용되는 내비게이션 구조(Navigation Structure)의 유형에 해당하지 않는 것은?

① Sequential Structure
② Hierarchical Structure
③ Grid Structure
④ Protocol Structure

해설
내비게이션 구조의 종류는 순차적 구조(선형적 구조, Sequential Structure), 계층적 구조(Hierarchical Structure), 그리드 구조(Grid Structure), 네트워크 구조(그물형 연결 구조, Network Structure)가 있다.

24 다음 중 웹 사이트 개발 과정에 대한 설명으로 옳지 않은 것은?

① 프로젝트 기획 : 목표설정, 시장조사, 개발 전략 수립
② 웹 사이트 기획 : 사이트 콘셉트 정의, 자료수집 및 분석
③ 웹 사이트 디자인 : 콘텐츠 제작 및 배치, 내비게이션 구축
④ 웹 사이트 구축 : 테스트 및 디버깅

해설
웹 사이트 구축은 서버 세팅이며, 유지 및 관리는 테스트 및 디버깅이다.

25 고해상도의 원본 이미지의 포맷을 변경해서 저장하였을 경우, 다음 중 파일 용량이 가장 큰 것은?

① PNG
② BMP
③ JPG
④ GIF

해설
BMP는 압축하지 않은 상태의 파일로서, 크기가 매우 커서 인터넷 화면에서 나타나는 시간이 느리므로 자주 사용하지 않는다.

26 다음 중 로고(Logo)나 심벌(Symbol) 제작에 가장 적합한 프로그램은?

① Flash
② 3D MAX
③ Dream Weaver
④ Illustrator

해설
일러스트레이터(Illustrator)는 벡터 그래픽 소프트웨어로, 로고와 심벌 같은 고품질의 그래픽 디자인을 제작하기에 가장 적합하다. 벡터 기반이기 때문에 다양한 해상도와 크기에서 품질 손실 없이 작업할 수 있다.

27 파일 포맷 중 LZW(Lempel-Ziv-Welch)라고 알려진 압축 알고리즘을 사용하며, 사진 이미지보다는 색상이 단순한 그래픽에 더 효과적인 파일 포맷은?

① BMP
② GIF
③ PNG
④ JPEG

해설
LZW는 TIFF, PDF, GIF 및 포스트스크립트 언어 파일 포맷에서 지원하는 무손실 압축 알고리즘이다.

정답 22 ② 23 ④ 24 ④ 25 ② 26 ④ 27 ②

28 다음 중 안티 앨리어싱(Anti-Aliasing)에 대한 설명으로 맞는 것은?

① 저해상도의 곡선이나 사선을 표현할 때 생기는 계단 현상을 완화하기 위해 사용되는 기법이다.
② 물체 또는 이미지의 경계가 매끈하지 않고 계단 현상으로 표현된 픽셀 효과이다.
③ 가로, 세로의 격자로 이미지의 정확한 이동, 수정, 편집 등에 주로 사용된다.
④ 영상이나 이미지가 점차적으로 변화하는 것을 말한다.

해설
안티 앨리어싱/안티 앨리어스(Anti-aliasing/Anti-alias) 기법
비트맵 이미지의 픽셀이 정사각형 모양이므로 확대하면 이미지 경계가 계단 형식으로 표현되는 것을 부드럽게 만들어 준다.

29 애니메이션에서 사용되는 정지화면 하나하나를 무엇이라 하는가?

① Frame
② Key Frame
③ Tweening
④ Onion Skin

해설
프레임(Frame)은 애니메이션에서 한 장의 영상을 의미한다.

30 프로젝트 작업물 수집 시 저작권의 주의사항으로 옳지 않은 것은?

① 공개된 이미지라도 상업적 저작권자의 허락을 받아야 한다.
② CCL(Creative Commons License) 조건을 확인하고 준수해야 한다.
③ 유료 이미지의 경우 적절한 라이선스를 구매해야 한다.
④ 모든 이미지에 대해 저작권자의 허락을 받을 필요는 없다.

해설
저작권은 사람의 생각이나 감정을 표현한 결과물에 대하여 그 표현한 사람에게 주는 권리를 말한다.

31 다음 중 사회 변화에 따른 디자인의 변화에 대한 설명으로 맞는 것은?

① 농경 사회 : 의식주, 생존개념, 생활 수공예
② 정보화 사회 : 공업의 발달 및 빛의 개념, 디자인 성장
③ 산업 사회 : 기술의 첨단화, 즐기는 개념, 디자인 성숙
④ 후기 산업 사회 : 대량 생산, 성장 개념, 디자인 태동

해설
• 산업 사회 : 디자인의 태동, 기계를 통한 대량 생산
• 정보화 사회 : 디자인의 성숙, 기술의 첨단화, 즐기는 디자인
• 후기 산업 사회 : 디자인의 성장, 공업의 발달, 빛의 개념

32 다음과 같이 선명한 빨강 바탕에 주황색을 놓았을 때와 회색 바탕에 주황색을 놓았을 때의 설명으로 옳은 것은?

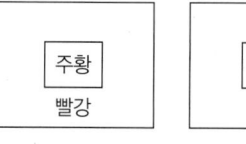

① 빨강 바탕의 주황색이 채도가 높아 보인다.
② 회색 바탕의 주황색이 채도가 높아 보인다.
③ 두 경우 모두 채도의 변화가 없다.
④ 두 경우 모두 채도가 높아진다.

해설
회색은 무채색으로, 주변 색과의 채도 대비를 높이는 역할을 한다. 따라서 주황색의 채도가 더욱 선명하고 강하게 느껴진다.

33 '빨강 기미의 노랑'과 같이 기본색명에다 색상, 명도, 채도를 나타내는 수식어를 붙인 색명은?

① 관용색명
② 고유색명
③ 일반색명
④ 기본색명

해설
일반색명은 기본적인 색상 이름(빨강, 노랑 등)에 수식어를 더해 색의 뉘앙스를 구체적으로 표현한 색명이다.
예 빨강 기미의 노랑, 밝은 파랑 등

34 균형의 가장 정형적인 구성 형식이며, 균형이 잘 잡힌 상태로 통일감을 얻기 쉬우나 딱딱한 느낌을 주는 원리는?

① 대칭
② 리듬
③ 비례
④ 조화

해설
대칭에는 선대칭, 방사대칭, 이동대칭, 확대대칭 등이 있다.

35 조형 디자인에서 점, 선, 면 등이 연장, 발전되고 밀접한 관계로 변화되는 조형 디자인 요소는?

① 형태
② 색채
③ 빛
④ 질감

해설
점이 선으로, 선이 면으로, 면이 입체로 확장되며 조형 요소 간의 관계와 구조가 발전하는 디자인의 기본 요소이다. 형태는 디자인의 구조와 구성을 시각적으로 표현한다.

36 새로운 예술이라는 뜻으로 19세기 말과 20세기 초에 걸쳐 프랑스를 중심으로 전 유럽에서 유행한 장식적인 양식은?

① 아르누보
② 아르데코
③ 큐비즘
④ 다다이즘

해설
아르누보는 새로운 예술이라는 뜻으로 식물을 모티브로 한 추상 형식과 화려한 색채가 특징이다.

37 기계화와 대량 생산에 의해 생활용품의 품질 저하에 반대하여 윌리엄 모리스를 중심으로 영국에서 일어난 수공예 부흥 운동은?

① 구성주의(Constructivism)
② 미래주의(Futurism)
③ 데 스틸(De Stijl)
④ 미술공예운동(Art and Crafts Movement)

해설
미술공예운동은 기계화로 인해 잃어버린 인간적인 가치를 회복하고, 수공예를 통해 아름답고 실용적인 제품을 만들려는 운동이다. 이는 대량 생산과 산업화의 단점을 비판하며, 수작업의 미적 가치를 강조한 것이 특징이다.

정답 33 ③ 34 ① 35 ① 36 ① 37 ④

38 인터넷에서 정보를 수집할 때 사용되는 검색엔진의 설명으로 옳지 않은 것은?

① 검색엔진 자체에 등록된 사이트만을 대상으로 정보를 검색한다.
② 검색엔진 종류에는 주제별 검색엔진, 일반 키워드형 검색엔진 및 하이브리드형 검색엔진 등이 있다.
③ 일반 키워드형 검색엔진은 주제어 또는 검색어를 입력하여 원하는 정보를 찾는다.
④ 주제별 검색엔진은 계층적인 메뉴를 따라가며 검색할 수 있다.

해설
검색엔진은 인터넷 전체에서 정보를 수집하며, 특정 등록 사이트만을 대상으로 하지 않는다.

39 스타일시트의 적용 시 우선순위가 높은 것부터 낮은 순으로 차례로 나열한 것은?

① Inline, Class 선택자, Id 선택자, 태그 선택자
② Inline, Id 선택자, Class 선택자, 태그 선택자
③ Inline, 태그 선택자, Id 선택자, Class 선택자
④ Inline, 태그 선택자, Class 선택자, Id 선택자

해설
스타일 시트(CSS) 적용 시 우선순위

우선순위가 높은 것 ▲ ▼ 우선순위가 낮은 것	Inline
	#id로 지정한 ID 선택자
	.class로 지정한 Class 선택자
	태그 이름으로 지정한 Type 선택자

40 검색방식에서 두 개 이상의 키워드 간의 관계를 설정하는 것은?

① 데이터베이스
② 연산자
③ 와일드카드
④ 디렉터리

해설
검색 연산자는 검색엔진에서 정보를 효율적으로 찾기 위해 사용되는 기호나 용어를 말한다.

41 CGI에 대한 설명으로 옳지 않은 것은?

① 사용자의 프로그램 수행 요구에 대한 표준 인터페이스이다.
② Computer Graphic Interface의 약자이다.
③ CGI 프로그래밍 언어로 PHP, JSP, ASP 등이 있다.
④ 클라이언트와 서버 중간에서 정보 전달을 한다.

해설
CGI는 Common Gateway Interface의 약자이다.

42 자바스크립트의 특징으로 옳지 않은 것은?

① 변수 타입 선언 없이 사용할 수 있다.
② 객체 지향적 스크립트 언어이다.
③ 정적 바인딩이다.
④ HTML 문서 내에 기술한다.

해설
자바스크립트는 동적 바인딩(Dynamic Binding)을 사용한다.

정답 38 ① 39 ② 40 ② 41 ② 42 ③

43 HTML 문서에서 〈FONT〉 태그에서 사용할 수 있는 속성이 아닌 것은?

① size
② color
③ input
④ face

해설
폰트 태그에서 사용할 수 있는 속성은 Size(글꼴 크기), Color(글꼴 색상), Face(글꼴), Weight(글꼴 두께), Spacing(글자 간격), Height(행 간격) 등이 있다.

44 자바스크립트의 Window 객체 중 일반적으로 다음 그림과 같이 다이얼로그 박스를 나타내는 메서드는?

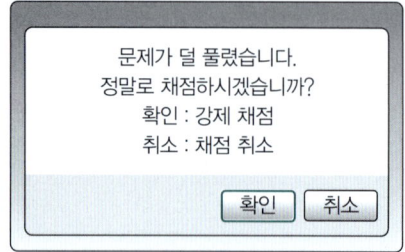

① Open( )
② Prompt( )
③ Alert( )
④ Confirm( )

해설
Confirm( ) 메서드는 사용자에게 확인 및 취소를 선택할 수 있는 다이얼로그 박스를 표시하는 자바스크립트의 Window 객체 메서드이다.

45 자바스크립트 브라우저 내장 객체가 아닌 것은?

① Location 객체
② Image 객체
③ History 객체
④ Vision 객체

해설
브라우저 내장 객체의 종류에는 Window 객체, Image 객체, History 객체, Location 객체, Frame 객체, Document 객체, Event 객체 등이 있다.

46 OSI 7계층 중 종단 간 오류제어와 흐름제어를 하는 것은?

① 응용계층
② 물리계층
③ 표현계층
④ 전송계층

해설
4계층 전송계층은 컴퓨터 간의 연결 확립, 데이터 흐름제어, 에러를 제어한다.

47 하이퍼링크를 클릭하였을 때 나타나는 문서의 위치를 지정할 수 있는 TARGET 속성의 설명으로 옳지 않은 것은?

① TARGET="_blank" : 새로운 창에 링크된 문서가 나타난다.
② TARGET="_self" : 현재 창에 링크된 문서가 나타난다.
③ TARGET="_parent" : 현재 창의 부모 프레임(현재의 프레임 구조로 들어오기 이전의 한 단계 상위 페이지)에 링크된 문서가 나타난다.
④ TARGET="_top" : 현재 여러 프레임 가운데 가장 위의 프레임에 링크된 문서가 나타난다.

해설
TARGET="_top"은 링크된 문서를 창 전체에 보여준다.

48 IPv4에서 멀티캐스트를 위해 예약되어 있는 클래스는?

① 클래스 A
② 클래스 B
③ 클래스 C
④ 클래스 D

해설
IPv4 주소는 네트워크를 관리하기 위해 여러 클래스로 나눠진다. 멀티캐스트는 특정 그룹의 여러 호스트에게 데이터를 동시에 전달하는 방식으로, 이를 위해 클래스 D가 예약되어 있다.

49 웹 페이지를 제작하는 저작용 프로그램으로 가장 거리가 먼 것은?

① Dream weaver
② Flash
③ Namo
④ Window Media Player

해설
웹 페이지 제작을 위한 저작용 프로그램은 웹 콘텐츠를 생성, 디자인, 편집 및 개발하는 데 사용되는 소프트웨어이다. Window Media Player는 웹 페이지 제작용 프로그램이 아니라 멀티미디어 재생 프로그램이다.

50 다음 중 웹디자인 과정에서 가장 먼저 해야 하는 것은?

① 웹 페이지 홍보
② 개발 과정 문서화
③ 프로젝트 기획
④ 마케팅 계획 수립

해설
프로젝트 기획은 웹 사이트 제작의 첫 단계로 목표설정, 타겟 정의, 사이트 구조설계 등을 포함한다.

51 다음이 설명하고 있는 기법으로 옳은 것은?

- 벽돌이나 자갈처럼 울퉁불퉁한 표현을 할 때 사용한다.
- 3차원 컴퓨터 그래픽스에서 다각형으로 표현된 물체 표면에 요철 정보를 첨부하는 기법이다.
- 흰색 부분은 돌출되어 보이고, 검은색에 가까울수록 들어가 보인다.

① 리플렉션 매핑(Reflection Mapping)
② 이미지 매핑(Image Mapping)
③ 범프 매핑(Bump Mapping)
④ 솔리드 텍스쳐 매핑(Solid Texture Mapping)

해설
범프 매핑은 오브젝트에 요철이나 엠보싱 효과를 표현하는 방법이다.

52 웹 페이지에 들어갈 그림, 사진, 글자, 음악 등을 종이 위에 표현하여 줄거리가 전개되듯이 표현하는 기법은?

① 스토리보드(Story Board)
② 사이트 맵(Site Map)
③ 레이아웃(Layout)
④ 내비게이션(Navigation)

> [해설]
> 스토리보드는 웹 사이트의 가상 경로를 예상하여 기획하는 것으로 웹 사이트의 설계도이며 구체적인 작업 지침서 역할을 한다.

53 픽셀(Pixel)에 대한 설명으로 옳지 않은 것은?

① 더 이상 나눌 수 없는 최소단위이다.
② 1:1 정사각형의 픽셀을 기본으로 한다.
③ 픽셀의 좌표는 X, Y, Z 축의 좌표계이다.
④ 픽셀의 좌표계를 비트맵이라 한다.

> [해설]
> 이미지에서 한 픽셀의 위치 정보는 직교 좌표계의 X, Y 좌푯값으로 표시한다.

54 웹디자인 프로세스 도입의 장점이 아닌 것은?

① 인력분배를 효율적으로 해 준다.
② 피드백 및 실행착오를 최소화해 준다.
③ 각 팀 간의 의사소통을 원활히 해 준다.
④ 전체 디자인 기간이 길어진다.

> [해설]
> 프로세스 도입으로 인해 작업이 효율적으로 이루어져 시간 절약이 가능해진다.

55 백링크(Backlink)에 대한 설명으로 옳은 것은?

① 백링크의 수가 많을수록 웹 사이트의 신뢰도와 권위가 낮아진다.
② 질 좋은 백링크는 관련 없는 콘텐츠와 연결되어야 한다.
③ 백링크는 검색엔진 결과에서 상위에 나타날 가능성을 높여준다.
④ 백링크는 다른 웹 사이트로 연결되는 링크를 의미한다.

> [해설]
> 백링크는 다른 웹 사이트에서 자신의 사이트로 연결되는 링크로, 검색엔진에서 웹 사이트의 신뢰도와 권위를 높여준다.

56 다음 중 웹 사이트의 정보를 한눈에 검색하기 위한 시각적 콘텐츠 모형으로 웹 페이지 전체 자료를 계층형으로 표현한 것은?

① CSS
② Story Board
③ Site Map
④ HTML5

> [해설]
> 사이트 맵은 이미지 파일을 제외한 모든 파일의 리스트 및 디렉터리 구조를 작성해 보여주는 것이다.

57 컴퓨터 그래픽스 시스템에서 그래픽 보드의 특성을 결정하는 요소로 옳지 않은 것은?

① 사운드
② 해상도
③ 컬러 수
④ 메모리 용량

해설
그래픽 보드(Graphics Board)는 컴퓨터의 화면 출력에 관련된 작업을 처리하는 하드웨어이다. 주로 화면 해상도, 컬러 처리 능력, 메모리 용량 등이 그래픽 보드의 성능을 결정하는 중요한 요소이다.

58 벡터와 비트맵 방식의 데이터를 동시에 저장할 수 있는 파일 형식으로 옳지 않은 것은?

① PSD
② PDF
③ EPS
④ TIFF

해설
TIFF 형식은 고해상도 비트맵 이미지를 저장하는 데 적합하지만, 벡터 데이터를 저장할 수 없다.

59 다음 중 3차원 입력 장치에 해당하는 것은?

① 그래픽스 태블릿
② 조이스틱
③ 라이트 펜
④ 모션 캡처 장치

해설
모션 캡처는 실제 생명체의 움직임을 추적해 얻은 데이터를 모델링된 캐릭터에 적용하는 기술로 3차원 입력 장치에 해당한다.

60 다음은 제2세대의 컴퓨터 그래픽에 관한 설명이다. ( ) 안에 공통으로 들어갈 알맞은 용어는?

> 1960년 CRT를 이용한 미국의 보잉 737 제트 여객기 설계로 1965년에 (　　) 소프트웨어 개발이 활성화되었는데, 이것이 오늘날 (　　)의 기반을 구축하였다.

① Computer Aided Design
② Computer Graphics
③ MicroSoft
④ Macro Media

해설
3세대 집적회로 시대 제조업 분야에 CAD(Computer Aided Design)가 도입되었다. CAD는 컴퓨터를 이용하여 설계 작업을 지원하는 소프트웨어로 초기에는 주로 항공기, 자동차 설계 등에 사용되었으나, 현재는 건축, 기계, 전자 제품 설계 등 다양한 산업 분야에서 활용되고 있다.

CHAPTER 03 적중예상문제 3회

01 UX를 개선하기 위한 데이터 수집 방법으로 옳지 않은 것은?

① 사용자 인터뷰
② 인터넷 서칭
③ 웹 로그 분석
④ A/B 테스팅

해설
UX는 사용자들이 가지게 되는 생각, 감정, 행동들이 복합되어 만들어지는 총체적인 가치인 만큼 사용자의 니즈에 초점을 맞춰야 만족도가 높아진다.

02 다음 설명에 해당하는 것은?

- 명도단계를 검은색에서 흰색까지 0에서 255까지 256단계로 구분하는 것이다.
- 이미지의 명도분포를 막대그래프로 표시한 것이다.

① 모델링
② 셰도우
③ 다이어그램
④ 히스토그램

해설
히스토그램(Histogram)은 이미지의 명도(밝기) 분포를 시각적으로 나타내는 그래프이다.

03 다음 내용이 설명하는 것은?

- 프랑스어로 Frotter에서 유래된 용어이다.
- 나뭇잎이나 헝겊 등의 위에 종이를 대고 연필이나 크레용 등으로 문질러 나타내는 방법이다.
- 막스 에른스트(Max Ernst) 같은 초현실주의 화가들이 자주 사용하였다.

① 포토몽타주
② 뜨롬쁘 레이유
③ 프로타주
④ 콜라주

해설
프로타주(Frottage)는 물체 위에 종이를 대고 문질러 해당 물체의 질감을 표현하는 기법으로, 초현실주의 화가들에 의해 널리 사용되었다.

04 디자인 형태의 분류 중 이념적 형태에 속하는 것은?

① 인위 형태
② 추상 형태
③ 자연 형태
④ 실제 형태

해설
추상 형태는 실제 형태를 단순화하거나 변형하여 개념적, 이념적으로 표현한 형태이다. 즉, 이념적 형태는 물리적인 실체와는 거리가 있지만, 아이디어나 관념, 정신적인 표현에 기반을 둔 추상적인 형태를 말한다.

05 데 스틸(De Stijl)에 관한 설명으로 옳지 않은 것은?

① 네덜란드를 중심으로 한 신조형 운동으로 요소주의라고도 불린다.
② 도스부르크, 몬드리안, 리트벨트 등이 주요 인물이다.
③ 아르누보의 조형 사상에 큰 영향을 주었다.
④ 현대의 조형 활동은 인공세계를 상징하고 표현하는 데 중점을 두어야 한다고 생각하였다.

해설
데 스틸은 아르누보와 대조적으로 복잡한 장식성을 배제하고, 간결성과 기능성을 강조하는 운동이다. 기하학적 단순화된 평면 구성이 특징이다.

01 ② 02 ④ 03 ③ 04 ② 05 ③ **정답**

06 연속적인 패턴에서 볼 수 있는 디자인 원리는?

① 동세
② 균형
③ 반복
④ 변화

해설
반복은 디자인 원리 중 하나로, 동일하거나 유사한 요소를 일정한 규칙에 따라 반복적으로 배치하여 리듬과 조화로운 패턴을 만들어 내는 원리이다.

07 다음 HTML 코드에서 〈a〉 태그가 올바르게 링크를 연결하는 방법으로 옳은 것은?

① 〈a href="https://www.example.com"〉Visit Example〈/a〉
② 〈a href="https://www.example.com" target="blank"〉Visit Example〈/a〉
③ 〈a link="https://www.example.com"〉Visit Example〈/a〉
④ 〈a href="www.example.com"〉Visit Example〈/a〉

해설
① 올바른 링크 문법이다. href 속성에 URL을 넣어야 하며, URL 앞에 https:// 또는 http://를 붙여야 정확한 링크가 생성된다.
② 올바른 문법은 target="_blank"(언더바 포함)이어야 한다.
③ 〈a〉 태그는 link 속성이 아니라 href 속성을 사용해야 한다.
④ URL 앞에 https:// 또는 http://가 없어서 올바른 절대 경로가 아니다.

08 하이퍼텍스트에서 사용되는 〈A〉 태그에서 A가 지칭하는 용어는?

① 앤드(And)
② 오토(Auto)
③ 앵커(Anchor)
④ 어너니머스(Anonymous)

해설
〈A href〉는 다른 페이지로 이동하는 링크를 연결하는 태그이다.

09 다음이 설명하고 있는 통신 프로토콜은?

> 컴퓨터 시스템의 직렬 포트를 이용한 인터넷에 연결된 호스트를 통해 컴퓨터에 접속하는 프로토콜

① TCP/IP
② SLIP/PPP
③ ARP/UDP
④ POP/SMTP

해설
SLIP(Serial Line Internet Protocol)와 PPP(Point-to-Point Protocol) 프로토콜은 전화선, 모뎀, 직렬연결 등을 통해 네트워크 통신을 지원한다.

10 HTML 문서에 삽입되는 자바 프로그램으로 대화형 페이지를 만드는 데 효과적으로 사용될 수 있는 것은?

① 컨트롤
② 컴포넌트
③ 클래스
④ 애플릿

해설
애플릿은 별도의 웹 브라우저를 통해 홈페이지에서만 실행이 가능한 프로그램으로, 작은 의미의 자바 응용 프로그램이다.

11 HTML 문서의 작성자, 날짜, 주요 단어 등 웹 브라우저의 내용에는 나타나지 않는 웹 문서의 일반 정보를 나타낼 때 사용하는 태그는?

① ⟨title⟩
② ⟨meta⟩
③ ⟨head⟩
④ ⟨body⟩

해설
⟨meta⟩ 태그는 HTML 문서의 메타데이터(Metadata)를 제공하기 위해 사용되는 태그이다. 메타데이터는 웹 브라우저 화면에는 표시되지 않지만, 문서에 대한 중요한 정보를 제공하여 검색엔진, 브라우저, 또는 기타 웹 서비스가 문서를 효과적으로 처리할 수 있도록 도와준다.

12 HTML의 테이블과 관련이 없는 태그는?

① ⟨TR⟩
② ⟨TH⟩
③ ⟨DT⟩
④ ⟨CAPTION⟩

해설
⟨DT⟩는 목록 관련 태그로 정의 목록의 제목을 나타낸다.

13 구글(Google) 검색엔진에 대한 설명으로 옳지 않은 것은?

① 로봇(Robot) 프로그램을 이용하는 단어별 다국어 검색엔진이다.
② 검색 결과와 유사한 문서들을 [비슷한 페이지] 링크로 보여준다.
③ PDF 형태의 정보검색이 가능하다.
④ 모든 검색어에 대해 기본값으로 OR 연산을 실행한다.

해설
구글은 기본값으로 AND 연산을 실행한다.

14 자바스크립트에서 사용되는 연산자가 아닌 것은?

① |, ||
② &, &&
③ >>, >>>
④ <<, <<<

해설
<<<는 존재하지 않는 연산자이다.

자바스크립트 연산자 순위

1	( ), [ ]	최우선 연산자 (= New Array와 동일한 의미)
2	++, --	자동 증감 연산자
3	*, /, %, +, -	산술(사칙) 연산자
4	>>, <<, >>>	시프트 연산자
5	>, <, >=, <=, ==, !=	비교 연산자
6	&, ^, |	비트 연산자
7	&&, ||	논리 연산자
8	=, +=, -=	대입(할당) 연산자

15 미국의 대학과 연구기관, 일부 민간회사의 컴퓨터 센터를 연결하는 광역 학술 연구망은?

① NSFNET
② ARPANET
③ BITNET
④ CSNET

해설
CSNET(Computer Science Network)은 1979년 미국국립과학재단(NSF)이 구축한 연결망이다.

정답 11 ② 12 ③ 13 ④ 14 ④ 15 ④

16 2D 애니메이션의 종류가 아닌 것은?

① 셀 애니메이션
② 모래 애니메이션
③ 페이퍼 애니메이션
④ 클레이 애니메이션

> **해설**
> • 2D 애니메이션은 2차원 평면을 기반으로 그림, 물체 등을 연속적으로 움직이는 방식으로 제작된 애니메이션이다.
> • 클레이 애니메이션은 클레이(점토)를 사용하여 3D 모형을 제작하고 이를 프레임 단위로 촬영하여 움직이는 효과를 만드는 기법이다.

17 3차원 그래픽스에서 렌더링 과정과 거리가 먼 것은?

① 은면 제거
② 그림자 표현
③ 원근 투명
④ 텍스처 매핑

> **해설**
> 렌더링은 3차원적 이미지를 최종적으로 이미지화하는 것으로 사실감을 부여하기 위해서 색상과 질감을 입히고 빛과 카메라의 위치를 조작하는 과정이다. 원근법과 투명도는 별개의 개념으로 '원근 투명'은 존재하지 않는다.

18 자바스크립트에 사용되는 연산자의 설명으로 옳지 않은 것은?

① '서로 같지 않다'의 관계연산자는 '!='이다.
② '서로 같다'의 관계연산자는 '='이다.
③ '++'는 증가 연산자이다.
④ '^^'는 논리 연산자이다.

> **해설**
> '서로 같다'의 관계연산자는 '= ='이다.

19 캠코더에서 얻은 동영상 클립을 편집하여 결과물을 얻기에 적합한 소프트웨어가 아닌 것은?

① Premiere
② Movie Maker
③ Vegas
④ Media Player

> **해설**
> Media Player는 동영상을 재생하는 소프트웨어로, 편집 기능을 제공하지 않는다.

20 웹 사이트 기획 시 좋은 정보구조 설계를 위해 고려해야 할 사항으로 옳지 않은 것은?

① 정보의 양
② 정보의 상하관계
③ 정보의 일관성
④ 정보의 모호성

> **해설**
> 좋은 정보구조 설계를 위해서는 정보의 명확성과 이해 가능성이 중요하며, 모호성은 배제해야 한다.

21 기계화와 대량 생산에 의한 제품의 품질 저하에 반대하며 영국에서 일어난 미술공예운동(Art Crafts Movement)의 창시자는?

① 윌리엄 모리스
② 헨리 포드
③ 반 데 벨데
④ 무테지우스

> **해설**
> 미술공예운동은 1850~1900년 공예 개량 운동이다.

22 색의 활용 효과에 대한 설명으로 옳지 않은 것은?

① 밝은 바탕에 어두운색 글자보다 어두운 바탕에 밝은색 글자가 더 굵고 커 보인다.
② 같은 크기의 노란색 공과 파란색 공을 비교하면 노란색 공이 더 가볍게 느껴진다.
③ 천장을 좀 더 높게 보이게 하려면 벽면과 동일계열의 고명도 색을 천장에 칠한다.
④ 상의를 하의보다 더 어두운 색상으로 하면 키가 더 커 보인다.

해설
상의보다 하의를 더 어두운 색상으로 하면 시각적으로 하체가 강조되어 다리가 길어 보이는 효과를 주며, 이는 전체적인 비율을 개선하여 키가 더 커 보이게 만드는 착시를 유도한다.

23 바우하우스의 설립자이며, 근대 건축과 디자인 운동의 대표적인 지도자는?

① 모리스(Morris, William)
② 그로피우스(Gropius, Walter)
③ 로위(Rowey, Raymond)
④ 팹스너(Pevsner, Nikolaus)

해설
바우하우스의 설립자인 발터 그로피우스(Walter Gropius)는 근대 건축과 디자인 운동에서 핵심적인 인물로, 예술과 공예, 산업 디자인을 통합하여 새로운 미학과 기능주의를 추구한 바우하우스를 창립하여 근대 디자인의 기반을 마련하였다.

24 색의 혼합에서 TV의 컬러 이미지는 어떤 방식으로 표현되는가?

① 회전혼합
② 병치가산혼합
③ 투과혼합
④ 감산병치혼합

해설
중간혼합, 병치혼합이라고도 하며 직접 색을 섞는 것이 아니라, 주변 환경이나 조건 등에 의해 눈의 망막에서 색이 혼합된 것처럼 보인다.

25 아르누보의 신예술이라는 의미로 전통적 양식에서 탈피하고 새로운 미를 창조하려는 신예술 운동을 주장한 인물은?

① 윌리암 모리스(Morris.W)
② 앙리 반 데 벨데(Van de velde, Henri)
③ 헤르만 무테지우스(Muthesius.H)
④ 구스타프 클림트(Klimt.G)

해설
앙리 반 데 벨데(Henri Van de velde)는 아르누보 운동을 이끈 대표적인 인물로, 전통적인 양식에서 벗어나 기능적이고 새로운 미를 창조하려는 신예술 운동을 주장했다.

26 다음이 설명하고 있는 현상은?

> 책을 열심히 보다가 시선을 돌리면 검은색 활자가 흰색 활자로 나타난다.

① 부의 잔상
② 정의 잔상
③ 동화 현상
④ 매스 효과

해설
부의 잔상은 밝은 배경에 어두운 글자를 보다가 시선을 돌리면 밝은 글자가 어두운 배경에 나타나는 현상을 말한다. 이는 시각 신경의 피로와 감각 세포의 잔류 자극에 의해 발생하며, 시각적 대조 효과로 인해 밝고 어두운 영역이 뒤바뀌어 보이는 착시 현상이다.

27 다음 중 HTML 문서에 이미지를 삽입하는 올바른 방법은?

① ⟨img href="image.jpg"⟩
② ⟨image src="image.jpg"⟩
③ ⟨img src="image.jpg" alt="Image description"⟩
④ ⟨img source="image.jpg"⟩

해설
이미지를 삽입할 때는 ⟨img⟩ 태그를 사용하고, src 속성으로 이미지 파일 경로를 지정한다. alt 속성은 이미지가 표시되지 않는 경우 대체 텍스트로 사용된다.

28 일반적으로 웹 서버가 동작하는 과정을 순서대로 옳게 나열한 것은?

① 연결설정 → 클라이언트가 정보요청 → 서버의 응답 → 연결 종료
② 연결설정 → 서버의 응답 → 클라이언트가 정보요청 → 연결 종료
③ 클라이언트가 정보요청 → 연결설정 → 서버의 응답 → 연결 종료
④ 클라이언트가 정보요청 → 서버의 응답 → 연결설정 → 연결 종료

해설
먼저 클라이언트와 서버 간의 연결설정이 이루어지고, 클라이언트가 서버에 정보를 요청한다. 요청을 받은 서버는 해당 요청에 대한 응답을 클라이언트에게 전달하며, 이후 연결을 종료한다.

29 웹 검색엔진의 유형에 해당하지 않는 것은?

① 웹 인덱스 방식
② 파일별 검색방식
③ 웹 디렉터리 방식
④ 통합형 검색방식

해설
① 자동화된 크롤러를 이용해 정보를 수집하고 색인화
③ 사람이 직접 웹 사이트를 분류하여 관리
④ 다양한 검색방식을 결합

30 다음 중 HTML 태그에 대한 설명으로 옳지 않은 것은?

① ⟨HTML⟩ : 도움말의 시작
② ⟨TITLE⟩ : 문서의 제목 시작
③ ⟨BODY⟩ : 문서의 본론 시작
④ ⟨HEAD⟩ : 머리말 시작

해설
HTML 태그에서 ⟨HTML⟩은 문서의 시작을 알리는 태그로, HTML 문서 전체를 감싸는 최상위 태그이다.

31 컴퓨터 그래픽스 역사 중 다음 설명에 해당하는 시대는?

- 마이크로소프트사는 윈도우즈 3.0(Windows 3.0)을 발표하였다.
- AutoDesk사는 3D 컴퓨터 애니메이션 제작 프로그램인 3D Studio를 발표하였다.
- 3차원 가상현실 기술 언어인 VRML(Virtual Reality Modeling Language) 1.0을 발표하였다.

① 1960년대
② 1970년대
③ 1980년대
④ 1990년대

해설
1980년 말~현재까지는 5세대 초고밀도 집적회로 시대이다.

32 콘텐츠를 분류, 분석, 그룹핑하는 등의 작업이 이뤄지는 정보 체계화(Contents Branch) 과정을 단계별로 가장 적절하게 나열한 것은?

① 콘텐츠 수집 → 콘텐츠 그룹화 → 콘텐츠 구조화 → 계층구조의 설계 → 콘텐츠 구조설계 테스트
② 콘텐츠 수집 → 계층구조의 설계 → 콘텐츠 그룹화 → 콘텐츠 구조화 → 콘텐츠 구조설계 테스트
③ 콘텐츠 수집 → 콘텐츠 그룹화 → 콘텐츠 구조화 → 콘텐츠 구조설계 테스트 → 계층구조의 설계
④ 콘텐츠 수집 → 콘텐츠 구조화 → 콘텐츠 구조설계 테스트 → 콘텐츠 그룹화 → 계층구조의 설계

해설
이러한 과정을 통해 정보가 사용자의 요구에 맞게 체계화되고, 효율적인 정보 탐색과 활용이 가능하도록 구성된다.

33 다음이 설명하고 있는 것은?

- 1997년 미국 매크로 미디어사가 웹에서 애니메이션을 실현해 줄 수 있는 쇼크웨이브 기술을 개발하였다.
- 스트리밍 방식을 지원하므로 인터넷 홈페이지용으로 적합하다.
- 웹용 쇼크웨이브 파일뿐만 아니라 애니메이션(GIF), 무비파일(MOV), 자체 실행 파일(EXE) 및 연속(Sequence)파일 등을 만들 수 있다.

① 이미지
② 클레이
③ 애니메이션
④ 플래시

해설
플래시는 멀티미디어와 애니메이션 제작을 위한 드로잉 전문 프로그램이다.

34 다음이 설명하고 있는 것은?

- 빛을 감지할 수 있는 하나의 수단이다.
- 물리적 반사 법칙에 의해 정확하고 엄밀한 투사광과 반사광으로 구성된 과학적 결과이다.

① 색채
② 시지각
③ 형태
④ 음영

해설
음영은 빛의 투사와 반사에 의해 물체의 형태와 깊이를 나타내는 시각적 효과로, 물리적 반사 법칙에 따라 빛의 방향과 강도에 의해 형성된다.

35 다음 설명에 해당하는 조형운동이자 사회운동은?

> 1910년에서 1935년 사이에 러시아(구 소련)에서 일어난 새로운 조형운동으로, 조형의 추상성과 기하학적 간결함, 형태의 경제성에 입각한 디자인을 추구하였으나 스탈린의 탄압으로 종결되었다.

① 기능주의
② 구성주의
③ 역사주의
④ 미래주의

해설
구성주의의 대표 작가는 블라디미르 타틀린, 알렉산더 로드첸코, 엘 리시츠키이다.

36 컬러 인쇄를 위해 C, M, Y, K 4색의 네거 필름으로 만드는 과정을 무엇이라 하는가?

① 색분해
② 색필터
③ 색도도
④ 색수정

해설
색분해는 컬러 인쇄에서 CMYK(Cyan, Magenta, Yellow, Black) 4가지 기본 색상을 이용하여 네거 필름으로 분리하는 과정이다.

37 배색을 할 때 고려해야 하는 사항으로 적절하지 않은 것은?

① 사물의 성능이나 기능에 부합되는 배색을 하여 주변과 어울릴 수 있도록 한다.
② 사용자 성별, 연령을 고려하여 편안한 느낌을 가질 수 있도록 한다.
③ 색의 이미지를 통해서 전달하려는 목적이나 기능을 기준으로 배색한다.
④ 목적에 관계 없이 아름다움을 우선으로 하고 타제품에 비해 눈에 띄는 색으로 배색하여야 한다.

해설
배색을 할 때는 기능적이고 목적에 부합되는 색을 선택하는 것이 중요하며, 사용자 성별, 연령, 사용 환경 등을 고려해 편안한 느낌을 주는 배색을 해야 한다. 또한 색의 이미지를 활용해 전달하려는 목적이나 기능을 명확히 표현해야 한다.

38 HTML 태그의 특징에 대해 옳은 것은?

① 시작 태그는 있으나 종료 태그는 없다.
② 대소문자 구별을 명확히 해야 한다.
③ 들여쓰기가 가능하며 웹 브라우저에서 들여쓰기가 적용된다.
④ 태그 안에 속성을 정의할 수 있다.

해설
태그는 시작 태그와 종료 태그가 한 쌍을 이루어 사용되지만, 종료 태그가 없는 태그도 있다.

39 네트워크에 연결된 시스템의 논리주소를 물리주소로 변환시켜 주는 프로토콜은?

① TCP
② IP
③ FTP
④ ARP

해설
ARP(Address Resolution Protocol)는 TCP/IP 프로토콜 중 IP 주소를 물리적인 주소로 변환해 주는 주소 변환 프로토콜이다.

정답 35 ② 36 ① 37 ④ 38 ④ 39 ④

40 웹 서비스에 대한 설명으로 옳지 않은 것은?

① 명령어 기반 인터페이스를 제공하여 초보자도 쉽게 이용할 수 있다.
② 하이퍼미디어 기술을 통하여 정보 교류나 정보검색을 수행한다.
③ 웹 페이지들은 링크로 연결되어 원하는 정보로 쉽게 이동할 수 있다.
④ 문자와 이미지, 음성, 동영상 등의 멀티미디어 서비스를 제공한다.

해설
웹 서비스는 그래픽 사용자 인터페이스(GUI)를 기반으로 설계되어 초보자도 직관적으로 사용할 수 있도록 제공되며, 명령어 기반 인터페이스는 웹 서비스와 관련이 없다.

41 자바스크립트의 Document 객체에서 화면에 글자를 출력하기 위해 사용하는 함수는?

① print( ) ② write( )
③ insert( ) ④ input( )

해설
document.write( )는 HTML 문서에 텍스트나 HTML 코드를 동적으로 작성할 수 있는 메서드로, 주로 테스트나 간단한 출력 작업에 사용된다.

42 DHTML의 구성 요소로 옳게 나열한 것은?

① HTML, CSS, JavaScript
② HTML, JSS, JavaScript
③ HTML, CSS, JSS, JavaScript
④ HTML, CSS, JSS, JavaScript, VBScript

해설
- HTML : 웹 페이지의 구조를 정의하는 마크업 언어이다.
- CSS : 웹 페이지의 디자인 및 레이아웃을 스타일링하는 데 사용된다.
- JavaScript : 웹 페이지에 동적인 동작과 상호작용을 추가하는 스크립팅 언어이다.

43 CRT에서 초당 이미지가 재생되는 횟수를 무엇이라 하는가?

① 지속률
② 스캔률
③ 감화율
④ 재생률

해설
CRT(음극선관) 디스플레이에서 초당 이미지가 재생되는 횟수를 재생률(Refresh Rate)이라고 한다. 재생률은 화면이 1초 동안 갱신되는 횟수를 나타내며, 단위는 보통 헤르츠(Hz)로 표현된다. 예를 들어, 60Hz의 재생률은 화면이 1초에 60번 갱신된다는 의미이다.

44 넓은 의미로 인쇄술을 의미하며 인쇄를 전제로 한 문자 표현이나 작품을 지칭하는 말로, 주어진 면적 안에서 시각화할 수 있는 정보량을 명료도·가독성 정도를 고려하여 결정하면서 동시에 그 서체의 아름다움이나 내용 표현의 적절성·표현성 등을 갖추어야 하는 것을 뜻하는 용어는?

① Typography
② Font
③ Typestyle
④ Typeface

해설
타이포그래피는 서체와 폰트를 사용해 효과적으로 글을 배치하고 시각적으로 표현하는 것을 말한다.

45 커뮤니케이션 디자인에 대한 설명으로 옳지 않은 것은?

① 라틴어 Communicare를 어원으로 한다.
② 두 개 이상의 개체가 기호를 매개로 무언가를 공유하는 것이다.
③ 재료, 기능성, 입체, 질감 등의 요소를 이용하여 상품을 개발하는 것이다.
④ 사람과 사람 사이에 기호에 의해서 의미를 전달하는 과정이다.

> **해설**
> 재료, 기능성, 입체, 질감 등은 제품 디자인에 더 가까운 개념이다.

46 다음이 설명하는 것은 무엇인가?

> • 일반적으로 장식에 사용되는 단순화된 무늬나 규칙적으로 반복되는 단위 도형
> • 반복되는 모양의 기본이 되는 구성 요소를 가리키고 있지만, 일반적으로는 그림이나 무늬와 같은 비주얼 디자인의 기초가 되는 조형, 일체의 반복되는 것에 대해 그 원형이 되는 조립 단위를 가리키는 것

① 패턴
② 텍스처
③ 질감
④ 콜라주

> **해설**
> 패턴은 반복적인 모양의 기본 구성 요소로, 비주얼 디자인뿐만 아니라 다양한 영역에서 반복되는 원형이나 조립 단위를 나타낸다.

47 포스터 디자인의 조건으로 가장 적합한 것은?

① 일러스트레이션은 가급적 화려하게 표현한다.
② 눈에 잘 띄고, 독창적이어야 한다.
③ 색상 수를 많이 사용한다.
④ 헤드라인은 반드시 고딕체를 사용한다.

> **해설**
> 포스터 디자인은 전달하고자 하는 메시지를 효과적으로 전달하기 위해 눈에 잘 띄고 독창적이어야 하며, 시각적 흥미를 끌어 대중의 주목을 받을 수 있어야 한다.

48 반응형 웹디자인 RWD(Responsive Web Design)에 대한 설명으로 옳지 않은 것은?

① 웹 사이트가 다양한 디바이스(PC, 태블릿, 모바일 등)에서 동일하게 보이도록 하는 디자인이다.
② 다양한 디바이스에서 호환성을 보장한다.
③ 사용자의 화면 해상도와 관계없이 콘텐츠가 잘 보이도록 하는 것이다.
④ 웹 페이지 크기가 한 사이즈로 고정되어 있다.

> **해설**
> 웹 페이지가 다양한 장치 및 화면 크기에 맞춰 동적으로 조정되어야 한다.

49 다음 색이름 중 관용색명이 아닌 것은?

① 금색
② 살색
③ 새빨강색
④ 에머랄드 그린

> **해설**
> 관용색명은 과거부터 전해 내려와 습관적으로 사용하는 색 하나하나의 색명을 말한다.

정답 45 ③ 46 ① 47 ② 48 ④ 49 ③

50 도메인 네임에 대한 설명으로 옳지 않은 것은?

① IP 주소를 대신해 사용자가 기억하기 쉽게 이름을 사용한 것이다.
② 도메인 네임에서 kr, au, ca, fr 등은 각각 해당 국가를 나타낸다.
③ 도메인 네임 서버는 서로 다른 네트워크를 연결하는 중개 서버이다.
④ 도메인 네임으로 소속 단체의 이름과 성격을 알 수 있다.

> **해설**
> 도메인 네임 서버는 서로 다른 네트워크를 연결하는 중개 서버가 아니라, 도메인 네임을 IP 주소로 변환하여 네트워크상에서 컴퓨터가 서로를 인식하고 통신할 수 있도록 돕는 시스템이다.

51 다음 중 인터넷 쇼핑몰의 특징으로 볼 수 없는 것은?

① 언제 어디서든 쇼핑몰의 이용이 가능하다.
② 구매자와 판매자 간의 신뢰를 구축하는 것이 중요하다.
③ 고객의 취향을 파악하여 정확한 Target 마케팅이 가능하다.
④ 인터넷 쇼핑몰의 활성화는 지역사회를 활성화시키는 계기가 된다.

> **해설**
> 인터넷 쇼핑몰은 지역사회의 활성화보다는 전 세계적으로 상품과 서비스를 제공하며, 지역적 한계를 넘어선 온라인 거래의 활성화를 목적으로 한다.

52 사용자가 셸 계정이 있는 호스트에 직접 접속하여 메일을 읽지 않고 자신의 PC에서 바로 로컬 메일 리더를 이용하여 자신의 메일을 다운로드 받아서 보여주는 것을 정의하는 프로토콜은?

① POP
② IMAP
③ SMTP
④ MIME

> **해설**
> POP(Post Office Protocol)는 서버에서 메일을 관리하지 않고 로컬에서 메일을 저장하고 확인하는 방식이다.

53 자바스크립트에서 사용자의 특정한 행동에 대해 어떤 처리를 해 줄 것인가를 정의하는 것은?

① Complier
② Class Object
③ Event Handler
④ Event Class

> **해설**
> 이벤트 핸들러(Event Handler)는 자바스크립트에서 사용자의 특정한 행동(예 클릭, 키 입력, 마우스 이동 등)에 대해 어떤 처리를 할 것인지를 정의하는 기능이다.

54 무선랜을 이용하여 네트워크를 구성하는 방법으로 AP(Access Point)를 중심으로 노드들을 제어하는 것은?

① Ad Hoc
② Central
③ NNTP
④ SMTP

> **해설**
> 중앙 제어 방식(Central)은 무선랜에서 AP(Access Point)를 중심으로 네트워크를 구성하고 노드들을 제어하는 방식으로, AP가 모든 통신의 중심 역할을 하며 네트워크 관리와 데이터 전달을 담당한다.

정답 50 ③ 51 ④ 52 ① 53 ③ 54 ②

55 스패밍(Spamming)에 대한 설명으로 옳지 않은 것은?

① 웹 페이지 안에 정보검색이 잘되도록 키워드를 특이하게 명시하는 방법이다.
② 검색엔진에 따라 스팸 패널티를 할당하여 검색 우선순위를 하향 조정하는 경우도 있다.
③ 하나의 웹 페이지 내에 동일한 키워드가 5번 이상 반복되면 스패밍 작업을 한 것으로 간주된다.
④ 웹 페이지, 뉴스나 이메일 등에서도 적은 비용으로 상품과 기업 광고 및 비방하는 데 사용되는 경우가 많다.

해설
스패밍은 의도적으로 과도한 키워드 삽입 또는 부적절한 방법을 통해 검색 결과를 조작하려는 행위를 의미한다.

56 웹디자인의 색상 대비(Color Contrast)에 대한 설명으로 옳지 않은 것은?

① 배경과 텍스트 사이에 높은 대비를 사용하여 정보의 가독성을 향상시킨다.
② 명도 대비를 활용하여 요소 간의 구분을 명확히 하기 위함이다.
③ 사용자의 주의를 특정 요소에 집중시킨다.
④ 중요한 요소는 낮은 대비로 처리한다.

해설
중요하지 않은 요소는 낮은 대비로 처리하여 중요 요소를 부각시킨다.

57 해안에 있는 조약돌은 자연의 힘에 의해 필연적으로 만들어진 형태이다. 이와 같이 자연의 법칙이 만든 자연의 형태를 주장한 사람은?

① 르 코르뷔지에 ② 파파넥
③ 아른하임 ④ 모홀로나기

해설
모홀로나기는 자연에서 영감을 받아 디자인과 예술의 원리를 탐구한 대표적인 인물이다.

58 1931년 국제조명위원회에서 색의 단위와 체계를 정립하여 발표한 표색계는?

① 한국 전통 표색계
② 오스트발트 표색계
③ CIE 표준 표색계
④ KS사용 표색계

해설
CIE 표준 표색계는 완전한 흰색, 완전한 검은색을 만들 수 없으므로 0.5~9.5까지의 기호로 나타낸다.

59 자바스크립트의 변수로 사용할 수 없는 것은?

① _java
② return
③ Hello2
④ BasiC

해설
return은 자바스크립트의 예약어이다. 함수에서 값을 반환하는 데 사용되므로 변수 이름으로 사용할 수 없다.

60 다음 중 해상도의 단위로 맞는 것은?

① CPC
② BPS
③ PPM
④ PPI

해설
PPI는 Pixel Per Inch의 약자로, 1인치당 몇 개의 픽셀이 들어가는지를 표현하는 단위를 말한다.

정답 55 ③ 56 ④ 57 ④ 58 ③ 59 ② 60 ④

내 비장의 무기는
아직 내 손 안에 있다.
그것은 희망이다.

– 나폴레옹 보나파르트

좋은 책을 만드는 길, 독자님과 함께하겠습니다.

유선배 웹디자인개발기능사 필기 합격노트

개정3판1쇄 발행	2026년 01월 15일 (인쇄 2025년 09월 24일)
초 판 발 행	2022년 09월 05일 (인쇄 2022년 07월 20일)
발 행 인	박영일
책 임 편 집	이해욱
편 저	홍진아
편 집 진 행	노윤재 · 한주승
표지디자인	김도연
편집디자인	김예슬 · 고현준
발 행 처	(주)시대고시기획
출 판 등 록	제10-1521호
주 소	서울시 마포구 큰우물로 75 [도화동 538 성지 B/D] 9F
전 화	1600-3600
팩 스	02-701-8823
홈 페 이 지	www.sdedu.co.kr
I S B N	979-11-434-0068-0(13000)
정 가	19,000원

※ 이 책은 저작권법의 보호를 받는 저작물이므로 동영상 제작 및 무단전재와 배포를 금합니다.
※ 잘못된 책은 구입하신 서점에서 바꾸어 드립니다.

 **합격생 후기 언급량 1위**

수험생들이 가장 많이 검색한 시대에듀

전과목 전강좌 0원

전 교수진 최신 강의 **100% 무료**

지금 바로 1위 강의 100% 무료 수강하기 GO »

*노무사 합격후기 / 수강후기 게시판 김희향 언급량 기준
*네이버 DataLab 검색어 트렌드 조회 결과(주제어: 업체명+법무사 / 3개 업체 비교 / 2016.05.~2025.05.)

유튜브 선생님에게 배우는
유·선·배 시리즈!

▶ **유튜브** 동영상 강의 무료 제공

체계적인 커리큘럼의 온라인 강의를 무료로 듣고 싶어!

혼자 하기는 좀 어려운데... 이해하기 쉽게 설명해줄 선생님이 없을까?

문제에 적응이 잘 안 되는데 머리에 때려 박아주는 친절한 문제집은 없을까?

그래서 시대에듀가 준비했습니다!

유·선·배 시리즈로
그래픽 자격증도 정복!

▶ **유튜브** 동영상 강의 무료 제공

비전공자라 막막했는데
무료 동영상 강의가 있어서 걱정 없겠어!

다음 자격증 시험도
유선배 시리즈로 공부할 거야!

시대에듀가 안내하는 IT 자격증 합격의 지름길!

유·선·배와 함께라면
합격은 문제없지!

▶ 유튜브 동영상 강의 무료 제공

다양한 수험서가 있어서 걱정 없어!

유선배와 한 번에 합격하자

자격증 취득은 시대에듀와 함께해요!